한국 근현대와 문화 감성

감성총서 12

한국 근현대와 문화 감성

류시현

Chonnam National University PRESS

머리말

이 책에서는 한국이란 공간과 근현대란 시간 속에서 이루어진 다양한 문화적 활동을 감성과 연동해서 살펴보았다. 근현대를 하나의 단위로 설정한 것은 일제강점기와 현대사 사이의 경계선을 넘어 공동체의 정체성이 언제, 어떻게 형성되었는지를 알아보는데 있다. 그리고 정체성과 문화를 만들어간 행위자의 정서를 심층적으로 이해하기 위해 공통 감정에 주목했다.

한국의 역사, 지리, 문화, 어학, 종교 등에 관한 연구는 한민족의 정체성을 찾는 작업이라고 할 수 있다. 이를 국가(민족) 단위로 정리하고자 한 권상로, 이능화, 안확, 문일평, 최남선, 안재홍 등을 통해 오늘날 한국 문화 연구의 형성과정에서 나타난 다층적 모습을 확인하고자 했다.

한편 여행과 지리에 관한 접근을 통해 우리의 근대성과 한국적인 것의 실체에 접근하고자 했다. 타자의 과거와 현재를 조망한 여행기는 공동체의 현재와 미래가 어떻게 구성되는지를 고찰하는 방안이 된다. 아울러 격변기에 증폭되어 나타난 슬픔과 불안이란 감성을 광주학생운동, 학병 동원, 6 · 25 전쟁, 4 · 19 혁명 등의 역사적 사건에서 살펴보았다. 정당한 분노 표출의 정확한 지점을 찾는 것은 오늘날에도 유효한 과제라고 할 수 있다.

글 대부분은 전남대학교 호남학연구원 감성연구단 때에 쓴 것이다.

호남학연구원은 연구자 상호간의 학문적 신뢰가 어떻게 가능한지를 알려준 공간이었다. 미욱한 필자를 거듭나게 해준 이강래, 김신중 두 분 원장님, 부장선생님들, 인문한국 사업단 교원 선생님들께 감사드린다. 책을 준비하는 과정은 광주교육대학교에서 이루어졌다. 작년 9월부터 교육과 연구를 위한 새로운 토대가 마련된 것이다. 부모님께 처음 효도할 기회를 주신 이정선 총장님, 김용익 교무처장님, 사회과교육과 손정선, 김용조, 홍기대, 이광성, 김덕진, 이정희 교수님께 감사드린다.

가족에게 감사한다. 부모님은 세월이 갈수록 더욱 더 많은 것을 주고 계시고, 형제들은 장남 노릇 하도록 물심양면 도와주고 있다. 누구 보다 소중한 아내 이현숙과 아들 영하는 지금의 나를 만들어 주고 있다. 학문적으로 한국 근현대사를 다시 보는데 임종명 선배의 도움이, 공부를 할수록 큰 스승이신 강만길 선생님의 가르침이 다시금 크게 느껴졌다. 그리고 책을 만드는 과정에서 전남대학교출판부의 윤화정 선생님이, 자료정리에 심우성 학생이 많은 수고를 해주었다.

받았던 많은 배려를 보답하지 못하면서, 매번 새롭게 감사드려야 할 분들이 늘어나고 있다. 필자가 연구와 교육에 최선을 다하는 것이 후의에 보답하는 길이라고 생각한다. 광주와 호남에 관한 연구, 한국 근현대 문화사와 사상사 관련 연구를 긴 호흡으로 차근차근 준비하겠다.

2014년 5월

류시현

1부 조선학과 정체성

1910년대 조선불교사 연구와 조선학의 토대 형성 _10
1910~20년대 안확의 개조론과 조선 문화 연구 _42
1920~30년대 문일평의 민족사와 문화사 서술 _75
해방 후 안재홍의 일제강점기에 관한 기억과 감성 _105

2부 지리와 여행

한말 일제 초 한반도에 관한 지리적 인식 _136
여행기를 통해 본 호남의 감성 _164
근대 조선 지식인의 세계여행과 동서양에 관한 경계 의식 _195

3부 슬픔과 분노

광주학생운동과 전국적 공감의 감성 _226
태평양전쟁 시기 학병의 감성동원과 분노의 기억 _256
1940~60년대 시대의 불안과 조지훈의 대응 _289

참고문헌 _317

1부
조선학과 정체성

1910년대 조선불교사 연구와 조선학의 토대 형성 / 1910~20년대 안확의 개조론과 조선 문화 연구 / 1920~30년대 문일평의 민족사와 문화사 서술 / 해방 후 안재홍의 일제강점기에 관한 기억과 감성

1910년대 조선불교사 연구와 조선학의 토대 형성

1. 조선학의 외연과 내포

한국학은 한국이란 공간 속에서 이루어진 민족 단위의 학술, 문화, 예술 행위 전반을 다루는 학문이다. 일제강점기인 1919년 3·1운동 이후 조선인의 연구를 통한 정신·사상·학술의 독립을 천명하면서 '조선학' 연구가 시작되었으며, 1930년대 민족적인 자아와 주체성의 재정립을 목표로 한 '조선학 수립운동'으로 연결되었다고 이해되고 있다.[1]

민족 공동체 내부의 필요성과 함께 일제강점기 조선학의 외연과 내포를 설정하는 작업은 전통 가운데 계승과 폐지해야 할 것을 구별하는 과

1 이지원, 『한국 근대 문화사상사 연구』, 혜안, 2007, 336쪽. 아울러 한국 문화의 정체성을 연구하는 '국학', '조선학', '한국학'이란 용어 가운데 이글은 1910년대를 검토 대상 시기로 삼았기 때문에 '조선학'으로 통일해서 서술했다.

정에서 중국적인 요소를 배제하고, 일본의 학문적 자장 안에서 거리두기를 시도하면서 이루어졌다. 따라서 조선학의 성립과정을 살펴볼 때 동양 안에서 특별히 조선을 서술 주체로 삼았던 1910년대 조선불교사 연구에 주목해야 한다.

1910년대 조선불교사 연구와 관련해서 권상로(權相老)의 『조선불교약사(이하 약사)』와 이능화(李能和)의 『조선불교통사(이하 통사)』가 민족문화의 일환으로 조선불교를 근대적이고 체계적으로 정리했다고 평가된다.[2] 이렇듯 조선이란 단위의 불교사를 정리한다는 문제의식은 한국학 연구의 기본적인 출발점이 된다. 따라서 조선불교사 연구를 불교학적 관점을 넘어서, 조선학 연구의 차원에서 검토하는 것이 요구된다. 이를 위해 1910년대 권상로와 이능화의 조선불교 연구와 당대 조선역사와 문화 연구에 밀접한 관련성을 맺고 있는 최남선(崔南善)을 함께 살펴보는 것이 필요하다.

선행연구를 살펴보면 이능화와 권상로의 조선불교 연구가 불교학의 영역에서, 이능화와 최남선의 '문화사학' 연구는 사학사의 영역에서 검토되었다.[3] 하지만 이러한 학문적 구획을 탈피하면 1910년대 최남선은 조선불교 연구와 밀접한 관련을 맺고 있었음이 주목된다. 그동안 최남

---

2 이능화와 권상로의 불교학 연구에 관해서는 고영섭, 「한국 불교학 연구의 어제와 그 이후」, 『문학/사학/철학』 9, 한국불교사연구소, 2007; 『약사』와 『통사』의 비교 연구에 관해서는 김순석, 「한국불교사 기술의 사관과 주체」, 『한국불교사연구』 1, 한국불교사연구소, 2012, 71~83쪽 참조.

3 근대 불교학의 선구로서 이능화와 권상로에 관한 연구 현황과 과제에 관해서는 이재헌, 『이능화와 근대 불교학』, 지식산업사, 2007 그리고 근현대 사학사(史學史)에서 최남선과 이능화에 관해서는 조동걸, 『현대한국사학사』, 나남출판, 1998, 30~35쪽 참조.

선의 조선불교에 관한 인식은 1930년 『불교총보』에 게재된 「조선불교」를 중심으로 논의되었다.[4] 이글에서는 1918년 『매일신보』에 게재한 「『조선불교통사』에 대하여」란 글을 통해 그의 1910년대 조선불교에 관한 인식을 보다 구체적으로 살펴보고자 한다.

이글에서는 1910년대 조선불교가 조선학 연구의 일환이었다는 점에 주목해서 첫째, 권상로, 이능화, 최남선의 학문적 교류를 살펴보겠다. 특히 최남선의 『약사』와 『통사』에 관한 책 광고문을 중심으로 상호간의 조선불교와 불교사를 바라보는 관점의 차이에 주목하고자 한다. 둘째, 조선불교사가 근대적인 학문방법론으로 서술되었다고 했을 때 민족 단위의 민족사와 연동되면서 삼국시대, 고려시대, 조선시대 불교가 어떻게 재조명되는지를 검토하겠다. 그리고 마지막으로 조선학의 일환으로 조선불교사를 검토할 경우 일본과의 학문적 경쟁을 넘어서 조선불교가 동양적, 세계적 차원에서 어떠한 의미를 지니는지를 살펴봄으로써 한국학의 과제 설정과 연동시켜 검토하고자 한다.

2. 조선불교사 연구자의 학문적 교류

신구(新舊) 학문이 충돌한 한말 시기, 조선 지식인들의 학문 수련과정과 실천 활동은 세대간에 상당한 차이를 보였다. 예를 들면 1880년생인 신채호가 전통적인 한학(漢學)을 수련한 후 계몽운동에 참가했다면 1892년생인 이광수는 일본 유학을 통한 신교육을 습득하고 신문화운동의 첫 세대가 되었다. 이능화는 1869년에, 권상로는 1879년에, 최남선은 1890

4 류시현, 「일제하 최남선의 불교인식과 '조선불교'의 탐구」, 윤해동 외 엮음, 2006, 『근대를 다시 읽는다』 2, 역사비평사, 2008, 375~404쪽.

년에 태어났는데, 이들의 학문 수련 과정은 서로 달랐다.

이능화는 어려서 한학을 배우다가 1880~90년대 여러 외국어 학교를 통해 신학문을 수련했고, 권상로는 출가 후 불교학을 지속적으로 연구했으며, 최남선은 10대 후반에 일본 유학을 통해 신지식을 습득했다. 다양한 지적 수련과정과 사회 활동을 한 이들 3인의 학문적 교류 관계는 1910년대 조선불교 연구란 공통분모 속에서 찾아볼 수 있다.

권상로와 이능화는 불교 관련 단체 활동과 잡지 기고 등 조선불교에 관한 연구를 토대로 1910년대 후반 각각 『약사』와 『통사』를 집필 간행했다. 반면 최남선은 1910년대 조선불교에 관한 본격적인 저술활동을 시작하지는 않았다. 하지만 그는 『통사』의 교열을 담당했으며 그가 주관한 신문관에서 『약사』와 『통사』가 출판되었다.

1918년 당시 발행 도서 목차를 보면, 신문관에서는 학술(14종), 수양(8종), 문예(30종), 잡종(10종) 등 단행본 총 62권을 발행했다.[5] 그 가운데 불교 관련 서적은 학술서로 『통사』, 『약사』와 함께 김월창의 『선학입문(禪學入門)』 등이, 수양서로 한용운의 『불교대전』, 장도빈의 『위인 원효』 등이 출판되었다. 신문관에서 다수의 불교 서적이 출판될 수 있었던 이유는 최남선이 10대 중반부터 조선불교에 관심을 가졌기 때문이었다.[6]

조선불교에 관해 최남선이 주목할 수 있었던 계기는 일본 유학시기 신학문 수련 과정 속에서 이루어졌다. 최남선은 1905년 경 일본에서 이

---

5 권두연, 『신문관의 '문화운동' 연구』, 연세대학교 박사학위 논문, 2010, 33~34쪽.

6 김용태는 1910년대 최남선이 한국불교 전통에 대한 긍정적 인식의 대표적 주자라고 보았다(김용태, 「근대불교학의 수용과 불교 전통의 재인식」, 『한국사상과 문화』 54, 한국사상문화학회, 2010, 322~323쪽).

루어진 불교의 활발한 문화적, 사회적 활동과 일본인 불교학자의 철학적 연구를 보면서 불교연구의 필요성을 인식했다고 밝혔다.[7] 나아가 그는 조선 역사와 문화 연구에서 조선불교가 가진 위상에 주목했다.

1910년대의 글에서 최남선은 "조선사를 연구하는 한 명의 학도요 불교와 불교사에 대하여는 진실로 지식이 적은 문외한이지만, 불교로써 문화의 원두(源頭)를 삼고 생활의 기조(基調)를 이룬 1천 5백년 이래의 조선사는 정치, 법제, 교학, 문예 어느 방면으로든지 불교와 불교도의 관계와 교섭을 제외하고는 조사하고 해석하며 판단할 수 없"[8]다고 보았다. 즉 그는 조선불교 연구를 조선 역사와 문화 연구에서 중요한 과정으로 이해했다.

그렇다면 조선의 시공간을 대상으로 불교사가 정리되어야 할 이유는 무엇이었을까? 권상로는 『약사』를 서술한 계기를 "인도, 중국, 일본 등 불교가 있는 곳에서는 모두 불교사가 있으나 오직 우리 조선에만 홀로 없다. 내가 이를 분개한 생각을 가지고 여러 해 동안 대장(大匠)을 대신해서 이를 가다듬었고, 보고 들은 것을 모집하고, 분망한 사이에 이를 편철(編綴)했다"[9]라고 밝혔다.

최남선이 일본 불교 연구에서 학문적 자극을 받은 것처럼, 권상로가 다른 나라에 있는 불교사가 우리에게 없음을 '분개'한 것은 타자와의 경쟁의식에서 비롯되었다. 이능화도 다른 나라에서 이루어진 불교사가 조선에 없다는 현실에 관해 '한심함'이란 감정을 피력했다. 이렇듯 일제에

---

7 최남선, 「묘음관세음(妙音觀世音)」, 『불교』 50 · 51 합병호, 1928.9, 63~64쪽.

8 최남선, 「『조선불교통사』에 대하여」 (7), 『매일신보』, 1918.8.7, 1면.

9 권상로, 1917, 『조선불교약사』, 신문관, 「서」 1쪽.

대한 대응 감성이 조선불교 연구를 촉발하는 계기가 되었다.

> 조선의 불교가 수입 이후에 교운(教運)의 흥체성쇠(興替盛衰)와 종파의 내력 연력을 문의해 본 즉 명백히 대답하는 자 거의 없더라. … 지금 조선불교가 1,500년 이래로 계통적 역사가 전혀 없음은 … 한심하지 않은가 … 『조선불교통사』를 저술하여 불충분하고 불완전하지만 세상 사람들에게 공포하여 불교에 뜻이 있는 자에게 조선불교에 대하여 참고자료를 공급하기에 급급함으로써 동기를 삼노라.[10]

1910년대 신문관에서 이능화와 권상로의 저서가 출판되었으며, 이와 함께 조선이 주어인 불교사를 모색하는 과정에서 3인은 서로 학문적 교류를 했다. 이러한 교류관계는 서로의 저서와 기고문에서 상호 인용을 한 것에서 확인할 수 있다. 일반적으로 인용은 자신의 학설을 보완하는 방향에서 이루어졌다. 권상로의 『약사』는 체제상 인용 부분을 밝히지 않았기 때문에 이를 확인하기 어렵지만, 이능화와 최남선은 서로의 글에서 상대방을 인용했다.

이능화는 일본 사신이 고려대장경을 구하러 왔다는 제목을 단 『통사』 하편의 「일본사래구고려장(日本使來舊高麗藏)」에서 최남선이 1916년 11월

10 이능화, 「조선불교통사에 취(就)하여」, 『조선불교총보』 6, 1917.9, 33쪽. 이능화는 『통사』에서도 "옛날 일을 살펴보면, 해동의 불법은 매우 번성했다고 할 수 있으나 참고할 만한 불교사가 없었다. 이는 보물을 캄캄한 집 안에 감추어 둔 것과 같았으므로, 나는 그것이 안타까웠다"라고 표현했다(이능화, 『조선불교통사』 하편, 신문관, 1918, 2쪽). 그리고 『통사』의 번역문은 불교통사 역주편찬위원회, 『역주 조선불교통사』 1~6 동국대학교 출판부, 2010을 참조했다.

3회에 걸쳐 『매일신보』에 투고한 「고려판대장경」이란 부제의 글을 한문으로 번역해서 수록했다.[11] 시간적으로 약간 뒤인 1922년 최남선은 「조선역사통속강화」에서 이능화의 『통사』의 '성모대익설화(聖母大溺說話)'를 인용했다.[12] 인용은 자신의 학설을 보완한다는 측면과 함께 상대방의 학설을 인정함을 의미한다.

한편 학문적 상호 교류는 주관하는 언론매체에 상대방의 학설을 소개하는 방식으로 이루어졌다. 권상로와 이능화의 조선불교 연구에 관한 성과를 최남선은 자신이 주관한 잡지 『청춘』에 게재했다. 1917년 6월 『청춘』 8호에 권상로의 「조선불교의 변천」이, 같은 해 11월 『청춘』 11호에 이능화의 「조선불교의 종파 원류(源流)」가 소개되었다. 전자는 삼국시대부터 당대까지 조선불교의 역사적 흐름을 서술했으며, 후자는 조선불교 12개 종파에 관한 역사적 계보와 의의를 설명한 글이다.

잡지란 매체의 특성상 각각 6쪽과 12쪽에 불과한 분량이었지만, 최남선은 권상로와 이능화의 저술활동 가운데 조선불교 전체를 조망할 수 있는 글을 선택했다고 판단된다. 상호간의 조선불교에 관한 인식은 『약사』와 『통사』를 집필한 동기, 목적 그리고 독자층을 누구로 설정하고 있는가 여부와 이에 관한 최남선의 책 광고 속에서 확인할 수 있다.

근대적 문화상품인 책은 광고와 밀접한 관련을 맺고 있다. 출판인 최남선도 이에 주목했다. 그는 "도쿄(東京)에 머물면서 여러 신문을 한가롭게 열람함이 매일 정해진 일과였다. 더욱 도쿄의 신문은 매우 좋아하는 서적 광고문을 많이 게재하고 있어, 소일거리인 동시에 즐거운 일"[13]이

11 이능화, 앞의 책 하편, 666~673쪽.

12 최남선, 「조선역사통속강화」 (8), 『동명』 10, 1922.1.5, 6쪽.

된다고 밝혔다.

책 광고를 읽는 것이 취미생활이라고 밝힌 최남선이 주관한 신문관의 서적 광고는 각종 총서나 소설의 기획 출판을 조장하고 유도할 정도로 다양한 방식으로 진행되었다고 평가받는다.[14] 최남선은 책 광고문에 관해 "문장의 묘(妙)는 감동의 능률 여하로 판단하고 문장의 미(味)는 함축의 분량과 연동된"다고 보았다.[15] 이러한 책 광고의 상업적 효과에 관한 인식은 『약사』와 『통사』의 광고문에도 반영되었다.

권상로의 『약사』가 1917년 8월에, 이능화의 『통사』는 1918년 3월에 출간되었다. 출간 직전부터 최남선은 두 책에 관한 광고를 언론매체에 게재했다. 1917년 6월 발간된 『조선불교총보』 제4호에는 "깊은 밤에 든 조선불교사계(朝鮮佛教史界)에 2대 명성(明星)의 출현"이란 제목아래 두 책의 출간을 예고하는 광고가 실렸다. 이 광고문은 형식과 내용으로 보아 최남선이 기획하고 서술했다고 판단된다. 책에 관한 광고문은 출판물의 특징, 용도, 예상독자층을 설명하는 방식으로 구성되는데, 이를 통해 최남선이 『약사』와 『통사』를 어떻게 이해했는가를 확인할 수 있다.

『약사』에 관해서는 책의 특징이 "간략하고 상명(詳明)하고 규모 있고 체재(體裁)있는 편집"에 있으며, 책의 용도는 "지방 학림(學林)의 교과(教科)에 충당하든지, 강호 문사의 박람(博覽)에 제공하든지, 역사 참고의 자료에 사용하든지, 불교 변천의 연구에 도움을 받든지, 내외 신사(信士)의

---

13 최남선, 「동도역서기」 (9), 『매일신보』, 1916.11.12, 1면.

14 권두연은 신문관의 서적 광고를 자사 매체별, 고정광고(신문관출판시보 등), 타매체 광고 등으로 구별해서 상세히 검토했다(권두연, 앞의 논문, 50~70쪽).

15 최남선, 「동도역서기」 (9), 『매일신보』, 1916.11.12, 1면.

수양에 제공하든지"라고 해서 교재와 참고 자료로 활용되기를 기대했다. 아울러 예상 독자를 "조선불교의 쇠퇴를 한탄하던 사람, 조선불교사의 적막을 고민하던 사람, 조선불교의 내용을 탐지하고자 하던 사람, 조선불교사의 교과를 학습하고자 하던 사람"으로 설정했다. 반면 권상로는 『약사』에서 "각 사원, 지방 학림에서 교과서로 충용하기 위하여 약사로 편성"했다고 밝혀[16] 이 책이 불교계에서 활용되기를 기대했다.

최남선은 『통사』의 특징에 관해 "사찰의 사적(事蹟)과 선사(禪師)의 행적과 역대 왕조의 숭봉하우(崇奉下遇)와 반도 문화의 간접 밀계(密係)를 모두 모아 수집한 장문(長文), 대문(大文)이요 완편(完編) 거편(巨編)"이라고 강조했다. 그리고 예상 독자를 종교가, 문학가, 역사가, 불교의 재가(在家) 신자인 '단신가(檀信家)'로 설정했다. 이능화도 『통사』의 독자에 관해 "단지 조선인에게만 취미를 줄 뿐 아니라 일본인이나 외국인을 물론하고 역사가, 문학가로 조선에 대하여 연구하는 인사는 한번 보기를"[17] 기대했다.

하지만 조선불교와 불교사에 관한 접근이 양자는 서로 달랐다. 이능화는 "책명은 비록 역사의 체(體)를 빌렸으나, 실은 포교의 용도를 겸하여 붙인 것"[18]이라고 해서, 불교 학자의 입장에서 『통사』를 저술했다. 반면 최남선은 한말 시기 단군에 관한 연구를 위한 필요성에서 불교지식을 알아야겠다고 밝혔다.[19] 이러한 관점은 1920년대 '볽'도(道)라고 불린

16 권상로, 앞의 책, 범례 1쪽.

17 이능화, 「조선불교통사에 취하여」, 『조선불교총보』 6, 1917.9, 35쪽.

18 이능화, 앞의 책 상편, 「자서(自序)」 1쪽.

19 최남선, 「묘음관세음」, 『불교』 50 · 51 합병호, 1928.9, 64쪽.

조선학 연구의 일환인 '고신도(古神道)' 연구와 연결되었다.

출판 이전의 책 광고와 실제 출판된 책을 비교해보면, 그 구성과 내용에서 동일하거나 차이가 나는 것이 존재한다. 『조선불교총보』의 광고와 『통사』의 내용은 상편이 불교시처(佛化時處), 중편이 삼보원류(三寶原流), 하편이 이백품제(二百品題)로 구성되어 서로 동일했다. 그러나 『약사』의 경우는 그렇지 않았다.

출판된 『약사』의 경우 3편으로 각 편은 삼국불교, 고려불교, 조선불교로 구성되었다. 하지만 광고문을 구성한 최남선은 삼국시대를 '조선불교 수입시대', 고려시대를 '조선불교 전성시대', 조선시대를 '조선불교 쇠퇴시대'로 각각 표현했다. '수입, 전성, 쇠퇴'의 시기구분도 논의의 대상이지만, 조선불교가 '수입'되었다고 할 때 중국의 영향은 어떻게 이해할 것인가 그리고 조선불교가 '쇠퇴'했다고 할 때 조선시대의 불교를 어떻게 볼 것인가 여부가 조선불교의 정체성을 확인하는 중요한 지점이 된다.

한편 3인의 학문적 교류를 확인할 수 있는 방안은 서로의 연구 성과에 관한 평가이다. 이능화는 『통사』에서 권상로에 관해 "잡지를 편집하면서 우매한 이들을 계발하는데 쉬지 않고 힘썼으며 혁신적 논지를 게재하고 펼쳤다. 규범을 새롭게 개혁함에 있어서도 성실하고 근실하였다."[20]라고 보았다. 또한 최남선에 대해서는 "역사학에 뜻을 품고 을묘년(1905년—인용자) 봄 무렵 도쿄로 건너가 도서관에서 생활하는 사람이 된 지 몇 년 동안, 오로지 조선과 일본의 옛날 문물을 교통한 흔적을 찾

20 이능화, 앞의 책 하편, 959쪽.

아 구하는 데 뜻을 두었다"라고[21] 평가했다.

최남선의 권상로와 이능화에 관한 평가는 그의 광고문에서 확인된다. 그는 『청춘』 10호의 광고문을 통해 권상로가 『약사』를 서술하기 위해 "지성을 기울여 동서로 자료를 찾고 해석한 지 몇 년 동안 법등(法燈)의 명암을 깊게 살피고 혜덕(慧德) 소장(消長)의 자취와 실상을 조사"했으며, 『통사』를 지은 이능화의 공적에 관해 "영원히 학계에 빛이 들어날지라"[22]라고 보았다.

이렇듯 3인의 조선 문화와 조선불교에 관한 연구 활동은 상호간에 적극적으로 평가되었다. 하지만 이들 3인 사이에 조선불교 연구가 지향하는 목적에 관해서는 예상 독자층과 관점 등에서 차이점이 존재했다. 이러한 차이는 조선불교사의 학문적 정리 과정에서 보다 분명하게 나타났다.

3. 민족사와 조선불교사의 재조명

조선 불교를 연구하는 것은 중국과 인도 나아가 일본 불교와 차별성을 지닌 조선불교의 특성을 확인하는 작업이 된다. 최남선은 "조선에 있어서 가장 오래된 것이 무엇이며, 가장 아름다운 것이 무엇이며, 세계적으로 자랑거리가 되는 것이 무엇이며, 학술상 보고가 되는 것이 무엇인가 하면 첫째, 불교적 유적이요 둘째, 불교적 산물이라 할지니 … 국보 홀로 이 안에 있고, 민족의 정수가 오히려 이 안에 많이 있을지라."[23]라

21 이능화, 앞의 책 하편, 666쪽.

22 「신문관출판시보」, 『청춘』 14, 1918.6, 128쪽.

23 최남선, 「『조선불교통사』에 대하여」 (1), 『매일신보』, 1918.6.22, 1면.

고 밝혔다. 따라서 조선불교사를 정리할 때 요구되는 것은 첫째, 조선불교를 세계적 자긍거리로 삼을만한 요소를 강조해야 했으며, 이와 함께 불교 안에서 '민족의 정수'를 찾아야만 했다.

지역학 연구의 일환으로 보면, 조선학은 조선을 단위로 삼기 때문에 다른 국민국가 단위의 지역과 구별되었다. 특히 중국의 영향에서 벗어나 독자성을 지닌 것으로 위상을 설정해야 했다. 조선불교사 연구에서는 중국에서 불교가 전래되었다는 사실을 제거하는 것이 한 방법이었다. 중국 불교는 조선불교의 독자성을 강조하기 위한 타자로 작용했다.

권상로의 경우 1911년에는 조선에 불교가 들어오면서 중국 대륙의 문화(문학, 예술, 음악, 천문 등)가 동시에 들어왔다고 보았지만,[24] 1917년의 『약사』에서는 삼국시대 불교가 들어온 기록에 관해 '풍속을 따른 말'에 지나지 않는다고 서술하고 "우리 조선에 불교의 유입됨이 진실로 오래되었다"라는 입장을 피력했다.[25] 다시 말해 불교가 중국에서 수용된 것이 아니라 서역으로부터의 '직전(直傳)' 혹은 중국과 비슷한 시기에 수용된 부분임을 강조했다. 최남선도 같은 입장이었다.

> 예지(濊地) 맥인(貊人)이 중국 지역보다 먼저 법우(法雨)에 젖은 기이한 인연이 있음은 분명하다. 이를 보면 조선에 불교가 처음 전래된 것이 중국보다 이전 혹은 곧 이어서 이루어짐과 중국에 다시 수출된 것 외에 서역으로부터 직전(直傳)했을 것을 긍정해야 한다. 이것이 사실이라면, 서방의 불교가 다시 2가지 길에 나뉘어 남으로는 중국으로 가고 동으로는

---

24 권상로, 「조선불교와 지리의 관계」, 『조선불교월보』 2, 1912.3, 34쪽.

25 권상로, 앞의 책, 2~3쪽.

근역(槿域)에 와서 오랫동안 내면에 잠복해서 행해진 일대 사실을 간과치 못할 것이며, 그런 동시에 근역의 불교가 얼마나 오랜 연원을 지니고 중요한 계통을 이룸을 알지로다.[26]

권상로와 최남선이 주장한 조선불교가 중국으로부터 소개, 수용된 것이 아니라는 관점은 사실 여부를 떠나 당대 불교 연구자들이 어떠한 부분에 강조점을 두었는지를 확인할 수 있는 자료가 된다. 최남선은 조선의 불교 수용과정에서 "중국의 매개를 경유치 아니 함"을 통해 중국과의 차별성을 강조했다. 또한 그는 조선불교의 특징을 "교(教)보다 학(學)으로써 특색을 보인다."[27]는 점에서 찾았으며, "중국을 떠나서 특수하며 구별된 역사적 가치"를 지니고 있음을 특징으로 보았다. 즉 중국불교와 다른 조선불교의 "적극적 활동과 독창적 공부"를 강조함으로써 조선불교의 타자로 중국불교를 위치시켰다.

삼국시대에 이루어진 불교의 전파과정에서 중국의 영향을 배제하고자 한 이들은 이와 병행해서 당대 일본에 미친 영향을 강조하는 것에 주력했다. 권상로는 백제가 일본에 불상과 불경을 보낸 일을 "일본의 불법(佛法)이 이로부터 시작한다."라고 규정했다.[28] 이능화도 "백제가 불법을 일본에 전하였는데, 이는 불교 역사상 가장 두드러진 사건"[29]이라고 평가했다. 최남선의 경우 불교 전파의 영향은 종교영역 뿐만 아니라 "정

---

26 최남선, 「『조선불교통사』에 대하여」 (2), 『매일신보』, 1918.6.25, 1면.

27 최남선, 「『조선불교통사』에 대하여」 (5), 『매일신보』, 1918.7.5, 1면.

28 권상로, 앞의 책, 18쪽.

29 이능화, 앞의 책 하편, 5쪽.

치적 발전과 사회적 동정(動靜)이던지 이것(조선불교—인용자)의 영향과 견인을 받아 감응하지 아니한 것이 거의 없다"[30]라고 보았다.

그런데 삼국시대 일본에 미친 영향에 관해 일본인 학자가 인정할 경우 또 다른 대응전략이 요구되었다. 역사적 사실로 삼국시대 조선불교가 일본에 큰 영향을 미친 것은 부정할 수 없었다. 세키노 타다시(關野貞)는 삼국시대 불교의 조류가 "일본불교가 되었으며 스이코(推古)시대를 형성하였다. 삼국시대의 불교는 중국 남북조의 불교와 일본 스이코시대의 불교와 서로 맞물려 있다"라고 서술했다.[31] 이능화의 경우에도 "일본의 문명은 조선불교로부터 시작했다 함은 역시 일본인이 자인(自認)"[32]한다고 보았다. 그렇다면 물음은 불교의 진수를 어느 편이 제대로 보존, 계승, 발전시켰는지 여부가 물음이 된다.

조선인 문화 연구자가 일본 학자의 학설을 번역 소개할 경우 그들은 모국의 언어와 문화의 수호자이면서 동시에 '위험한 내부자'로 보일 수 있다.[33] 이능화의 『통사』에는 많은 일본인 학자의 학설이 소개되고 있다. 도리 류조(鳥居龍藏)의 "몽고어, 일본어, 조선어는 문법이 동일하다"는 내용이 인용되었다.[34] 그리고 다카하시 도오루(高橋亨)[35]의 해인사 대장

30 최남선, 「『조선불교통사』에 대하여」 (3), 『매일신보』, 1918.6.28, 1면.

31 이능화, 앞의 책 하편, 188쪽.

32 이능화, 「내지(內地)에 불교시찰단을 송(送)함」, 『조선불교총보』 6, 1917, 4쪽.

33 일본어의 번역과정에서 번역자가 일본 제국의 유용한 문화적 도구가 될 수 있다는 측면에서 '위험한 내부자'란 개념을 사용했고, 이에 관해서는 마이클 크로닌, 김용규 · 황혜령 옮김, 『번역과 정체성』, 동인, 2010, 163쪽 참조.

34 이능화, 앞의 책 하편, 584쪽.

35 1929년 간행된 다카하시 도오루의 『이조불교』를 중심으로 한 조선불교에 관한 연구는 조남호, 「타카하시 도오루의 조선불교연구」, 『한국사상과 문화』 20, 한

경 판본에 관한 내용과 조선시대 선종과 교종의 법계(法系)가 임제종이라는 주장을 요약해서 소개했다.[36] 세키노의 경우 유점사 본당 불상이 신라시대 유물이라고 한 그의 조사 보고서와 화엄사 석경(石經)에 관한 내용이 소개되었다.[37] 그런데 논지의 근거로써 일본인 학자의 학설을 부분적으로 인용하는 것에서 그치는 것이 아니라 별다른 비평 없이 전체를 전제하는 경우, 이러한 인용 방식은 조선불교의 정체성에 관한 예민한 물음을 제기할 수 있다.

대표적인 사례가 세키노의 「신라 · 고려시대 불교의 유적」을 전문 번역 소개한 부분이다.[38] 그는 이글에서 조선불교 예술을 높게 평가하면서도 중국의 영향을 크게 강조했다. 예를 들면 그는 삼국시대 불교 유물을 "남북조의 영향을 받았지만 그것에 뒤떨어지지 않는다."라고 보았다. 그리고 경주 분황사 탑의 경우 "중국 수 · 당시대의 연와탑(煉瓦塔)을 모방하여 돌을 이용해 지은 것이다. 그 형태는 … 온전히 수나라시대의 것과 흡사"하며, 석굴암에 관해서는 "조선에 남아 있는 조각품 중 최고 걸작"임을 인정하면서도 "중국의 석굴 제작을 모방한 것"이라고 평가했다. 즉 조선인 문화연구자들은 그의 조선의 불교 예술이 중국의 '영향', '모방', '흡사'하다는 주장에 관해 대응 논리를 만들어야 했다.

또한 세키노는 조선불교를 전체적으로 조망하면서 발전에서 쇠퇴라는 논리에 입각해 있었다. 고려와 조선시대 불교를 언급하면서 그는 "개

국사상문화학회, 2003 참조.

36 이능화, 앞의 책 하편, 424~429쪽, 935쪽.

37 이능화, 앞의 책 상편, 196쪽; 이능화, 앞의 책 하편, 153쪽.

38 이능화, 앞의 책 하편, 187~197쪽. 아래 인용문은 이 부분에서 근거한다.

괄적으로 말하면 고려시대의 불교는 융성하였다고 말할 수 있다. … 조선이 일어나자, 세조를 제외한 역대의 조정은 모두 불교를 배척하였으므로 크게 쇠퇴하였다."라고 보았다. 이러한 논리는 불교 예술에 관한 평가에도 적용되었는데, 세키노는 "건축 및 기타 예술의 진보가 많고 컸"던 통일신라시대에서 "점차 쇠퇴하는 풍조가 있었는데, … 웅대한 기풍을 잃어버렸다. … 차라리 섬세한 기교와 우아한 미라고 할 수 있다"라고 보았다. 변화와 발전에 절대적 가치를 부여한 '사회진화론'이 대세인 당시[39] 조선불교의 '쇠퇴'와 이를 토대로 불교 예술의 '섬세함과 우아'라고 한 평가는 부정적인 민족성의 논의와 연결될 수 있었다.

문화적 교류와 그 성과와 관련해서 반도인 조선과 섬인 일본이 공간적으로 경쟁했다. 세케노는 "중국과 조선에서 일어난 종교는 모두 일본으로 건너가 나머지 생명을 보호 받았으며, 불교의 유물, 미술품 등 또한 일본으로 건너가 비로소 그 완전함을 보존할 수 있었다."라고 해서[40] 섬이란 일본의 지역적 특색을 강조했다. 반면 최남선은 "인도 및 서역의 오래되어 사라진 법교(法教) 문물(文物) 가운데 조선에 남아 있는 재료로써 고려할 수 있는 것이 결코 하나 둘에 그치지 아니함을 볼 수 있다."라고 보아[41] 대륙의 문물을 받아들여 일본에 전달하는 반도로서의 조선의 성격을 부각시켰다.

공간뿐만 아니라 불교 교리와 학설 등을 중심으로 전체 불교의 계승과 발전에 조선불교가 어떠한 역할을 했는가 여부가 조선불교의 특징을

39 조선불교계의 사회진화론 수용에 관해서는 이재헌, 앞의 책, 71~72쪽 참조.

40 이능화, 앞의 책 하편, 197쪽.

41 최남선, 「『조선불교통사』에 대하여」 (3), 『매일신보』, 1918.6.28, 1면.

가늠하는 중요한 지표가 된다. 다시 말해 인도와 중국에서 비롯된 불교가 조선에 들어와서 어떻게 계승·발전되었는가를 구명하는 것이 조선적 불교의 장점을 부각시킬 수 있는 방안이 된다. 구체적으로 중국의 여러 불교 종파가 조선에 들어와서 어떻게 변화 발전했는가의 물음과 연결된다. 이에 가장 적극적인 의견을 개진한 인물은 최남선이었다.

최남선은 중국에 기원을 둔 여러 종파의 정통과 적전(嫡傳)이 조선에 있다고 보았다.[42] 특히 화엄종은 "조선불교의 최대 자랑거리"[43]이며 원효의 화엄종을 '해동종'이라고 규정했다. 이능화의 『통사』에서는 "분황종 및 해동종은 곧 화엄종이다"[44]라고 하여 한 문장으로 서술한 반면, 최남선은 이를 원효의 독창적인 견해로 "조선불교의 특수한 면목을 발휘한 것"[45]이라고 적극적으로 평가했다. 이러한 관점은 고려시대 불교의 특징을 언급하는 부분과 연결되었다.

민족 단위의 역사인 민족사를 서술할 때 민족의 '통일'을 언제부터로 볼 것인가 여부가 중요한 화두였다. 신라의 통일이 강조되었지만 외세인 당나라의 '원조(援助)'와 영토의 축소 때문에 고려의 건국이 부각되기도 했다. 권상로와 최남선은 고려시대를 적극적으로 평가했다. 특히 고려시대 불교에 관해서는 그것이 지닌 독자성과 중국 불교에 미친 영향을 강조했다.[46] 아울러 고려대장경에 의미를 부여함은 3인이 모두 동일

42 최남선, 「『조선불교통사』에 대하여」 (3), 『매일신보』, 1918.6.28, 1면.
43 최남선, 「『조선불교통사』에 대하여」 (5), 『매일신보』, 1918.7.5, 1면.
44 이능화, 앞의 책 하편, 1010쪽.
45 최남선은 원효를 "대오대철(大悟大徹)한 자요 일종(一宗) 일판(一判)으로 국한할 바"아닌 '성사(聖師)'로 표현했다(최남선, 「『조선불교통사』에 대하여」 (5), 『매일신보』, 1918.7.5, 1면).

한 입장이었다.

고려대장경에 관해 권상로는 "정밀한 교열과 굉장함이 세계 여러 대장경 판본 가운데 첫 손을 꼽을 수 있다"[47]라고 보았으며, 이능화도 "세계의 진귀한 보물"[48]이라고 평가했다. 또한 앞서 언급했듯이 이능화는 『통사』에서 최남선의 대장경에 관한 글 전체를 소개했다. 이는 그가 최남선의 대장경에 관한 입장에 동의하거나 인정한 것으로 볼 수 있다.

한편 고려에서 조선으로의 변화는 불교 교세의 변화와 함께 민족적 정체성의 물음과 연결된다. 특히 1910년대 식민지 조선인의 입장에서 보면 가까운 과거인 조선은 국망(國亡)의 원인을 제공한 타자이기도 했다. 특히 조선시대 '당쟁'은 비판의 대상이었다.

이능화는 "대대로 내려오면서 교체되지도 변개되지도 않고, 조정에서는 서로 삐걱거리며 다투고 재야에서는 혼인을 하지 않으면서 3백여 년을 내려왔다. 마침내 완강하고 고루해져서 깨뜨리기 어려워졌다. 그 당성(黨性)이 전해 내려와 그 인격에까지 스며들었다. 고금 천하에 이와 같은 일은 있지 않았다. 놀랍고 한탄스럽고 우습고 부끄러운 역사이다"[49]

46 권상로는 고려 태조 때 "중국은 오계(五季)의 난이라 불법이 대부분 사라지되 고려는 전대(前代)의 홍서(鴻緖)를 이어받아 삼보(三寶)가 더욱 성행하니, 오(吳)나라 월왕(越王) 이 천태장소(天台章疏)를 조선에서 구하고, 고려왕이 화엄경론을 중국에 보냄이 모두 이때 일이다."라고 보았다(권상로, 앞의 책, 89쪽). 최남선의 경우에도 "동방 특수의 불교 사상을 확립한 자는 수(隋)나라 천태종이니 … 깊은 의미가 여러 방면에 드러나기는 실로 고려의 체관(諦觀)에게 전적으로 의지한 것이로다."라고 보았다(최남선, 「『조선불교통사』에 대하여」 (4), 『매일신보』, 1918.7.2, 1면).

47 권상로, 앞의 책, 138쪽.

48 이능화, 「불교신앙의 과거시대와 불교신앙의 현금(現今)시대를 논함」, 『불교진흥회월보』 4, 1915.6, 1쪽.

라고 보았다.

이러한 논리는 '당파성론'을 주장한 식민사관과 큰 차이가 없는 논리로 보일 수 있었다. 그럼에도 불구하고 권상로, 이능화, 최남선은 유교(혹은 성리학) 대신에 조선시대 불교 연구에서 이러한 부정적인 요소를 극복할 수 있는 방안을 찾았다.

우선 조선시대 불교의 비중을 높게 설정했다. 권상로의 경우에도 전체 책의 1/3의 분량을 조선시대 불교로 서술했다. 또한 이능화의 『통사』에서도 조선시대 불교에 관한 비중을 높였다.[50] 이들이 조선시대 불교에 관한 서술에 큰 비중을 둔 것은 조선시대 불교에서 조선불교가 지닌 특징을 발견한다는 의미와 함께 유교가 아닌 불교에서 조선 민족의 가능성을 찾고자 했다.

조선시대 불교의 가치는 당대 불교의 활동에 관한 구체적인 설명을 넘어서 적극적인 의미부여에서 찾아질 수 있다. 즉 조선시대 불교사 서술의 과제는 첫째, 고려시대와 대비되어 조선시대 불교가 '쇠퇴'했다는 것에 관한 대응논리를 세우고 둘째, 조선시대 불교의 독자적인 장점과 특징을 부각하며 셋째, 부정적인 민족성 논의 예를 들면 여성성의 표현인 우아와 세련 등에 대한 반대 이미지로서의 남성성이 부각된 민족성을 조선시대 불교에서 찾는 데 있었다. 최남선은 성리학-양반에 대응해 불교-민중의 대립구도를 설정하고, 조선시대 불교의 특

---

49 이능화, 앞의 책 하편, 717쪽.

50 김창숙의 연구에 따르면, 『통사』 하편의 200개의 주제 글 가운데 삼국과 통일신라시대가 47항, 고려시대가 47항, 조선시대가 72항으로 분량 면에서 39%에 달한다고 보았다(김창숙, 「『조선불교통사』 하편의 분석 연구」, 『한국불교학』 43, 한국불교학회, 2005, 211쪽).

징으로 훈민정음과 불교와의 관계,[51] 승병제도, 역경도감의 번역 사업 등을 제시했다.

> 일반 민중의 정신생활에 대한 제일 첫 번째 교섭은 물론 조선 시대 역사에서 가장 빛나는 훈민정음의 창제와 특수 산물인 승병의 편제와 최고 예술의 표현인 원각사탑의 조성과 최대 기백의 발로인 역경도감(譯經都監)의 설립 등이 어느 것이 천추의 미를 전할 만한 대사업이 아니랴. 이조의 불교인들 어찌 말라 죽은 나무이며 불이 꺼진 재라고 보는데 그치겠는가.[52]

조선학 연구의 일환으로 조선인의 정체성 즉 민족성에 관한 논의가 중요한 연구 주제가 된다. 일제는 조선인의 수동성을 강조함으로써 식민지배의 '정당성'을 확보하고자 했다. 위의 글에서 보이는 '기백'과 같은 단어는 이에 관한 대응의 효과를 지니고 있었다. 이러한 논의는 조선인의 민족성, 한국인의 감성을 어떻게 볼 것인가 여부와 연결되었다. 일본인 학자들이 "나약하고, 유약하다는" 부정적인 측면을 강조한 반면, 최남선은 한국인의 감성 속에서 남성성 혹은 기백 등 긍정적인 요소를 찾고자 했다.

조선의 역사와 문화에 미친 불교의 영향에 관해 최남선은 첫째, 사색적, 내관적으로 생활상에 철학적 기조가 있게 함 둘째, 예술적, 창조적

---

51 최남선뿐만 아니라 이능화도 불교와 훈민정음과의 관련성을 강조했다(유화송, 「『조선불교통사』에 나타난 이능화의 언문 인식 고찰」, 『불교학보』 40, 동국대학교 불교문화연구원, 2003 참조).

52 최남선, 「『조선불교통사』에 대하여」 (1), 『매일신보』, 1918.6.22, 1면.

으로 고구려의 회화, 백제의 건축, 신라의 조각과 같은 특수한 기공(技工)을 발달케 함 셋째, 진취적, 개방적으로 중국에 유학을 가거나 일본에 불교를 전파했음을 강조했다.[53] 즉 불교를 통해 조선 민족성의 '진취성과 개방성'을 발견하고자 했다. 이러한 비판에 대한 대응을 넘어서 조선학을 정립하기 위해서는 적극적인 의미부여를 통해 조선불교의 독자적인 학문적 영역을 확보해야만 했다.

4. 조선학의 일환인 조선불교사 연구

조선불교를 역사적으로 정리한다고 할 때, 조선이라는 시공간에서 이루어진 불교의 흐름을 살펴보는 작업이 수행 되어야 한다. 이와 함께 문화사의 측면에서 조선불교에 주목해야 하는 이유는 불교가 조선의 문화와 예술에 막대한 영향을 미쳤기 때문이다. 그렇다면 1910년대 조선 불교연구자인 권상로, 이능화, 최남선이 다양한 사상과 종교 가운데 왜 불교 연구를 우선적으로 시작했는지를 살펴보아야 한다.

이능화는 "불법이 인도로부터 중국에 들어오고, 중국으로부터 다시 조선에 들어와 1천 5백여 년간 제왕과 재상들이 존숭했고 모든 백성들은 믿고 따라서 유일 종교가 되었다. 이에 나는 불교 유래의 역사를 연구하지 않을 수 없다"[54]라고 밝혔다. '유일 종교'라고 표현할 때 다른 신앙 체계 혹은 사회 윤리 체계인 유교가 의식되지 않을 수 없다. 유교에 대한 불교의 우위성이 강조되었다.

---

53 최남선, 「『조선불교통사』에 대하여」 (6), 『매일신보』, 1918.8.6, 1면.

54 이능화, 앞의 책 하편, 2쪽.

전체적으로 관찰하면 … 배불훼석(排佛毁釋)이 무소불위했던 것 같은 이조 5백년간엔들 불교에 대한 궁궐로부터의 실질적 예우가 더욱 커져 잠시도 해이 하지 않았다. 또한 불교에 대한 민중의 정신상 숭상과 존경이 잠시라도 쇠퇴한 적이 있는가? 천여 년 동안 깊은 뿌리를 내렸던 불교는 약간의 형식적 억압으로써 소멸되지 않고 비록 잠복하고 간헐적이 될망정 그 사회적 세력과 문화상 영향이 여전히 심대한 것이 있었나니 (하략)[55]

조선 역사와 문화에 대한 영향이 유교에 비해 불교가 컸다는 주장과 함께, 한말시기 유교 특히 성리학에 대한 비판은 당대 신지식인층 일반이 공유했던 내용이었다. 일제강점기에도 '국망'의 원인을 성리학에 놓을 경우 그 비판의 강도는 더욱 높았다. 이능화는 "조선시대 이래로 … 유교의 세세한 목적은 오로지 벼슬길에 있으니 곧 사색당파의 싸움으로 바둑판이 없어질 따름이고, 경학(經學)만을 오로지 하면서 곧 주자의 주석(註釋)만을 굳게 지킬 따름이었다."[56]라고 주장했다.

이러한 관점에서 보면, 조선불교의 경우에도 넓은 의미에서 전통에 대한 비판에서 자유로울 수 없었다. 따라서 조선불교에서 근대에 적합한 요소를 새롭게 찾아야만 했다. 조선불교 속에서 근대성을 찾을 수 있게 해준 타자는 기독교였다. 권상로는 1915년에 유교, 기독교, 불교의 천(天)과 천당, 정토 등을 비교하는 글을 발표했는데,[57] 이러한 대비는

---

55 최남선, 「『조선불교통사』에 대하여」 (1), 『매일신보』, 1918.6.22, 1면.

56 이능화, 앞의 책 하편, 181~182쪽. 이능화는 다른 글에서도 유교를 "상류사회 자리지자(自利之資)이지 하급 인민의 보급지계(普及之計)는 아니라"라고 규정했다(이능화, 「조선인과 각종파(各宗教)」, 『조선진흥회월보』 9, 1915.11, 14쪽).

종교 영역에서 세 종교 사이에 경쟁의식이 있음을 의미한다.

이능화의 경우에도 "오늘날 … 우리 조선인의 생산 정도에 비추어 보면 유교의 예식은 합치되지 않는 점이 많으므로 어찌 지식인들이 예수교 예식의 간편함을 좇아 유교 예식의 번쇄함을 고치려고 하지 않겠는가."[58]라고 해서, 기독교를 유교보다 우위에 놓았다. 그는 또한 불교 포교를 위해 불교 경전을 신구약 성경처럼 제작하고, 포교 예식도 찬송가를 부르는 기독교적 방식을 적용하라고[59] 제안했다.

이능화를 포함한 조선불교 연구자들은 당대 기독교를 조선불교계의 반성 계기와 배움의 대상으로 삼았다. 그러나 이와 동시에 기독교 교리에 관해서는 비판적인 입장을 견지했다.[60] 그렇다면 유교와 기독교와 대비된 조선불교의 특징을 조선불교사에서 어떻게 찾을 수 있는가 여부가 물음이 된다.

조선불교사의 과제는 조선 민족이란 단위에서 이루어진 불교를 연구 대상으로 설정하고, 이에 관한 체계적 정리를 함으로써 한국 사상사의 본류를 설명하는데 있다. 이러한 성과가 1910년대 후반 『약사』와 『통사』의 방식으로 정리되었다.

---

57 권상로, 「천(天)과 정토(淨土)의 이설(異說)」, 『불교진흥회월보』 9, 1915.11, 23~28쪽.

58 이능화, 앞의 책 하편, 969~970쪽.

59 이능화, 「조선불교계 포교 서적에 대한 관견(管見)」, 『불교진흥회월보』 8, 1916.10, 3쪽. 그는 『통사』에서도 기독교의 장점을 경전, 자명종과 성냥 등의 물품, 세력, 평등, 교육 등 다섯 가지로 들고 있다(이능화, 앞의 책 하편, 1094~1096쪽).

60 한국 불교도인의 기독교에 대한 인식은 김종인, 「20세기 초 한국 불교인들의 기독교에 대한 인식과 비판」, 『한국사상과 문화』 54, 한국사상문화학회, 2010 참조.

최남선은 『청춘』 14호의 광고문에서 『통사』는 “조선 문화사와 조선을 중심삼아 풀어내어 서술한 불교유통지(佛教流通誌)를 겸한 조선불교의 일대 백과전서”라고 평가했다. 이능화 역시 자신의 책이 한국인과 외국인을 대상으로 “조선불교에 대한 체계적 역사”를 제공하는 참고자료가 되기를 희망한다고 밝혔다.[61] 체계적이며 백과사전과 같은 종합적인 연구를 수행하는 것은 근대적 학문방법론의 적용이었다.[62] 따라서 조선불교사를 새롭게 서술하기 위해서는 방대한 자료를 체계적으로 정리할 시간이 요구되었다.

최남선이 조선불교에 관심을 가진 것이 1905~6년경부터였으며, 이능화는 ‘불혹’의 나이인 1900년대 후반 “불교에 귀의하고 나서는 조선에 불교가 전래되어 온 유래를 연구하지 않을 수 없었다.”라고 밝혔다.[63] 보다 구체적으로 이능화는 “조선불교통사의 재료 모집에 착수함은 지금부터 10여 년 전 즉 대한제국 융희(隆熙) 원년 경”이며, 1907년 무렵부터 일본, 상해, 북경 등부터 불교 기타 참고 서적을 구입하기 시작했다고 회고했다.[64] 1900년대 이들의 조선불교에 관한 관심이 1910년대 결실을 맺은 것이다. 그렇다면 이들이 연구에 착수한 1900년대 조선불교계가 당면한 현실은 어떠했을까?

---

61 이능화, 「조선불교통사에 취하여」, 『조선불교총보』 6, 1917.8, 33쪽.

62 이재헌은 전통 교학과 근대 불교학의 차이를 전자는 교리 연구나 훈고학적 경전 탐구이지만 후자는 객관적이고 과학적인 불교연구라고 보았다(이재헌, 「이능화의 불교학과 근대적 종교 인식」, 『조선종교사연구』 10, 2002, 388쪽).

63 이능화, 앞의 책 하편, 1~2쪽.

64 이능화, 「조선불교통사에 취하여」, 『조선불교총보』 6, 1917.8, 33~34쪽.

나라 정치의 억압과 세상의 배척을 받으며 바위굴에서 하나의 편안한 거처를 삼고 숨어 지내며 불도를 연마하고, 세상을 잊고 소요(逍遙)하던 조선승려는 이목(耳目)이 어지럽고 감상이 자극되었다. 뿐만 아니라 사원의 재산을 간혹 학교에 넘기는 일이 있었다. 승려계의 한편은 풍조를 받아들이고 다른 한편은 관습을 고집하고, 혹은 세력을 키우기 위해 외부의 보호도 의뢰(사원을 일본 승려에게 위임)하고자 했고, 혹은 분개를 지니고 자립을 유지하고자 하는 자도 있었다. 그 대부분은 일본 여러 종파와 상호 체결하여 연구회를 설립하고 경향 사원(寺院)이 한때 어지럽더니 정미사변으로 인해 폐지되었다.[65]

위의 글은 1906~7년을 전후해서 일본 각 종파의 승려가 조선에서 포교 활동을 하는 상황에서 조선불교계가 직면한 상황에 관한 권상로의 인식이다. 조선불교계의 입장에서 보면, 일본과 일본 불교는 도성 출입을 가능하게 한 긍정적이면서 동시에 그 세력을 조선 내에 부식시키는 경계 대상이었다. 이에 대해 조선불교계에서는 기존의 전통을 고집하거나 일본 불교계에 '의뢰'하거나 혹은 자립을 도모하는 등 다양한 형태로 대응했다.[66]

즉 조선불교계는 대부분 근대적으로 변화해야 한다는 전제를 공유하면서 일본의 영향에 어떻게 대응할 것이며, 국망이란 상황 속에서 일제와의 경쟁이 어떠한 의미를 지니는지를 고민해야 했다. 이능화, 권상로,

65 권상로, 앞의 책, 250쪽.

66 개항이후 한말시기 조선불교계의 상황에 관해서는 김광식, 『근현대불교의 재조명』, 민족사, 2000, 18~22쪽 참조.

최남선은 1910년대 일제의 불교정책과 불교 연구에 관해 인정과 비판의 양면적 모습을 보였다.

변화와 개혁이 논의되는 것은 당대 현실에 대한 비판을 전제한 것이다. 이능화와 권상로는 이보담, 홍월초 등이 설립한 불교연구회에 참가하고 불교 관련 잡지를 발간하거나 기고하는 등 조선불교계의 변화를 모색했다. 그 과정에서 일본의 문화재 정책은 비판하기 어려운 영역이었다.

이능화는 석굴암을 소개하면서 "지금 총독부가 막중한 경비를 아끼지 않고 수선하여 보존"했다고 평가했다.[67] 시간적으로 약간 뒤이지만 최남선의 경우에도 일본인을 향하여 '고맙다'고 해야 할 일이 '고적조사사업'인데, "모든 것이 못마땅한 가운데 딱 한 가지 옹호하여 줄 일이 고적의 탐구와 유물의 보존에 대해 근대적, 학술적 노력을 쌓아 간 사실"에 있다고 보았다.[68] 식민통치를 위한 지역 자료 조사 차원의 성격을 지닌 고적조사사업에서[69] 식민지배의 본질을 찾기는 쉽지 않았다. 이에 대한 학문적 대결의식은 조선학 연구의 또 다른 과제로 제기되었다.

고적보존과 함께 1911년 3월 제정된 '사찰령'과 같은 해 7월 반포된 '사찰령시행규칙'에 관해 이능화와 권상로는 긍정적으로 이해했다. 권상로는 30본산(本山)이 정해진 상황에서 "이전에는 일본 각 종파 승려가 조선 각 사원을 가당치 않게 넘보다가 점령하더니, 사찰령이 나와서 그 완력(腕力)이 자연스럽게 줄어들고 감추어지게 된 바"[70]있다고 보았다. 이

---

67 이능화, 앞의 책 하편, 183~184쪽.

68 최남선, 「조선통속강화개제」 (4), 『동명』 6, 1922.10.8, 11쪽.

69 이순자, 『일제강점기 고적조사사업 연구』, 경인문화사, 2009, 68쪽.

능화의 경우에도 사찰령을 소개하면서 "사찰령 이후로 선교 양종 30본산이 사법(寺法)을 제정하여 각 주지는 행정상 규칙을 응용하며, 여러 법사(法師)는 포교 활동을 자유하며, 연합기관을 공개적으로 설립하여 통일적으로 종무(宗務)를 처리하며, 중앙학교를 설립하여 시의적으로 불교학을 교수하며, 잡지를 달마다 발간하여 중요한 사안을 알리며, 매주 설교를 실시하여 종지(宗旨)를 천명하는 중"[71]이라고 해서 희망적 상황을 전망했다.

『약사』와 『통사』에 정리된 1910년대 일제의 불교정책에 관한 긍정적 이해를 극복하는 것이 이후 민족운동과 문화운동 영역의 과제가 되었다. 조선불교의 근대적 정립과정은 근대 일본불교의 학문적 성과에 많은 영향을 받았다. 다시 말해 한말 일제시기 조선의 불교계는 불교의 근대화와 함께 일본과 구별 혹은 반대되는 조선불교의 정체성을 확립해야 한다는 긴장관계에 놓여 있었다.[72] 조선학 연구가 식민 지배를 위한 학문 연구에 대한 대응의 성격이 강조된다면, 일본의 조선불교 연구에 대한 대응 논리의 개발이 조선학 연구의 중요한 과제가 된다.

권상로, 이능화, 최남선 이상 3인은 당대 일본의 불교연구가 세계적임을 인정했다. 이능화는 "최근 30년 동안 일본의 승려가 사방으로 전교

---

70 권상로, 앞의 책, 255~256쪽.

71 이능화, 「내지에 불교시찰단을 송함」, 『조선불교총보』 6, 1917. 9, 1쪽. 그는 『통사』에서도 "오늘날의 30본산은 일단 정해진 법에 따라 계급과 등분이 시행되고 행정적인 조례가 있어, 설사 천만의 파순(波旬)이 있다고 해도 마음대로 할 수 없게 되었다. 이것이 불교의 운세가 다시 돌아오는 것이 아니겠는가?"라고 보았다(이능화, 앞의 책 하편, 965쪽).

72 조성택, 「근대 불교사 기술의 문제: 민족주의적 역사 기술에 관한 비판」, 『민족문화연구』 53, 고려대학교 민족문화연구원, 2010, 605쪽.

하러 나갔고, 구미 각 주에 모두 불교 경전이 유입되었으며, 불학을 연구하는 학자 또한 실로 많은 무리를 이루고 있다"[73]라고 보았다. 최남선의 경우에도 일본이 세계 '불교연구의 중심'이며 세계 불교의 경장(經藏)이 모두 모여 있으며, 일본에 불교 관련 학교와 그림과 서적, 예술품과 연구기관이 존재하고 있음을 높이 평가했다.[74] 식민모국의 식민지에 관한 연구를 어떻게 넘어설 수 있는가 여부가 조선학연구의 일환인 불교연구가 해결해야 할 과제였다.

1910년대 조선불교에 관한 학문적 정립 과정은 일본학계의 조선불교연구에 관한 비판적 입장에 기반해서 형성되었다. 다시 말해 조선불교의 독자성을 규명하는 것은 일제와의 경쟁을 통해 조선학의 성립 가능성을 찾는 계기가 되었다. 일제의 조선불교 연구에 대한 비판적 대응은 우선 그들이 조선불교에 관해 관심이 부족하다는 점을 지적하면서 이뤄졌다. 최남선은 조선불교 관련 연구가 잘못된 부분을 지적하거나,[75] 세계불교 일반을 정리하면서 조선불교 관련 내용이 소홀하다고 언급했다.[76] 이는 "인도, 중국, 일본만을 기재하고 동방불교에서 매우 중요 지위에 점하고 중대한 사명을 다한 조선을 제외하는 것을 보면 저들(일본학계—인용자)의 무식과 생각 없음을 더욱 선명히 볼 수 있다"라고 해서,[77]

---

73 이능화, 앞의 책 하편, 1051쪽.

74 최남선, 「『조선불교통사』에 대하여」 (8), 『매일신보』, 1918.8.8, 1면.

75 최남선, 「『조선불교통사』에 대하여」 (8), 『매일신보』, 1918.8.8, 1면.

76 최남선은 삼성당의 『일본백과대사전』을 언급하면서 불국사, 석굴암 건축 기사와 1, 2사원의 연기를 제외하면 원효, 보조, 태고와 같은 대표적 인물이 기록되지 않음을 비판했다(최남선, 「『조선불교통사』에 대하여」 (9), 『매일신보』, 1918.8.9, 1면).

77 최남선, 「『조선불교통사』에 대하여」 (9), 『매일신보』, 1918.8.9, 1면.

일본 학계가 '무식'해서 조선불교에 관한 지식이 너무 부족하다고 지적했다.

한편 동아시아 단위의 조선불교의 의미부여는 동양과 세계에 미친 영향을 확인하는 영역으로 확대되었다. 1910년대 조선불교를 연구한 3인은 모두 불교 전래와 유통과정에서 중국의 영향을 차단하고 일본에 끼친 문화적 영향을 강조했다. 이에서 한 걸음 나아가 조선불교의 세계사적 과제를 찾아야 했다.

권상로는 불교 보급의 2대 사업을 포교와 유학이라고 보면서 이를 통해 "지금 포교 유학하시는 여러분의 목적이 세계의 인민을 진화하며 무상한 법리(法理)를 모두 전달하여 위대한 사업을 확립하시길 간절히 바라노라."[78]라고 해서 이들 불교 연구자의 시선은 세계로 향했다. 또한 최남선은 조선불교가 "세계철학의 연원이요 동양 문화의 총수(叢藪)"[79]라고 규정하고, "불교의 세계적 유통과 동방적(東方的) 특색은 오직 조선불교의 해명을 기다려야 비로소 그 전체를 개관할 것이오. 동시에 불교사상 및 불교문명의 역사적 발전과 지리적 분포를 전부 통틀어 이해하게 될 것"[80]이라고 보았다.

조선불교가 지닌 동양적, 세계적 차원의 의의를 규명하는 과정에서 조선불교의 진흥을 조선 사회뿐만 아니라 세계적 차원에서 물질문명의 문제점 해결의 대안으로 제시했다. 이들 3인이 조선불교에 관한 연구성과를 발표한 1910년대 후반은 1차 세계대전에 대한 반성으로 반전(反

78 권상로, 「불교 보급적 2대 사업」, 『불교진흥회월보』 9, 1915. 11, 12쪽.
79 최남선, 「『조선불교통사』에 대하여」 (1), 『매일신보』, 1918.6.22, 1면.
80 최남선, 「『조선불교통사』에 대하여」 (6), 『매일신보』, 1918.8.6, 1면.

戰)과 인류 공통의 과제를 해결하기 위한 대안을 제시했던 '개조론'이 성행했던 시기였다.

최남선은 "세계의 대세로써 관하건대 세관적(細觀的), 분류적, 차별적, 동작적 또는 물질 편욕(偏欲)의 서양문명의 결점이 점점 드러나고, 보완이 시급히 필요하며 대관적(大觀的), 포괄적, 일여적(一如的), 정식적(靜息的) 또는 정신 가중(加重)의 동양사상의 의의가 점차 커져가고 가치가 크게 드러나는데 그 최대 보물창고이자 최고의 가치인 불교연구가 저절로 세계적 요구에 부응"[81]한다고 보았다. 즉 불교로 대표되는 동양의 정신문화를 통해 서양 물질문명의 단점을 극복하고자 했다.

다시 한국학의 성립과정이 어떠했는가에 관한 물음으로 돌아가 보겠다. 한말 일제 초 근대적 학문방법론을 토대로 조선의 역사와 문화에 관해 서양인, 일본인 그리고 조선인에 의한 성과가 축적되고 있었다. 흔히 조선학은 3·1 운동 이후 민족이 '발견'된 이후 조선인에 의한 조선인의 학문을 수립하자고 천명했던 것을[82] 시발점으로 삼는다. 그렇지만 이상에서 살펴보았듯이 1910년대 조선을 단위로 한 불교 연구 자체가 조선학을 염두에 둔 연구 활동이라고 볼 수 있다. 그리고 『약사』와 『통사』 같은 저술이 1910년대 후반 출판될 수 있었던 것은 10여 년의 준비작업의 성과였다.

아울러 조선불교 연구를 통해 조선이 지닌 일본과 중국불교와 다른 독자적인 연구 영역을 확인하고, 이를 토대로 특징과 장점을 확인하는 작업은 넓은 의미의 조선학 연구의 일환이었다. 또한 이러한 연구 영역

---

81 최남선, 「『조선불교통사』에 대하여」 (5), 『매일신보』, 1918.7.5, 1면.

82 최남선, 「조선역사통속강화」 (4), 『동명』 6, 1922.10.8, 11쪽.

의 의미를 확인하고 일본인 학자가 이룬 성과를 '치욕'이라고 생각하고, 조선인들 내부에서 "조선불교의 대내 조사 연구와 대외 천양을 스스로의 힘으로 판별하지 아니치 못할 것이 아닌가."[83]라는 지적은 조선학 연구의 기본자세라고 할 수 있다. 따라서 1920년대 조선학의 '천명'은 조선학 연구의 시작을 알리는 것이 아니라 불교연구를 토대로 내적 역량이 충족된 상태에서 조선의 역사와 문화에 관한 본격적인 연구를 진행하겠다는 의도를 밝힌 것으로 이해해야 한다.

5. 조선불교와 한국의 감성

19세기 말 20세기 초 한국의 역사, 지리, 문화, 어학, 종교 등에 관한 연구는 조선적인 것 내지는 한민족의 정체성을 찾는 작업의 일환이었고, 이를 국학(國學) 내지는 조선학 연구라고 일컬을 수 있다. 그리고 일제강점기 정치적 주권이 없던 식민지 상황에서 민족정체성의 확립을 위한 시도는 출판과 언론 활동을 중심으로 한 문화영역에서 추진되었다. 제국주의에 대한 대결의식 속에서 조선 문화 연구자들은 국가와 민족 공동체의 특수성을 부각하며, 공동체를 유지시킬 수 있는 국가정신과 애국심을 강조했고, 이를 과거의 역사나 문화적 경험에서 찾고자 했다. 이러한 입장은 이들의 연구 방법론에 영향을 준 제국의 논리를 '배제'하거나 제국의 문명 대 식민지의 문화를 대비시키면서 이루어졌다. 그 한 사례가 1910년대 조선불교사의 재조명이었다.

이글에서는 1910년대 권상로, 이능화, 최남선의 조선불교사의 재조명

83 최남선, 「『조선불교통사』에 대하여」 (10), 『매일신보』, 1918.8.13, 1면.

에 관한 내용을 살펴보았다. 우선 이들 3인의 학문적 교류 관계를 통해 조선학의 정립과 관련된 지식의 생산 유통 확산 과정이 특정한 시기의 사회적 관계망에 의해 규정되어 왔음을 확인하고자 했다.

조선불교사를 재조명하는 과정에서 강조된 조선불교의 독창성은 조선불교를 중국의 영향권에서 구별할 뿐만 아니라, 일본의 근대적 학문 방법론을 비판적으로 극복하는 과정에서 찾아졌다. 나아가 이들은 조선불교가 지닌 세계 불교 속에서의 위상을 확인하고 1910년대 후반 당대 문제를 해결할 수 있는 대안과 연결시켰다. 또한 불교라는 사상과 종교 단위를 넘어서 조선 문화 연구의 일환으로 조선불교를 고찰하면서 세계 문화에 기여할 수 있는 바를 조선불교에서 찾고자 했다.

이러한 논리 구성은 오늘날 한국학이 지향하는 방향과 동일한 문제의식이라고 볼 수 있다. 다시 말해 조선불교의 특수성과 세계사적 의의에 주목한 이들의 연구 활동은 조선 역사와 문화 연구를 바탕으로 한 조선학 연구의 일환이었으며, 연구의 모태는 1910년대부터 형성되었다.

조선학의 정립과정의 일환으로 살펴본 조선불교사는 민족적 정체성에 관한 논의를 담고 있기 때문에 오늘날에도 과제로 설정되고 있는 민족 단위의 한국적 감성에 관한 논의의 기원과 긴장관계를 살필 수 있는 계기를 제공한다. 왜냐하면 조선불교로 대변되는 전통이 지속적으로 전유되거나 구성되는 이유는 비록 이것이 과거의 모습을 지니고 있지만 역설적으로 항상 새로움을 제공하고 있기 때문이다.

1910~20년대 안확의 개조론과 조선 문화 연구

1. 조선 문화 연구와 개조 논의

정치·외교 중심의 역사 서술과 달리 예술·문학·철학·과학 등의 소재로 당대의 역사에 접근하는 것을 문화사라고 할 수 있다. 상징과 그것의 해석을 중심으로 한 문화사는 서양의 경우 19세기에 시작되었다.[1] 역사 서술에 오랜 전통을 지닌 동아시아와 한국의 경우 각종 사서류의 잡기 혹은 잡편(雜編) 등이 존재했지만, 민족을 단위로 한 문화사의 서술은 매우 근대적인 현상이었다.

1910년대 중반 조선의 미술과 문학 등을 정리했던 '문화사학자'[2]인 안

---

1 피터 버그는 '고전적' 문화사의 시작을 1860년에 출판된 야코프 부르크하르트의 『이탈리아 르네상스의 문화』에서 비롯된다고 보았다(피터 버크, 조한욱 옮김, 『문화사란 무엇인가』, 길, 2005, 24~25쪽). 아울러 민족을 단위로 한 문화사 서술의 기원은 독일의 문화사 서술에서 찾을 수 있다.

2 '문화사학자'의 개념은 조동걸의 『현대한국사학사』에 의거했는데, 그는 '문화사

확(安廓: 1886~1946)은 문화사 서술의 선구적인 인물이었다. 국어와 국문학, 음악 관련 분야별 연구와 함께 안확의 생애와[3] 그의 국학(國學) 연구의 성과와 의의에[4] 관해 정리되었다. 또한 1920년대 통사류(通史類)와 그의 역사학을 비교하거나,[5] 대종교의 영향과[6] 조선 육해군사에 관한 내용[7]이 고찰되었다. 하지만 1920년대 문화사학자로선 거의 유일하게 안확이 조선 문화 연구와 병행해서 시대사조와 관련된 『자각론(自覺論)』(1920)과 『개조론(改造論)』(1921)을 발표한 사실은 별로 주목받지 못했다.[8] 다시 말해 당대 그의 개조론이 지닌 의미와 조선 문화 연구와의 연관성에 관한 즉 시간적 추이에 따른 한국학 연구의 주제 및 문제의식의 변화에 관한 관심이 상대적으로 적었다.

1910년대 중반부터 1920년대 전반기까지의 안확의 한국학 연구는 크

학'에 관해 일제강점기 문화사를 통해 역사발전의 구조와 현상과 의미를 파악하는 역사방법론을 의미하며, 이에 해당하는 인물로 안확, 장도빈, 황의돈, 권덕규, 남궁억 등을 언급했다(조동걸, 『현대한국사학사』, 나남출판, 1998, 178~196쪽).

3 이태진, 「안확의 생애와 국학세계」, 『역사와 인간의 대응—고병익 선생 회갑기념 사학논총』, 1984; 이태진, 「안확」, 『한국사시민강좌』, 1989.8; 최원식, 「안자산의 국학」, 『자산안확국학논저집』 6, 1994; 김창규, 『안자산의 국문학연구』, 국학자료원, 2000 참조.

4 류준필, 「자산 안확의 국학사상과 문학사관」, 『자산안확국학논저집』 6, 1994.

5 박걸순, 「1920년대 한국사 통사의 구성과 성격」, 『간강(干江)권태원교수정년기념논총 민족문화의 제문제』. 1994.

6 이미순, 「안확의 『조선문학사』에 나타난 대종교의 영향」, 『관학어문연구』 16, 1991.

7 황종흘 · 김효철, 「안확의 조선 육해군사」, 『대한조선학회지』 41-4, 2004.

8 안확의 『자각론』과 『개조론』을 현대 국어로 윤문하고 해설을 단 정승교의 소개의 글이 유일하다(정숭교 해설 · 윤문, 『자각론 · 개조론』, 한국국학진흥원, 2003).

게 두 시기로 나누어진다. 1914년 경 일본 유학을 가서 1914~1916년 사이에 『학지광(學之光)』에 조선 역사와 문화에 관한 글을 기고한 시기와 그 뒤 귀국해서 3·1운동 이후 『공제(共濟)』, 『아성(我聲)』 등에 사회 문제에 관한 글을 기고하면서 『조선문학사』(1922), 『조선문명사』(1923)를 출판한 시기로 나눌 수 있다. 이러한 안확의 조선 문화 연구의 두 시기 사이에 1910년대 중후반부터 세계적으로 광범위하게 제기된 개조 논의와 그의 『개조론』이 위치한다고 볼 수 있다.

1910년대 후반 1920년대 초반 대두된 '개조론'은 세계대전을 초래했던 서구 근대문명에 관한 비판에서 비롯되었다. 한말 일제 초 서구의 근대적 학문 방법론은 당대 조선 문화 연구에 큰 영향을 주었다. 또한 1차 세계대전 후 서양에서 비롯되어 동아시아 사회 전반에 영향을 미친 개조 논의 역시 당대 조선 문화 연구는 물론 안확의 『개조론』 및 그의 한국학 연구와 연동되었다고 판단된다.[9]

안확의 조선 문화 연구의 시간적 추이에 따른 차이점을 살펴보기 위해 첫째, 근대 학문 수련과정 속에서 이루어진 1910년대 중반 조선 문화에 관한 계통적 탐구의 내용을 검토하고 둘째, 안확의 개조론이 무엇이며, 그 내용이 사회주의계열과의 입장 차이가 무엇인지를 살펴보고 셋

---

9 안확이 어떠한 이유와 목적으로 한국학 연구를 시작했으며, 문화사 연구에 집중했는지 관한 이유는 자세히 알 수 없다. 왜냐하면 그는 개인 기록을 남기지 않아 중인(中人)이란 계층적 특성, 신학문의 경험, 국학 연구에 참여한 계기 등을 정확히 파악하기 어렵다. 아울러 그의 저작물의 경우에도 어떠한 동기와 의도에서 서술됐는지에 관해 그 스스로가 분명히 밝히지 않았다. 따라서 안확의 조선 문화 연구의 평가 작업은 당대 그가 글을 게재한 매체 속에서 그리고 다른 문화사학자와의 비교 속에서 보다 구체적인 실체에 접근할 수 있다.

째, 개조 논의의 수용 속에서 1920년대 초반 이루어진 안확의 조선 문화 연구가 1910년대 중반의 '국학'연구와 어떠한 연속성과 차별성을 지니는가를 검토하고자 한다. 아울러 안확의 개조론과 조선 문화에 관한 연구의 경향성을 검토함으로써 1920년대 전반기 한국 사상사의 지형에서 민족주의계열과 사회주의계열의 사상적 분화과정에 접근하고자 한다.

2. 1910년대 중반 '조선적인 것'에 관한 계통적 탐구

안확은 중인 출신으로 1886년 서울에서 태어났다. 그는 당대 조선 역사와 문화 연구를 선도했던 신채호보다는 6살 아래이고 최남선보다는 4살이 많았다. 일본 유학까지 안확의 학문 수련활동과 계몽운동 참여 경력은 당대 계몽운동가, '신지식층' 일반과 큰 차이를 보이지 않았다.[10] 1895년인 9세 나이에 수하동(水下洞)소학교 다녔고 최초의 관립소학교 가운데 하나인 그곳에서 산술, 지리, 역사, 습자, 한문, 언문, 체조 등 신학문을 수련했다. 소학교 시절 그는 독립협회가 주최한 강연회와 함께 1896년에는 독립문 낙성식에 참여했다. 그는 유길준의 『서유견문』과 양치차오(梁棨超)의 『음빙실문집(飮氷室文集)』 등을 통해 서구 문물을 받아들였다.[11]

이러한 계몽운동 참가 경험을 한 후 안확은 일제에 의해 '병합'이 된

10 안확의 생애에 관해서는 류준필, 「자산 안확의 국학사상과 문학사관」, 『자산안확국학논저집』 6, 1994, 104~112쪽 참조.

11 안확은 『서유견문』에 관해 "우리가 이 책을 읽으면 서양 문명의 찬란함을 경탄하여 물질문명의 사상이 움직이는지라"라고 평가했다(안확, 『조선문학사』, 한일서점, 1922, 121쪽).

1911년 마산 창신학교(昌信學校)교사로 재직하다가 1914년경에 일본 유학을 갔다.[12] 풍부한 사회활동의 경험을 바탕으로 상대적으로 늦은 나이인 20대 후반에 그는 일본 니뽄(日本)대 정치학과에 유학했다. 그는 같은 해 재일본동경조선유학생학우회에서 발행한 『학지광』에 위인들의 일화를 단편적으로 소개한 「위인의 편영(片影)」으로[13] 본격적인 기고 활동을 시작했다.

위인의 일화를 단편적으로 소개하는 것은 개화기 잡지 및 일제 초 『소년』, 『청춘』 등에 자주 나타나는 편집 및 글쓰기 형식이었다. 분량이 적은 지면을 활용한다는 측면도 있지만, 인물의 특징을 간략하게 묘사함으로써 독자층에게 '긴요한 지식'을 빨리 소개해서 계몽시키고자 한 효과가 있었다. 이에 주로 등장한 외국 인물은 나폴레옹, 비스마르크 등인데 대한제국시기 '신국가(新國家)' 건설과 관련해서 국민국가 건설과정에 공로가 있는 인물이 주로 소개되었다.

『학지광』 3호(1914. 12)에 게재한 「위인의 편영」은 비록 2쪽 분량의 짧은 글이지만 서양의 위인과 함께 연개소문, 논개, 신숭겸, 이순신, 을지문덕, 이의립(李義立)의 사례를 소개했다. 이의립은 조선시대 화약 개발에 공이 있던 인물인데 안확은 그의 충(忠)을 임금을 위한 것이 아니라 국

12 안확은 한말 상황에 관해 "유지인사(有志人士)는 정치운동에 대하여 수많은 실패를 보면서 외적 저항이 불능함을 고려하고 내적으로 반성하여 문화교육에 대한 관념이 일어났다."라고 보았는데(안확, 『조선문학사』, 한일서점, 1922, 122쪽), 이러한 정서가 그가 교육활동에 참여했던 계기였다고 판단된다.

13 『자산안확국학논저집』에는 「위인의 편영」보다 이른 글로 「각국의 철자론과 한글문제」를 수록하고 있다. 그런데 이글은 1915년 2월이 아니라 1930년 2월에 발행된 『조선』 148호 수록된 글이다. 따라서 현재까지 알려진 것으로 「위인의 편영」이 안확의 조선 문화 관련 첫 번째 글이 된다.

가를 위한 것으로 보았고, 그가 '국가 안위(安危)'에 공이 있는 "조선인의 모범이요 국민의 선생이요 역사의 독보적 인물"[14]이라고 평가했다.

다른 인물에 비해 이의립의 부분이 상대적으로 분량이 많았던 점을 미루어볼 때, 안확은 영웅보다 덜 유명한 인물의 사례 속에서 계몽의 방안을 제시했다고 판단된다. 나아가 서양의 사례도 "용감무쌍한 국민을 양성"한 스파르타의 왕과 스위스를 독립시킨 인물을 중점적으로 소개했다. 또한 이글은 1914년 12월에 발행된 『학지광』 3호에 실린 유일한 한국 문화 관련 글이었다.[15] 다른 재일 유학생이 관심이 적었던 조선 문화에 관한 그의 연구는 어떠한 방향으로 이루어졌을까?

안확은 조선 문화 연구, 특히 조선 문학과 조선미술 연구에서 '개척자' 역할을 담당했다.[16] 그는 「조선어의 가치」(『학지광』 4, 1915.2), 「조선의 미술」(『학지광』 5, 1915.5), 「조선의 문학」(『학지광』 6, 1915.7) 등 일련의 조선 문화에 관한 글을 발표함으로써 '조선적인 것'에 관한 정리 작업을 본격적으로 시작했다. 1910년대 중반 주제별로 조선 문화를 전체적으로 조망하는 글쓰기가 쉽지 않았던 상황에서 안확은 어떠한 경로로 조선의 역사와 문화에 관한 관심을 가지게 되었을까?

---

14 안확, 「위인의 편영」, 『학지광』 3, 1914.12, 49쪽.

15 안확은 "역사를 탐구하여 자기 장점을 드러내고자 할 때 위인의 언행, 조선의 이적을 애중히 여기고 저서 또는 연설 중에라도 이에 대하여는 극력 연마를 가하라(안확, 「금일 유학생은 여하」, 「학지광』 4, 1915. 5, 13쪽)"라고 해서, 일본 유학생들에게 서구 지식은 물론 조선적인 것에 관한 관심을 당부했다.

16 이러한 입장은 1922년 『조선문학사』를 서술할 때에도 연결된다. 안확은 "이전까지 조선문학사를 논한 것은 없었다."라고 단정하고, "근래 외국인 등의 논평이 있으나 이는 모두 다 완전치 못한 것이다"라고 평가했다(안확, 『조선문학사』, 한일서점, 1922, 12~13쪽).

안확은 『조선문명사』에서 "나는 19년 전부터 역사연구에 관심을 갖고 중간에 정치학을 강구한 후 다시 정치사를 연구함에 시작한지라"라고 밝혀,[17] 조선 역사와 문화에 관한 연구를 대략 1903년 그의 나이 17세 무렵부터 시작했다고 판단된다. 일본 유학 이전에 이미 안확은 조선 역사와 문화(고적 · 유물) 연구에 관심을 가지고 연구를 진행했던 것이다. 그렇다면 일본 유학시절 조선 문화에 관한 통사적 혹은 계통적 정리 작업은 어떻게 가능했던 것일까?

하나의 문화사적 주제(예를 들면 언어, 미술, 종교, 음악 등)를 중심으로 한 국가(민족) 단위의 역사를 통시대적으로 정리하는 것은 근대적인 현상이었다. 『학지광』에 실린 안확의 글 외에 통시대적으로 조선 문화에 관한 정리 작업은 1910년대 후반 권상로의 『조선불교약사』(1917), 이능화의 『조선불교통사』(1918)가 대표적이었다. 조선을 독자적인 단위로 서술하게 된 배경은 외국학자의 조선 문화에 관한 선행 연구 성과 특히 그들의 부정적인 인식에 관한 대응에서 비롯되었다.

안확은 조선미술사 연구 동기에 관련해서 "(일본인 학자가 연구한—인용자) 조선미술은 그 연원이 중국 및 인도에서 수입하여 모방하였다 하는지라. 그러나 내가 연구한 바로는 그렇지 않다"라고 밝혔다.[18] 이렇듯 일본인 학자의 조선 문화 연구는 안확을 비롯한 문화사학자의 조선 역사와 문화 연구에 자극제 역할을 담당했다. 즉 일본인들의 조선미술 연구의 관점과 달리, 중국 · 인도 문화와 다른 조선 문화가 지닌 독특성 혹은 유일성을 강조한 것이 안확의 조선 문화 연구의 한 특징이었다. 그렇다

17 안확, 『조선문명사』, 회동서점, 1923, 1쪽.

18 안확, 「조선의 미술」, 『학지광』 5, 1915.5, 50쪽.

면 안확이 조선의 미술과 문학을 어떠한 입장에서 정리했던 것일까?

> 나는 본래 조선 문화에 대한 학문적 수련을 하지 못해서 개괄적으로 그 시대의 특징을 살피고 연구하며 계통적으로 성질과 맥락(脈絡)을 천명할 능력은 없다. 그러나 내가 일찍이 사방을 유람하여 고적 유물을 관찰한 것이라든지 용재총화(慵齋叢話) 연려별집(燃藜別集) 기타 여러 필자의 수필 중에 산재한 재료를 탐구한 바 그 대강(大綱)만 보더라도 찬미(讚美)하지 않을 수 없노라.[19]

이는 조선의 미술이라는 새로운 영역에 관한 서술을 하면서 안확이 자신의 입장을 밝힌 것인데, 여기서 역사적 맥락을 검토해서 시계열적으로 조선 문화를 '계통화'하겠다는 점이 주목된다. 조선 문화를 계통화하고자 하는 그의 연구는 1920년대 초반에도 연결되었는데 『조선문학사』를 서술하면서 "내가 일찍이 역사책을 읽을 여가를 얻어서 계통적 대강을 뽑아 놓은 것이 있으며 혹은 연구가의 참고가 될까하여 이에 발표하노라"라고 해서,[20] 조선 문화 연구의 계통화는 안확에게 중요한 연구 방법론의 일환이었다. 그렇다면 조선 문화의 계통화를 통해 안확이 의도했던 바가 무엇인가?

안확은 「조선의 미술」 첫 부분에서 "단군시대에 개인이 통상적인 생활 태도를 벗어나 이상적인 감격(感激)을 드러내면서 제사법(祭祀法)을 사용하고 조각으로 기념물을 만든다든지 자각(自覺)에 이상할만한 형식 혹

19 안확, 위의 글, 47쪽.

20 안확, 『조선문학사』, 한일서점, 1922, 3쪽.

색채를 사용함으로서 차차 미술동기가 생하여 독립적으로 대발달을 나타냈니라"라고 밝혔다.[21] 주목되는 것은 서술의 기원이 단군시대에서 시작해서 중국 문화와 다른 독자적인 조선 미술을 염두에 두고, 나아가 발달이라는 발전사적 입장에서 연구를 하고 있음을 밝힌 점에 있다.

계통화 작업에서 중요한 것을 세 가지 측면에서 살펴보아야 한다. 첫째, 전 시기를 대상으로 한 문화적 주제로 관통한 서술이 이루어져야 하며 둘째, 동아시아 문화권에서 일본과 중국과 다른 독자적이고 고유한 조선적인 요소를 발견해야 하며 셋째, 시계열적 추이 속에서 조선 문화의 발전/발달을 확인하는 작업이 어떠했는지를 검토해야 한다.

안확에게 조선 문화의 계통화는 시계열적 발전이 전제된 개념이다. 「조선의 미술」(1915. 5)에서는 단군시대부터 조선시대까지 조선 미술을 중국, 일본, 인도 및 서양 미술과의 비교 속에서 조선 미술을 재평가했고, '순연한 한식(韓式)'이라고 할 조선 미술의 특성을 규명했다.[22] 또한 「조선의 문학」(1915. 7)은 단군시대부터 당대 신문학까지를 계통적으로 살펴보면서 조선 고유의 특성을 규명하고, "동서양의 사상을 조화하고 우리의 특질을 발휘하여 신시대 조선 문학을 일으킬" 것을[23] 당부한 글이었다.

조선 문화의 계통화를 통해 안확이 기대했던 것은 서구 및 일본인 학자들의 조선 문화 연구와 대등한 위상 설정에 있었다. 안확은 일본과 조선과의 문화적 관계에 관해서, 조선어에서 "감화를 받은 나라"가 일본이

---

21 안확, 「조선의 미술」, 『학지광』 5, 1915.5, 50쪽.

22 안확, 위의 글, 47~52쪽.

23 안확, 「조선의 문학」, 『학지광』 6, 1915.7, 65~73쪽.

며, 일본어는 "순전한 조선어의 자어(子語)"라고 평가했다.[24] 이렇듯 일본과 학문적 대결의식 속에서 조선이 일본에 비해 문화적으로 우월했음을 밝히고, 중국적 영향을 배제하고 고유의 조선적인 것을 발견하고자 한 연구 방법은 당대 조선 문화 연구자들의 일반적인 경향이었다.

하지만 안확의 조선 문화 연구는 계통화라는 조감도적 방식을 통해 조선 문화를 학문적으로 정리하고, 이를 통해 조선 문화의 독창성, 장점을 부각하고자 한 점에 특징이 있었다. 아울러 이러한 차별화 전략은 자신을 포함한 당대 일본 유학생의 앞 세대 유학생과의 '구별짓기'를 기반으로 삼았다.

새로움의 강조는 항상 앞선 것과의 차별을 부각하는 방향에서 이루어진다. 안확은 자신이 포함된 세대군(재일 유학생)의 역할과 임무를 앞선 세대의 유학생과 차별화했다. 그는 조선인의 일본 유학을 광무시대, 융희시대, 1910년대 등 세 시기를 나누고 앞 시대에 비해 자신을 포함한 세 번째 시기에 이르러 "학술의 진보는 전자보다 현명하거니와 그들의 도덕과 품행이 실로 괄목상대"했다고[25] 평가하면서 차별성을 부여했다.

그리고 당대 자신을 포함한 일본 유학생의 학술활동에 관해 "문명(서구문명—인용자)의 원천을 찾으며 … 역사를 탐구하여 자기 장점을 드러내고자 할 때 위인의 언행 혹은 선조(先祖)의 이적(異蹟)을 애중히 여기어 저서 또는 연설 중에라도 이에 대하여는 극력 연마"하고 있다고 보았다.[26] 예를 들면 한글에 관한 학문적 연구를 당부한 안확은 외국인에 의

---

24 안확, 「조선어의 가치」, 『학지광』 4, 1915.2, 37쪽.
25 안확, 「금일 유학생은 여하(何如)」, 『학지광』 4, 1915.2, 13쪽.
26 안확, 위의 글, 13쪽.

해 이루어진 조선어 연구에 관해 '부끄럽고 참담'하다고 여겨, 조선인이 스스로 "성음의 원리 문법의 조직을 발견 공포하여 조선어로써 세계 일등어로 만들어라"고 강조했다.[27] 하지만 이러한 조선 문화를 학술적으로 연구하고 가치를 부여하는 것은 안확 자신 스스로에게 대한 다짐의 성격이 강했다.

아울러 그는 '선진' 문명의 수용 방안 가운데 하나인 유학(留學)의 사례를 역사적으로 검토하면서, "현금 문명을 수입하여 제반 사업을 개척하며 혁신함은 우리의 목적이나 그러나 여러 사람이 조선의 정도(程度)를 깨닫지 못하고 단도직입적으로 파괴를 하고자 했다. 그래서 도리어 조선사정의 배척을 받아들이고 쟁난(爭亂)을 일으키기 쉬웠다. 또는 여러 사람이 조선의 인사습관(人事舊習)을 모두 다 낮추어 보고 시급히 청산하고 새롭게 만들어야 한다는 건설을 도모할 때 이속만풍(夷俗蠻風)의 동화(同化)를 제시해서 정신까지 멸망하기 쉽게 되었다"라고 보았다.[28] 서구 문명 문화에 관한 지식의 습득과 함께 조선적 지식을 병행해서 가져야 한다고 본 점이 조선의 전통을 부정하고 서구 문명(문화) 담론에 '압도'당한 대부분의 조선인 유학생과 안확의 차이점이었다.

이상에서 살펴보았듯이 안확은 1900년대 중반 조선의 역사와 문화 연구에 관심을 가졌으며 조선 문화 관련 유적(遺蹟)이 있는 현지를 방문했다. 그리고 그의 연구 조사 활동은 1910년대 중반 근대적 학문 방법론을 토대로 본격적으로 서구와 일본인 학자들의 조선 문화 연구에 대한 대응의 형태로 이루어졌다. 비록 안확이 자신의 작업에 대해 조선학이

27 안확, 「조선어의 가치」, 『학지광』 4, 1915.2, 38쪽.

28 안확, 「2천년래 유학의 결점과 금일의 각오」, 『학지광』 5, 1915.5, 31쪽.

란 명칭을 부여하지 않았지만 1910년대 중반 안확의 조선 문학, 조선어, 조선미술 등의 규정과 평가 작업은 일본인 학자들에 의해 이루어진 조선 연구를 비판하고 조선의 민족문화 연구는 조선인이 주체가 되어야 한다는 입장으로, 조선학 연구의 일환이라고 볼 수 있다.

한편 안확이 『학지광』에 글을 기고한 시기를 전후해서 국내 언론 매체 보다 빨리 1914년 『학지광』에 이미 제1차 세계대전의 원인을 분석한 글이 기고되었고 서구 문명에 관한 전반적인 개조의 가능성이 제기되었다.[29] 하지만 1910년대 중반 안확의 계통적이고 발전사적인 입장에서 이루어진 조선학 연구에서 서구 근대에 관한 본격적인 문제제기를 했던 개조론의 영향은 보이지 않았다.

3. 안확의 『개조론』과 사회주의 계열과의 입장 차이

안확은 1916년에 귀국한 후 창신학교 교사로 있으면서 조선국권회복단에 참여해서 마산지부장을 맡았다. 그는 1918년 이회영의 고종망명 계획에 동참했으며 1919년 3·1운동이 끝난 후 서울로 올라왔다.[30] 그가 본격적으로 사회 활동에 참여한 1920년대 초반은 국내에서도 개조 논의가 활발히 전개되었던 시기였다.

1차 세계대전의 종결(1918)과 러시아 혁명(1917)이라는 20세기 초반의 두 사건은 인류에게 국제 문제와 사회문제 전반에 관한 대안을 모색하게 만들었다. 전쟁의 폐해를 경험한 인류는 반전(反戰) 및 세계 평화안을 구상하고, 나아가 전쟁의 원인이 되었던 자본주의 체제의 모순을 개선

29 XY생, 「서난원위록(西亂原委錄)」, 『학지광』 3, 1914.12, 19~26쪽.

30 김창규, 앞의 책, 25~26쪽 참조.

하고자 했다.

『학지광』에 기고한 고영환은 “개조(reconstruction)는 파괴와 창조를 융합한 것으로써 현재의 것을 먼저 파괴하고 다음에 창설하는 것을 말함이다. … 이와 반대로 개량(improvement)에는 파괴가 동반치 아니한다. 현상을 유지하면서 이것을 더 좋게 할 뿐”이라고 구별했다.[31] 이렇듯 개조는 기존체제의 전반적인 ‘파괴와 창조’를 통해 새로운 건설을 도모함을 의미했다.

또한 개조론의 범주는 내적(內的) 개조와 물적(物的) 개조[32] 혹은 국내개조(사회개조)와 국제개조(세계개조)로[33] 구별되었다. 이러한 국제 정세의 변화에서 식민지 조선 사회 역시 그 자장 안에 놓였다. 3·1운동과 ‘문화정치’란 일제의 지배정책의 변화 속에서 조선인이 주도한 언론매체를 통해 조선의 지식인층은 다양한 개조론을 소개했고 식민지 조선 사회에 이를 적용하고자 했다.

요컨대 자본주의와 사회주의 등 서구에서 수십 년에 걸쳐 논의가 전개된 다양한 서구 사조가 짧은 기간 내에 조선에 압축된 형태로 소개되었고, 식민지 조선 사회는 상호간에 상충하는 사회 개조 방안이 제시된 개조의 시대 속에 놓이게 되었다.

한말 시기 자본주의적 물질문명이 신국가 건설의 모델이 되었던 시기에 비해 안확이 직면한 1920년대 초반이란 시대적 상황은 적극적으로 수용해야 할 전형이 될 만한 단일한 서구 사상이 존재하지 않았다. 조선

---

31 고영환, 「우리 생활의 개조」, 『학지광』 22, 1921.6, 55쪽.

32 최정순, 「사회생장의 사회적 원리」, 『학지광』 20, 1920.7, 부록 4쪽.

33 김준연, 「세계개조와 오인의 각오」, 『학지광』 20, 1920.7, 부록 17쪽.

의 사상계에는 서구 자본주의의 대안으로 마르크시즘을 수용한 사회주의 계열이 생겨났다. 그리고 사회주의를 수용하지 않더라도 여전히 기존의 서구 근대를 보편으로 상정한 입장과 이러한 서구식 보편에 비판적인 입장으로 나뉘었다.

안확은 잡지 『아성』, 『공제』에 기고한 글과 사회 개조의 방안 모색이 담긴 『개조론』(1921)을 통해 사회주의적 입장에는 동조하지 않으면서도 서구 근대를 비판적으로 보는 입장에 서있었다. 그는 제1차 세계대전 종결 후 '신세계(新世界)'를 만들고자 한 움직임을 개조운동으로 이해했다.

> 대전 전에는 구미 각국이 상호 경쟁의 열기가 치열할 뿐이오. 부인문제, 노동문제 등의 운동이 약간 있었으나, 그 주의가 형식 즉 감성적인 것에 불과하였더니라. 대전이 일어나면서 개조의 사상은 전세계에 넓게 퍼져서 그 주장을 크게 내다가 드디어 휴전조약이 성립한 때부터는 학자 정치가 하계급(下階級)을 물론하고 개조운동에 심력을 다하고 신세계를 만드는지라.[34]

일반적으로 당대 진행된 개조 논의는 자본주의 근대 문명에 관한 비판적 입장이라고 볼 수 있다. 안확은 『개조론』 후편에서 '노동계급의 문제', '지식계급의 각오', '여성문제', '문화운동은 무엇인가?', '경제생활의 개조' 등의 항목을 통해 조선 사회·경제·문화의 전반적인 개조의 입장을 표방했다.

개조 논의가 활발히 이루어지던 시기, 안확은 "문명의 도(道)라 함은

34 안확, 『개조론』, 조선청년회연합회, 1921, 2쪽.

인격의 이상으로써 도덕의 표준을 삼음에 있으니 … 인격은 노동을 원인으로 성립하고 실현하나니"라고 해서 노동의 가치를 높게 평가했다.[35] 직업에 귀천이 없음과 노동의 가치를 높게 평가하는 것은 유길준의 『노동야학』에서 보이듯이 한말시기부터 논의가 되었던 것이다.

이전 시기의 논의와 달리 안확의 논리를 포함한 1920년대 전반기 '노동문제'는 이상, 도덕, 인격 등의 용어로 노동의 중요성을 강조하는 데 차이가 있었다. 아울러 광범위한 개조 논의 속에서 안확은 '개인주의'와 '금전만능주의'에 비판적인 입장이었다.

> 조선의 소위 부자라 하는 자는 공익심이 박약하고 개인주의가 대(對)하여 부(富)로써 모두 개인적인 물(物)로 간주하더라. … 자기의 재산과 부라 하는 것은 결코 개인물이 아니라 공공적으로 볼 수 있으니 … 이전에는 소유권은 천부(天賦)의 권리로 하늘이 개인에게 준 고유한 것이라 했지만 19세기, 20세기 즉 금일의 사상으로 논하면 권리는 천부가 아니요 개인의 고유도 아니요 모두 사회의 습관 여론 즉 인간 공동생활의 결과로 인하여 성립한 것으로 간주하는지라.[36]

자본주의 근대 문명의 부정적인 측면을 비판한 안확의 개조론은 세계대전의 원인이 되었고 노동문제를 야기한 자본주의체제의 '개혁'을 요구한 점에서 개조론 일반과 입장을 같이 했다. 안확은 자본주의의 문제점에 관해 "자본주의(는) … 영리주의로 이(利)에 이를 더하고 부(富)에 부를

35 안확, 「인민의 3종류」, 『공제』 1, 1920.9, 58쪽.

36 안확, 위의 글, 59쪽.

더해 자본집적을 목적하는지라. 그러므로 그 수단방법도 공공(公共)을 염두에 두지 않고 개인적 이익만 얻을 방면에서 활동하나니 이러한 자본주의는 전세계의 풍조라. … 이와 같이 자본을 집적하기로 목적하는 것은 그 정신이 일체사물이든지 인류든지 함께 그 화폐적 가치의 대소에 의하여 평가하는 경향"[37]이라고 보았다.

이러한 측면에서 보면 자본주의가 지닌 문제점을 해결해야 한다는 점에서 안확의 개조론은 당대 사회주의 계열의 입장과 같았다고 볼 수 있다. 그렇다면 사회주의 계열과 안확의 개조론의 차이점은 어디에 있는 것일까? 사회주의의 대두에 관해 일정하게 그 의의를 인정하면서도 안확은 보다 큰 중점을 '인격'의 문제에 놓았다.

안확은 "세계대전이 종결되고 마르크스의 자본론이 행행하매, 세계에는 일대 신경향이 일어났다. 이 경향은 사회경제생활의 사실을 중심으로 한 회선풍(回旋風)이라. 이 풍조를 볼 때에 도덕, 법률, 전쟁의 순환적 발생의 조건으로 생각하면 큰 오해이다. 지금의 신경향 신풍조는 세계의 진리를 근본적으로 파괴 개척한 것이라. 그러므로 각지에서 발생한 문제 즉 부인운동, 노동운동, 문화운동들이 그 근저를 오직 경제에 근거한 것이 아니라 노동자도 사람, 자본가도 사람, 남자도 사람, 여자도 사람이라 하는 인격문제를 근거로 한 것"이라고 보았다.[38] 아울러 사회주의의 보편적 법칙의 조선 적용 보다는 조선적 특수성을 강조하거나, 육체노동 외에 정신적 노동에 등가(等價)의 가치를 부여한 점이[39] 사회주

37 안확, 『개조론』, 조선청년회연합회, 68~69쪽.

38 안확, 「유식계급에 대하여」, 『공제』 2, 1920.10, 21쪽.

39 육체노동자의 역할을 강조한 사회주의 계열의 입장과 달리 안확은 "정신상 노

의 계열과의 차이점이었다.

당대 사회주의를 이해해야 하는 것은 거부할 수 없는 시대적 조류였다. 그렇다면 세계 개조에 동의하면서 사회주의 특히 소비에트 러시아의 사상적 영향력을 배제하려면 어떠한 논리를 전개해야 할까?

자본주의체제의 전반적인 변화를 모색한 개조론 일반은 그 대안 모색에서 논자들의 입장 차이를 보였고, 이는 민족주의 계열과 사회주의 계열의 분화를 야기했다. 특히 러시아혁명과 소비에트 러시아에 관한 입장 차이가 개조론자 사이에서 중요한 갈림길이었다.

1920년대 초반 소비에트 러시아는 사회주의 건설에 관한 안정적인 전망을 제시하지 못하고 있었다. 외국 군대의 출병, 볼셰비키와 백파와의 대립, 기근문제, 신경제정책(NEP)의 실시 등의 어려운 난관이 러시아 사회주의의 국가 건설과정에서 중첩되어 나타났다.

민족주의 계열 가운데 러시아 사회주의에 부정적인 경향성을 대표하는 '동아일보 계열'은 개조 논의의 기원을 러시아 혁명이 아닌 프랑스 혁명에서 찾았다. 즉 개조 논의의 주요 개념어인 정의, 인도 등의 기원이 20세기 초반의 1차 세계대전과 러시아 혁명이 아닌 프랑스 혁명에서 발생했다고 본 것이다.

사회주의와 볼셰비즘에 관해 안확은 『개조론』에서 "러시아 운동의 주의가 과격하여 나라가 망함에 이르렀고, 독일은 사회주의가 세계 중 가장 우세가 되어 험악(險惡)의 양상을 드러냈다."라고 해서[40] 러시아 볼셰

동이든지 육체상 노동이든지 사회에 유익하고 일신(一身) 일가(一家)의 생활을 위한 노동자는 즉 도덕상 귀족이라(안확, 「인민의 3종류」, 앞의 책, 58쪽)"라고 보았다.

비즘에 관해 '과격'하다는 입장에 있었다.

안확과 동아일보 계열이 개조 논의의 기원을 러시아혁명이 아닌 자유와 평등의 가치관에 입각한 프랑스혁명에서 찾은 점을 미루어볼 때, 이들은 근대 문명 비판보다도 서구 근대의 보편주의를 지향했다고 볼 수 있다. 즉 근대적 보편 담론을 재차 강조했으며, 이를 기준으로 일제의 언론 및 지배정책을 비판할 수 있는 기반을 만들어갔다.

안확은 다양한 개조론 속에서 내적 개조와 문화운동을 강조한 입장이었다. 일반적으로 내적 개조는 사회개조, 제도 개조가 아닌 '인심(人心)'의 개조를 추구한 입장이라고 볼 수 있는데, 이러한 내적 개조를 중시하는 입장도 두 개의 경향으로 나누어진다. 첫째는 개조의 근본 목적을 전적으로 내적 개조에 두는 경향이며, 둘째는 물적 개조의 선결과제로써 내적 개조를 이루어야 한다는 입장이다. 특히 후자는 당대 조선 사회가 제도의 개조를 요구할 '개인'의 준비가 부족하다는 것을 전제로 하고 있다.

안확은 세계개조운동의 3대 중심문제는 노동문제, 부인문제, 인종문제라고 전제하면서도, 이를 통괄해서 "개성의 가치를 인식하여 자아의 권위를 자각함에서 생기는 바, 각기 생존의 진정한 의의를 철저한 균등의 기회에 이르고자 하는 운동"이라고 보았다.[41]

내적 개조가 무엇인가에 관해 다양한 논의가 가능하지만, 안확은 "내적 개조가 없이 오직 외적 개조만 취하면 이는 기초가 불건전한 사상누

---

40 안확, 『개조론』, 3쪽. 『동아일보』는 사회주의가 필연의 추세라고 보면서도, 러시아식 사회주의는 너무 급진적이며 많은 희생을 요구한다고 비판적인 입장을 견지했다(「과격파와 조선」 (1), 『동아일보』, 1920.5.12).

41 안확, 『개조론』, 조선청년회연합회, 1921, 3쪽.

각과 같은 것이라. 고로 내적 개조는 외적 개조의 힘이니 즉 사회의 개조는 이러한 힘에 의하여 산출하는 것이라. … 사람들의 두뇌를 개척하여 내적 개조를 완성케 함을 희망함이다"라고 했듯이,[42] 그의 개조론은 개인의 내적 개조에서 사회의 개조로 나아가야 한다는 '단계론'적 입장에 있었다.

안확은 당대 제기된 다양한 운동 방법론에서 "문화운동은 우리의 천직(天職)"이라고 밝혔다.[43] 그는 문화운동에 관해 "이 시대에서 생명을 누려야할만한 적당한 신문화를 산출하기에 노력하여 우리의 가치를 완성코자 하는 것"이라고 밝혔다.[44]

그런데 사회주의 계열은 이러한 문화운동이 당면의 사회문제, 노동문제에 관해 불철저한 것으로 개조의 진정한 방향에서 벗어난다고 보았다. 안확이 편집인으로 있던 『아성』에서도 민족주의 계열과 사회주의 계열 사이의 입장 차이가 다양한 논자들에 의해 같은 지면에 나타났다.

안확의 사회활동은 『아성』 2호가 발간된 1921년 5월을 기점으로 더 이상 적극적으로 나타나지 않는다. 이유는 정확하기 알려지지 않았지만 정숭교는 조선청년회연합회 다수로부터 '배척'되고 밀려났다고 보았다.[45] 실제로 사회주의 계열에서 조직적인 안확 배척 움직임이 있었다고 판단된다. 사회주의자들은 1920년대 전반기 정치세력화 과정에서 민족주의 계열과 대립각을 세우게 되었고, 양자의 대립은 1922년 1~2월

42 안확, 위의 책, 6쪽.
43 안확, 위의 책, 58쪽.
44 안확, 위의 책, 56쪽.
45 정숭교, 앞의 책, 15쪽.

의 '김윤식 사회장' 그리고 1923년 물산장려 논쟁을 통해 전개되었다.[46]

민족주의 계열과 사회주의 계열의 분화의 한 계기로 1921년 4월 1일부터 5일 사이에 각 지역별 대표 55인이 참석해서 중앙기독교청년회관 강당에서 개최된 조선청년회연합회 2차 총회가 주목된다.

회의 첫날 첫 안건으로 총회의 소집과 사회에 관한 개정안이 제출되었다. 그 내용은 헌장(憲章) 22조 "총회의 소집 및 사회는 집행위원장이 행함"에서 "총회의 소집은 집행위원장이, 사회는 임시의장이 행함"으로 개정하자는 긴급동의가 있었다. 이 제안은 2/3의 동의를 얻어 가결되었고, 당시 집행위원장 오상근(吳祥根) 대신 밀양대표 박해돈(朴海敦)이 새로 선출되어 총회 사회를 맡았다.

정례적인 조선청년회연합회에 관한 사무 보고가 끝나고 나서 안확의 개인 저서인 『개조론』과 『자각론』이 청년회연합회 명의로 발행된 것에 관한 안건이 제기되었다. 이 문제는 그날 오후는 물론 다음날 회의에서도 중요하게 다루어졌다. 2일째인 4월 2일에 박해돈이 사임하고 김사국(金思國)이 임시의장으로 선임되었으며, 안확 저서의 연합회 명의 발행에 관한 조사위원회가 조직되었다.[47] 안확에 관한 문제제기가 어떻게 처리되었는지 확인할 수 없지만[48] 김사국을 중심으로 한 사회주의 계열이 이 문제에 주도적 역할을 담당했다.

---

46 박종린, 『일제하 사회주의사상의 수용에 관한 연구』, 연세대학교 박사학위논문, 2006, 42~ 84쪽 참조.

47 『아성』 3, 1921.7, 107~114쪽.

48 『매일신보』는 이러한 논의과정에 관해 "백두산의 모진 바람과 태평양의 웅장한 파도를 만난 듯 하더니 … 원만히 해결을 못하"였다고 보도했다(『매일신보』, 1921.4.3).

전국적인 정기 총회임에도 불구하고 안확과 관련된 사안이 연합회 총회 안건으로 사흘에 걸쳐 다루어질 중대한 사안은 아니었다. 하지만 이 사안의 처리과정을 볼 때, 김사국과 사회주의 세력들은 사전에 안확에 대한 조직적인 문제제기를 준비했다고 판단된다.

총회는 우선 민족주의 계열의 위원장인 오상근을 대신해서 총회 임시 의장을 새로 선출하고자 2/3의 동의를 얻어냈다. 다음으로 선출된 밀양 대표 박해돈이 곧 사임하고 김사국이 그 임무를 대신했다. 김사국은 1920년 3월 '조선공산당'이란 소규모 사회주의 단체의 후신인 '중립당'에서 활동했던 인물로 이후 '서울파' 공산주의자의 주요 핵심 인물이었다.[49] 이러한 김사국이 주도해서 안확과 그의 저서에 문제를 제기했던 것이다.

『아성』의 편집인이고 교무부 상무위원으로 활동하던 안확이 연합회의 중요 행사인 전체 회의에 참석하지 않은 것도 바로 이러한 움직임을 의식했던 것으로 이해된다. 이러한 점을 미루어 볼 때, 총회에서 안확의 저서가 논란이 된 원인은 『개조론』의 출판 형식에서 비롯된 것이 아니라, 책의 내용 즉 문화운동과 사회주의에 관한 안확의 입장에 대한 사회주의계열의 반대 표명이라고 보인다.

사회주의자인 어떤 필자는 문화운동가에 관해 "제군의 진실한 인간적 자각이 멀지 않은 장래에 있을 것이라 다만 제군의 윤리관과 인생관이 너무 오래되고 진부하고 영역에서 탈각치 못함을 지적할 따름입니다. … 인간은 먼저 사회를 개선함으로야 비로소 자기를 개선할 수 있다는

49 임경석, 『한국사회주의의 기원』, 역사비평사, 2003, 120~125쪽.

엄숙한 정의를 따라서 저 문화운동자 등의 도피적, 은둔적, 독선적 누태(陋態)를 탄핵합니다."[50]라고 비판했다.

하지만 물적 개조를 등한시한 '도피적, 독선적' 운동방식이라는 사회주의계열의 비판을 안확에게 일률적으로 적용할 수 없다. 안확은 『개조론』 후편 '경제생활의 개조'란 항목에서, 식민지 조선사회의 '생활난(生活難)'으로 대변되는 경제문제를 시급히 해결 방안을 찾아야 할 당면 과제의 하나로 여겼다. 그는 문화운동의 중요한 하나의 축이 경제생활이라고 보았으며, 구체적인 경제생활의 개조를 위한 실천 방안으로 협동조합을 제시했다. 또한 그는 민족주의계열이 지향했던 물산장려에 비판적이었다.

나아가 안확은 자본주의체제의 대안에 관해서는 "개인적과 수공적인 것을 버리고 공동적과 기계적인 것을 취하여 현대 경제적 정신에 응화(應化)함이 옳으니 … 신중하지 못한 상업주식회사만 설치하지 말고 산업조합을 설치할지며 무지각한 조선물산장려회만 발기치 말고 산업조합을 조직함이 옳다"라고 해서[51] 신용조합, 판매조합, 소비조합, 생산조합 등 조합 운동을 강조했다.

협동조합은 자본주의 체제의 상품 생산과 유통 및 소비과정에서 배제되거나 소외된 소비자층, 노동자층, 생산자층의 입장에 서서 상업이윤 배제와 노동자의 궁핍화에 대한 대응책으로 성립된 것이다.[52] 개조의 시대에 안확이 지향한 '평등의 국가'는 "부의 분배를 공평히 하고 근면절

---

50 적선풍(赤旋風), 「문화운동자의 불철저」, 『공제』 7, 1921.4, 14~16쪽.

51 안확, 『개조론』, 조선청년회연합회, 1921, 64~66쪽.

52 송종복, 『신고(新稿) 협동조합론』, 박영사, 1975, 20쪽.

약의 목적 하에서 인민의 경제생활을 보호하고 장려"하는 것을 이상으로 삼았다. 그렇지만 사회주의 계열과 민족주의 계열이 분화된 당대 사상사의 지형에서 이러한 대안을 실천할 수 있는 입지는 좁았다.[53] 안확은 1921년 5월 중국으로 짧은 외유를 한 후, 더 이상 사회 활동에 참여하지 않고 조선 문화와 역사 관련 문필활동에 주력했다.

4. 1920년대 초반 개조 논의가 투영된 조선 문화 연구

안확의 『조선문학사』(1922)와 『조선문명사』(1923)는 개조론이 대두된 시기에 집필된 조선 문화에 관한 글이다. 전자는 1910년대 중반의 「조선의 문학」을 확대한 것이고, 후자는 1920년 여름부터 준비되어 '조선정치사'란 부제 속에서 '자치(自治)'란 주제어를 통해 단군시대부터 조선시대까지의 정치사를 언급한 글이다.

두 책을 준비하면서 안확은 일본에서의 학문적 체험을 바탕으로 일본·중국의 도서관 및 한국과 독일 서적을 참고 자료로 활용했다. 특히 『조선문명사』는 한말 관리들의 구술을 받아 그 내용을 참조했다.[54] 즉 이 두 책은 조선 문학과 조선 정치란 문화사적 주제로 조선 역사를 계통적으로 살펴본 것으로[55] 1910년대 중반 그의 조선 문화 연구의 방법론

53 러시아 사회주의에 비판적인 입장에서 보면 안확은 민족주의계열에 속한다고 할 수 있다. 하지만 '경제적 약자'를 배려한 그의 입장은 조선인 기업 중심의 '생산력' 증식을 강조했던 동아일보 계열과 일정한 차이가 존재한다고 볼 수 있다.

54 안확, 『조선문명사』, 회동서점, 1923, 1~2쪽.

55 안확은 『조선문명사』를 서술하면서도 "조선에 기왕 정치학 또는 정치사의 기록이 없음으로 이 책의 체재(體裁)는 이전 책들을 모범으로 삼음이 없이 모두 저자의 자의(自意)에 의하여 신모형을 만들었다(안확, 위의 책, 1쪽)"라고 해서,

의 연장선상에 있었다.

1910년대 중반에 서구의 신지식 수용과 조선적 상식을 함께 알아야 한다는 안확의 주장은 1920년대 전반에도 연속되었는데, 그는 "고유의 문명과 서양의 신문명의 조화"를 학문 활동과 사회운동에 적용하고자 했다. 그렇다면 개조의 시대를 거치면서 안확의 조선 문화 연구 가운데 무엇이 연속되고, 무엇이 단절되는지 혹은 개조론의 영향이 존재하는지 여부가 검토의 대상이 된다.

서구 혹은 일본인 학자의 조선 문화 연구에 관한 비교와 차별성의 강조 및 유교 비판의 입장은 안확과 당대 문화사학자들의 조선 문화 연구의 입장과 동일했다. 『조선문학사』에서 "서양의 어떤 논객이 연구를 위해 조선에 들어와도 삼가 미치지 못할까 하는 마음으로 그를 환영하고, 다른 책사(策士)가 조선에 들어와서 고미술을 칭찬하면 그 심정의 여하는 고려하지 않고 천사처럼 믿고 존경하더라."라고 본 점에서[56] 그의 국학 연구는 외국인의 조선 문화 연구에 관한 대응의 성격을 지녔다.

일본 유학시절 안확은 유교로 인해 고유한 조선 문화의 신성함이 훼손되고 '당쟁', 복고주의, 문약의 풍, 운수주의 등의 부정적인 요소의 폐해가 심했다고 보았다.[57] 이러한 인식은 개조의 시대 속에서 유교로 인해 "가족에 대한 사상 및 제도는 사회나 국가에 대한 관념보다 더욱 공

정치사란 새로운 영역을 '개척'한다는 입장을 표방했다.

56 안확, 『조선문학사』, 한일서점, 1922, 132~134쪽.

57 안확은 "신성한 정신을 잃고 유교 부림(腐林)에서 방황하는 2천만 단군자손이며 내가 유교정벌의 선봉에 서니 모두 분기하여 한문 질곡을 타파하고 고유의 문학과 신성의 정신을 발휘하여 자손 만세의 행복을 누리게 할지어라"라고 한(안확, 「조선의 문학」, 『학지광』 6, 1915.7, 72쪽), 강경한 유교 비판론자였다.

고"해졌다는[58] 평가로 이어졌다. 이러한 유교에 관한 비판은 유교의 발생지인 중국문화와 조선 문화와의 차별성을 강조하기 위함이며[59] '사대적'이고 '모화적'인 중국 중심의 인식을 비판하는 것에서 비롯되었다.

> 옛날부터 조선사로 출간된 것이 수백 종에 이른다. 그러나 정치사의 논평은 몽롱함을 불구하고 그 저서가 기록한 문의(文意)를 살펴보면 조선족의 생명이 기생적 또는 모방적이라고 말하는 것이 많고 독립 또는 특수적 문명을 발휘하여 생명을 생명으로 보호치 아니한 것으로 장치함이 많다. 근래 여러 학자가 논한 바를 볼지라도 또한 그러하여 조선인으로써 제2의 중국족(中國族)으로 옮겨 붙이는 등의 잘못된 학설과 의견에 관한 한탄하는 바가 크다.[60]

한편 1910년대 중반 안확의 조선 문화 연구가 '발전/발달'을 염두에 둔 문화사 서술이었던 특징은 1920년대 초반에 그의 연구에서도 지속되었다. 『조선문학사』와 『조선문명사』는 단군을 기원으로 하는 문학과 정치 등을 바탕으로 한 문화사를 재구성하고자 함에 목적이 있었다. 따라서 단군을 문명사관의 입장에서 어떻게 볼 것인가 여부가 물음이 될 수 있다.

---

58 안확, 『개조론』, 조선청년회연합회, 1921, 16쪽.

59 안확은 조선의 음악에 관해 "동양 각국 중 가장 유명"하다고 평가했으며, 이는 중국과 대비되었는데, "중국은 비예술의 나라이다. 그러므로 시가(詩歌) 관현(管絃) 외에는 볼만한 것이 없고 또한 사상의 속박은 미술을 자유로이 드러내지 못해서 상고(上古)에는 극(劇)이라 하는 것이 없었"다고 보았다(안확, 『조선문학사』, 한일서점, 1922, 32쪽).

60 안확, 『조선문명사』, 회동서점, 1923, 2쪽.

당대 단군과 관련된 논의를 살펴보면 역사적으로 실재했던 고유명사로서의 단군과 신화적 요소를 인정하면서 정치적·종교적 지도자인 보통명사로서의 단군 인식으로 나뉘어졌다. 하지만 양자 모두 조선 민족을 단일한 계통으로 이해하고, 단군조선의 넓은 광역과 고유성을 강조하는 관점에서 벗어나기 어려웠다.

안확은 문학사에 관해 "문학의 기원 변천 발달을 질서적으로 기재한 것이다. 즉 한 국민의 심적 현상의 변천 발달을 연구하는 것이다. … 문학은 가장 민활 영묘(靈妙)하게 심적 현상의 전부를 표현함으로 그 국민의 진정한 발달 변천을 알고자 하면 이보다 더 큰 것은 없다"라고 정의했다.[61] 따라서 시간적 추이에 따라 발전이 이루어진다는 안확의 관점은 그에게 단군과 단군조선에 관한 합리적 설명이 필요했다.

안확은 "우리 조선족의 선조는 단군이 세상에 내려오기 전에 이미 송화강(松化江) 지역에서 일어나서 차차로 반도에 내주할 때 백두산을 중심으로 삼고 동양 극동방면의 대지를 점거한지라"라고 보았으며, 이 시기는 뒷 시기의 정치 발달사와 비교해서 "정치기관의 소분립시대"라고 보았다.[62] 나아가 그는 『조선문학사』와 『조선문명사』에서 단군을 자치적 전통에서 선출된 정치지도자 즉 군장(君長)으로 해석했다.[63]

문화사는 비교와 차이를 강조하는 고유성을 찾고자 하는 것이면서 동

---

61 안확, 위의 책, 12쪽.

62 안확, 『조선문학사』, 한일서점, 1922, 4~5쪽.

63 안확은 고려·조선시대에 관해서도 "근래 인사 가운데 고려로부터 이조(李朝)에 이르는 천 년 간의 정치 및 문명은 삼국시대보다 퇴보된 자취가 있다고 오인한 자가 있으니(안확, 『조선문명사』, 1923, 2~3쪽)"라고 해서 시간적 추이에 따른 역사의 '발전'을 강조했다.

시에 문명/문화의 기준이 되는 보편을 설정하고, 발전·발달의 과정에서 이러한 목표에 달하기 과정과 단계에 해당하는 조선적인 사례를 강조하는 것에 있었다. '탈중국'을 강조했던 안확의 경우 조선 문화사를 서술하는 비교 대상은 서양의 역사와 문화였다. 1910년대 중반 안확은 당대 재일 조선인 유학생의 특징을 "영어열(英語熱)이 왕성해서 문명원천을 탐하고 학술을 진리를 연구함에 정력을 가하니"라고 표현했다.[64] 즉 일본에 유학하면서 그의 시선은 '문명의 원천'인 서구로 향해 있었다.

이러한 인식은 1920년대 초반 그의 조선 문화 연구에도 이어졌다. 자치제를 중심으로 조선의 정치사를 설명한 『조선문명사』에서 안확은 "조선 자치제는 단군 건국시대로부터 있었던 바 희랍정치와 같은 것으로 동양에 선진 혹은 독특한 생활"이라고 보았다.[65] 서구(정치사)와 조선(정치사)의 대비란 논리 구조는 그 뒤 고려시대, 조선시대 정치사를 설명하면서 서구의 고대 그리스·로마의 문명과 대비되거나 중세·근대의 유럽적 정서와 대비되어 지속적으로 이루어졌다.

서구를 보편으로 설정하고 조선 역사와 문화를 이에 대비하고자 했던 안확의 연구 방법론은 조선 민족과 문화의 독자성과 유일성을 강조했던 민족주의적 분위기와 일정한 거리두기가 가능했다. 당대 민족주의 역사학과 문화사학자가 강조했던 조선 역사와 문화의 독자성은 중국의 그것과 대비되었다. 이러한 입장 아래 중국과 무력적인 측면에서 대립했던 고구려의 역사가 강조되었고 석굴암, 불국사, 팔만대장경 등의 우리의 불교문화 유산과 고려청자, 금속활자, 이순신의 '철갑선' 등이 강조

64 안확, 「금일 유학생은 여하」, 『학지광』 4, 1915.2, 13쪽.
65 안확, 『조선문명사』, 회동서점, 1923, 3쪽.

되었다.

하지만 안확은 민족사 서술의 틀을 제공한 신채호의 조선사 연구에 관해 "조선사를 오로지 민족적으로 만들어서 어떤 곳에서는 역사의 본색을 잃은 점도 없지 않도다"라고 평가했다.[66] 아울러 그는 고대사의 넓은 영토가 축소된 신라의 '삼국통일'에 관해 비판적이던 당대의 역사 인식과는 다른 입장을 취했다.

> 어떤 역사가는 신라를 질책하여 외국의 군대로 동족을 멸함을 토론하는지라. 그러나 동족(同族)을 표방함은 금일 민족관념이 치열한 시대에 비추어 살펴보는 것이다. 당시는 고구려와 백제가 신라를 공격한 바 동족간의 원수를 맺으며, 오히려 민족관념은 없고 국민적 의식이 야기한 시대라. 어찌 시대적 사상의 상이함을 살펴보지 않고 자기 편견에 의하여 평론을 고집할 것인가. 오히려 신라의 정치상 비상한 대수단됨을 찬탄치 않으면 안 된다.[67]

한편 1920년대 초반의 안확의 『조선문학사』, 『조선문명사』에서는 조선 역사와 문화의 계통적 흐름 속에서 특히 '평민(平民)'의 역할을 강조했다. 이러한 입장은 당대 개조 논의와 3·1운동을 통해 중요하게 부각된 민중/인민에 관한 강조와 결을 같이 했다. 영웅 대신에 민중을 강조하는 입장은 단군을 설명할 때에도 적용되었다.

안확은 단군과 단군조선의 정치사에 관해 "조선인의 건국은 결코 위

---

66 안확, 『조선문학사』, 한일서점, 1922, 125쪽.

67 안확, 『조선문명사』, 회동서점, 1923, 94~95쪽.

대한 인물의 위엄에 의지하거나 신권(神權)에 맹종 굴복하거나 한 것이 아니라 가족적 정치의 사상이 점차 발달한 바 전민족의 일치적 의사로써 나라를 건설하고 통치자를 선택한 것"으로 설명했다.[68]

또한 그는 조선 후기의 문학을 설명하면서 "사람의 본성은 진보를 구하는 각성이 있고, 그 혹독한 속박의 반동적 요구는 자유를 찾으며 귀족적인 것을 탈피하고 평민적으로 나아갈 때, 선조 때의 임진왜란은 실상 평민적 문학을 재촉하는 일단계의 시기"라고 보았다.[69]

그리고 삼국시대 신분제를 소개하면서 "고유의 민족적 세력은 모두 이 계급(평민—인용자)에 존재한다. … 이 계급이 실상 국민 중 가장 귀중한 자"라고 평민의 역사적 역할을 적극적으로 해석했다.[70] 이러한 평민의 입장에서 역사를 바라보는 시선은 조선의 건국과정에 관한 안확의 해석에 반영되었다.

> 혁명 당시에 이태조가 명나라를 정벌치 않고(위화도 회군—인용자) 일시적 소극의 외교를 고집한지라. 그러므로 그 외교는 취기(臭氣)가 있다고 하여 근래 문자배(文字輩)는 이것으로써 이 태도의 허물을 지적하는 동시에 근세역사까지 모멸하는 경향을 이른 자가 많다. 논컨대 이러한 의론은 과도의 질책이라 아니치 못할지라. 왜냐하면 이태조가 오로지 한갓

---

68 안확, 『조선문명사』, 회동서점, 1923, 18쪽. 또한 안확은 고조선의 건국에 관해 "조선 최초의 건국은 한 사람의 강력으로 작성한 것이 아니요 전민족이 공동일치한 최다수 또는 최대 강력으로 기초를 만든 것이라 생각하노라(안확, 『조선문명사』, 회동서점, 1923, 19쪽)"라고 평가했다.

69 안확, 『조선문학사』, 한일서점, 1922, 93쪽.

70 안확, 위의 책, 79~80쪽.

> 왕위를 점령하고자 한 야심만 가진 것이 아니요 당시 … 민정(民情)을 구제하고자 하는 경륜이 큰 것이며 외교보다 내정 정돈을 선결 문제로 삼은지라.[71]

당대 민족주의 사학자의 입장에서 보면 '위화도 회군'은 한반도와 대비된 넓은 요동으로 진출할 수 있는 계기를 상실한 사건이었다. 안확은 이러한 견해를 조선시대의 역사를 '모멸'하는 입장이라고 비판하고 민중의 입장에서 이성계의 선택이 '민정(民情)'에 있었다고 평가했다.

1920년대 초반의 개조 논의는 물질문명 맹종, 금전만능주의 등으로 대표되는 서구 근대 문명에 관한 비판적 대안 제시의 모색과정이었다. 이때 '정의'와 '인도'는 당대 다양한 개조론 논의 속에서 전형적으로 등장하는 용어였다. 안확은 정의와 인도의 개념을 조선 문화사 연구에 적극적으로 활용했다. 조선인의 민족성을 설명하는데도 정의와 인도와 같은 덕목들이 추가되었는데 안확은 이를 역사 이래 조선인의 민족성에 내재한 것으로 확대 적용했다.

> 조선인은 유사 이래로 본래 악독하고 참혹한 일을 한 것이 없나니 항상 인도 정의를 주로 하는 특성이 있음으로 … 인도 정의를 표방한 까닭에 공평, 정직, 광명한 행동이 특성의 하나가 된지라. 고로 공(公)을 위하는 사(私)라도 사람 된 도리를 지키는 일은 우리의 본무(本務)로 안다.[72]

---

71 안확, 위의 책, 173쪽.

72 안확, 위의 책, 170~172쪽. 나아가 안확은 "정의 인도를 견집(堅執)한 일은 실상 조선인의 특성(안확, 위의 책, 96쪽)"이라고 보았다.

조선 민족성에 관한 장점의 부각은 개조론이 추구하는 새로운 진보와 발전의 지향점과 일치한 것이었다. 그렇다면 조선 역사의 진행과정에서 대한제국이 쇠락해지고, 조선이 일본의 식민지가 된 상황에 관한 설명이 요구되었다. 안확은 조선과 조선민족의 '쇠퇴' 이유를 유교, 신라의 삼국통일, 고려·조선의 위축 등의 통시대인 역사에서 찾는 것이 아니라 조선시대 말기의 폐단에서 비롯된 것으로 보았다.

정치사를 설명하면서 안확은 고대로부터 동양에 유일하고 서구에 비견되는 자치제의 발전과정이 조선시대 말기의 정치적 현상으로 인해 근대 사회에 제대로 정착되지 못했다고 보았다.[73] 아울러 그는 우리 역사의 '위축'된 현상을 필연적이거나 본래 내재화한 것으로 이해하는 정형화된 인식에서 벗어나기를 당부했다. 그런데 서구 근대지식과 조선적인 것의 연구와 조화 속에서 조선의 당면문제에 접근하고자 했던 안확은 사회 개조에 관한 희망과 동시에 실망을 경험했다.

1921년 상반기 조선청년회연합회에서 배제된 후부터 안확은 조선의 사상계에 관해 부정적인 입장을 견지했다. 그는 "근래 사조는 창조욕이 발동함으로 현학(衒學)의 풍조가 일어나서 무엇이든지 창조하겠다는 사상이 부상한지라. 이것은 찬송할 점이라. 그러나 그 사조가 자각에서 나오지 않고 허영으로 생긴 까닭에 모든 사업은 영예를 꾀하는 방편으로

73 안확은 조선시대에 관해 "근래 어떤 사람은 오직 쇠란(衰亂)의 말기만 살피고 이조 5백년의 정치를 오로지 군주 일인의 횡자압제(橫姿壓制)에 있다고 여겨 군주를 질시하는 동시에 국가까지 불애(不愛)하는 객기(客氣)를 지닌 사람이 많으니, 이는 정치사의 내용을 알지 못하고 한갓 감정 발동에 취한 것에 불과한 그 생각들이 개인주의로 타락한 것이니라(안확, 『조선문명사』, 회동서점, 1923, 180쪽)"라고 평가했다.

일어났을 때 모든 수단을 행할 수 있는 대로 발휘하고 풍격(風格)은 각자 고립되어 인심은 지리멸렬에 이르니 … 모든 조선인의 정신은 … 분열되다. … 자각적 통일을 얻지 못"했다고[74] 당대 현상으로 바라보았다. 이러한 인식 속에서 안확은 더 이상 '분열된' 민족운동과 사회활동에 관여하지 않고 조선 역사와 문화 연구 등 학문 활동에 집중했다.

5. 서구의 보편성과 조선의 특수성

안확은 1910년 중후반 조선의 미술, 조선의 문학을 정리함으로써 통사적 계통적 문화사 서술에서 선구적인 역할을 담당했던 문화사학자였다. 아울러 1920년대 초반 자본주의 물질문명에 관한 광범위한 비판과 대안이 논의되던 개조의 시대에 그는 『개조론』을 발표하고, 『아성』의 편집인과 조선청년회연합회의 교무부 상무위원을 맡는 등 사회활동에 적극 참여했다.

개조 논의와 관련해서 안확은 『자각론』, 『개조론』 등을 통해 노동·부인·경제 문제 등과 함께 조선 민족성의 개조를 언급했다. 하지만 내적 개조를 강조하고 볼셰비즘에 비판적인 안확의 개조론은 사회주의 계열의 비판을 받게 되었다. 또한 경제적 평등을 위한 협동조합운동을 제시한 그의 개조론은 조선인 자본가의 산업 증식을 주장했던 동아일보 중심의 민족주의계열과도 차이점이 있었다. 이러한 측면에서 사회활동가로서의 안확의 입지는 좁을 수밖에 없었다. 그 뒤 안확은 『조선문학사』, 『조선문명사』 등의 조선 문화 연구와 관련된 학술 활동에 주

74 안확, 『조선문학사』, 한일서점, 1922, 132~134쪽.

력했다.

안확의 『개조론』은 1910년대 중반 『학지광』에 게재한 그의 조선학 연구와 1922~3년경의 『조선문학사』, 『조선문명사』 사이에 위치하고 있다. 개조의 시대를 거치면서 그의 조선학 연구는 '평민'의 문화 활동에 주목했고, 조선인의 민족성 논의에 정의와 인도라는 덕목을 강조한 점에서 차별성을 보였다. 이러한 정의와 인도의 강조는 다른 민족주의사학자들의 과도한 민족주의적 정서와 일정하게 거리두기가 가능했다.

이후 안확은 해방 후 근대 학문적 아카데미즘에 속하지 않음으로써 그의 조선 문화 연구의 성과는 계승되지 못했고, 시간적 추이에 따른 그의 조선 문화 연구의 다양한 연구 주제와 접근 방안에 관해서도 주목받지 못했다. 하지만 서구 근대의 보편성과 조선의 특수성 사이의 긴장관계는 안확을 비롯한 당대 문화사 연구자들의 근본적인 물음이었다. 따라서 당대 이들의 다양한 조선 문화 연구의 경향성을 검토하는 작업은 오늘날 한국 문화 연구의 원형 내지는 형성과정에서 나타난 비균질적, 다층적 모습을 확인하는 데 의의가 있다.

1920~30년대 문일평의 민족사와 문화사 서술

1. 민족주의사학과 문화사학

문일평(文一平; 1888~1939)은 평북 의주 출신으로 일제강점기 동안 언론인, 교육가, 역사가로 활동했다. 역사가로서의 문일평에 관해서는 많은 연구 성과가 축적되어 있다.[1] 그는 신채호의 사학을 계승한 민족주의 사학자이며,[2] 역사 대중화에 중점을 두었고,[3] 조선 문화 연구에 관한 학문

1 문일평의 언론 · 교육 · 역사 집필 활동에 관해서는 최기영의 「문일평의 생애와 저술」에 상세히 정리되어 있다(최기영, 『식민지 시기 민족지성과 문화운동』, 한울 아카데미, 2003, 68~106쪽).

2 이완재는 "민족주의 사가(史家)들 가운데 신채호가 제기한 문제들을 가장 광범하게 취급하고, 이를 해결하였다고 할 만한 인물"로 문일평을 평가했다(이완재, 「1930년대 민족주의사학의 발전」, 『한국학논집』 21 · 22, 한양대학교 한국학연구소, 1992, 168쪽).

3 문일평은 연구 분야의 다양성과 평이한 문체, 객관적인 논조의 서술가로(김광남, 「문일평의 인물론에 대하여」, 『사학연구』 36, 한국사학회, 1983, 253~254쪽), 민중을 계몽하고 역사를 대중화하는 데 앞장선 민족사가로(김광남, 「호암

적 체계를 만든 조선학 연구자로 평가되고 있다.[4] 아울러 당대 사학사(史學史)를 실증사학, 민족주의사학, 사회경제사학으로 구별할 경우 민족주의 사학자인 문일평은 문헌고증사학적 방법론을 도입한 역사가로 평가되기도 하며,[5] 이러한 분류법을 넘어서 문화사학을 추가할 경우 '후기 문화사학자'[6]로 범주화되기도 한다.

그런데 문일평이 1934년에 쓴 일기를 토대로 살펴보면 그는 조선학운동에 참가했던 후기 문화사학자 외에 이병도, 최남선, 안확 등과 학문적 교유 관계를 맺었으며, 민족주의적 고민과 병행해서 실증을 강조하는 문헌사학자적인 모습을 보이고 있다.[7] 따라서 사학사 분류 기준의 높은 장벽을 거두면 당대 사학자의 폭 넓은 스펙트럼을 볼 수 있다고 판단된다.

문일평은 언제, 무슨 이유로 조선학과 조선 문화 연구 그리고 대중적 글쓰기를 하게 되었는지를 구체적으로 밝히지 않았다. 또한 그는 1939년 사망함으로써 최남선 · 손진태 등 다른 문화사학자와 달리, 일제강점기와 해방 후의 정치적 상황이 반영된 글쓰기 차이 속에서 나타나는 '속살'을 확인하기 어렵다. 따라서 신채호 사학의 영향을 받은 민족주의 사

문일평의 역사인식」, 『한국학보』 13-1, 1987, 169쪽), '국사대중화의 선구자'(최영성, 「일제시기 반식민사학의 전개」, 『한국사상과 문화』, 한국사상문화학회, 2000, 133쪽)로 평가되고 있다.

4 이완재는 문일평을 "한국 역사 · 한국 문화의 영역을 더욱 확대, 심화시키면서 한국역사에 대한 학문적 체제의 틀을 마련"한 인물로 평가했다(이완재, 앞의 글, 167쪽).

5 윤해동, 「문일평」, 『한국의 역사가와 역사학』 하, 창작과비평사, 1994, 185~186쪽.

6 조동걸, 『현대한국사학사』, 나남출판, 1998, 199쪽.

7 이한수 옮김, 『문일평 1934 - 식민지 시대 한 지식인의 일기』, 살림, 2009 참조.

학자란 전제를 재검토하기 위해 그의 텍스트를 당대 다른 문화사학자, 민족사학자의 연구 성과와 비교하는 것이 요구된다.

이글에서는 문일평을 조선 역사와 문화에 관한 최남선, 안확 등의 선행 성과와의 비교 속에서 검토하고자 한다. 특히 그의 다양한 한국학의 성과 가운데 첫째, 역사와 문화 연구가 그에게 지닌 의미가 무엇이며 둘째, 민족사의 서술을 어떠한 방식으로 진행했으며 셋째, 문화사 연구의 검토를 통해 그의 조선학 연구의 실체에 접근하고자 한다. 아울러 그가 다른 조선 역사와 문화 연구를 어떻게 평가했는지 함께 살펴보겠다.

문일평의 저작물로는 1939년 7월 『호암사화집』, 같은 해 말 『호암전집』 3권이 발간되었다. 그렇지만 기고 당시와 『호암전집』으로 옮기는 과정에서 '검열' 등에 의해 축약된 부분이 존재한다. 그리고 2001년 민속원에서 추가 자료를 포함해서 『호암문일평전집(이하 전집)』 5권이 재발간되었다. 이러한 『전집』이 주제별·언론매체별로 정리되었기에, 이글에서는 다른 조선 역사와 문화연구자와의 비교 검토를 위해 문일평의 저작물을 시계열적으로 검토하고자 한다.

2. 문일평의 역사 연구와 민중에 관한 인식

문일평은 어린 시절 한학(漢學)을 배운 후 의주 예수교회의 영향으로 1905년 일본에 유학을 갔다. 메이지(明治)학원 중학부를 마치고 1908년에 귀국해서(1차 유학) 평양의 대성, 의주의 양실, 서울의 경신학교에서 교편을 잡았다. '병합' 후인 1911년 정치학 연구를 목적으로 일본 와세다 대 고등예과를 1년 반을 다니고 같은 대학 정치과에 다녔다(2차 유학). 이때 "역사에 취미를 가져 우키타 가즈오(浮田和民)의 서양사 강의를 많이

들었으며, 쓰보우치(坪內)박사의 문학 강의 등을 즐겨 들었다."라고 회고했다.[8] 그렇다면 1차 유학시기 동안 그의 역사와 조선 문화에 관한 관심은 어떠했을까?

그는 메이지학원에 다니면서 홍명희, 이광수 등과 교유관계를 맺고 있었는데, 이광수는 문일평에 관해 "한문의 힘도 많고, 역사의 지식이 넉넉하여서 내가 모르는 말을 많이 하였다. 그는 나폴레옹을 찬양하고 비스마르크를 부러워하였다. 그는 시세가 영웅을 짓느냐, 영웅이 시세를 짓느냐 하는 문제를 논하기를 즐겨하였다"[9]라고 회고했다. 이렇듯 이들의 기억 속에는 조선 역사와 문화에 관한 논의가 보이지 않는다.

그가 일본에 1차 유학을 했던 시점은 일본 사회가 러일전쟁 이후 급속히 근대의 모습을 지니고 있을 때이며, 상대적으로 대한제국의 상황은 더욱 암담해지던 시기였다. 당대 재일 유학생 일반과 유사하게 문일평은 유학생 잡지를 통해 '사회진화론'적 사고 속에서 일본의 발전을 긍정하고, 이와 대비된 조선의 부족한 점을 비판했다.[10] 하지만 비판은 향후 조선 사회 발전에 대한 기대감의 다른 표현이었다.

문일평은 조선의 변화·발전의 가능성을 강조했는데, 그 사례를 중국의 역사적 경험인 문무주공(文武周公), 전국시대(戰國時代), 진시황 시대에서 찾았다.[11] 또한 한말 시기 한국 역사에 관한 그의 이해는 자국(自國)

---

8 문일평, 「나의 동경 유학시절」, 『조광』, 1938.3, 154쪽.

9 이광수, 「나의 고백」, 『이광수전집』 13, 삼중당, 1962, 191쪽.

10 문일평은 메이지 유신 이후 일본의 체육 보급을 긍정적으로 평가하거나(문일평, 「체육론」, 『태극학보』 21, 1908. 5), 조선인의 자주심의 부족함을 지적하기도 했다(문일평, 「아한청년(我韓青年)의 위기」, 『태극학보』 25, 1908.10).

11 문일평, 「진보의 3계급」, 『태극학보』 11, 1907.6, 15~17쪽. 이글에서는 중국의

역사에 관한 인식과 '국수(國粹)'를 강조했던 유학생 일반과 유사했다.

> 우리의 조상 단군이 창건하신 4천 년 역사 유훈(遺訓)과 그 계통인 부여족(扶餘族) 2천 만의 윤리적 사상이 화합하야 우리 국체의 특질을 표상한 것이 있으니, 예의 풍속이 그것이다. … 현대 문명한 선진 국민은 모두 그 국체의 특질(즉 국수)에 대하야 존경의 마음을 지니고 한층 발휘하여서 다른 국민에게 소개함을 더할 나위 없는 영예로 생각한다. … 최근 개명한 우리 청년사회에서 … 자국에 유전적 특질까지 버리고 없애려고 하니 그 해로움이 독사보다 심하고 … 나는 우리나라에 고유한 특질을 더욱 발휘함은 옳거니와 배척함은 옳지 않다고 하며 존경함은 옳거니와 멸시함은 옳지 않다고 하노라.[12]

문일평이 본격적으로 조선 역사에 관심을 가진 것이 1910년대 2차 일본 유학 기간에 이루어졌다고 밝혔다. 그의 회고에 따르면 종이봉지로 사용된 신문지에서 『동양의 넬슨 이순신』이란 책 광고를 보고 나서 "일찍이 넬슨이 유명한 장군인 줄을 알았는데 조선의 이순신이 그러한 명장이라고 한 그것에는 그윽이 놀랐고, 또 거기서 조선의 역사란 것도 알아보았으면 하는 호기심이 생겼"다고[13] 밝혔다.

일본인에 의한 한국 역사와 문화 연구에 자극은 받은 문일평은 이를 1920년 9월 「이충무전(李忠武傳)」으로 번역해서 잡지 『서울』에 게재했다.

고대사를 총명에서 회의, 회의에서 독단으로 변화한 것으로 이해하고 다시금 총명의 시대로 전환될 것임을 강조했다.

12 문일평, 「아국(我國)청년의 위기」, 『태극학보』 26, 1908.11, 23~24쪽.

13 일기자, 「문일평씨와의 문답기」, 『신생』, 1929.5; 『전집』 5, 민속원, 390쪽.

여기서 그는 외국과의 전쟁이 "현재의 그 국세(國勢)"를 아는 유일의 재료가 된다고 이해했는데,[14] 이러한 인식은 이후 「정묘호란」(1927.1), 「을지공(乙支公)의 살수대첩」(1928.5), 「강감찬 귀주대승첩」(1929.4) 등 전쟁 관련 역사 서술로 연결되었다.

당시 『학생계』란 잡지의 성격이 반영된 것이기도 하지만, 문일평은 「평원왕의 공주」, 「미천왕의 소년시대」 등 가벼운 역사 읽을거리를 이 잡지에 기고했다. 이러한 글쓰기와 함께 1923~24년경 그는 역사 주체로서의 민중과 이들 중심의 '변혁운동'을 강조한 논설 「조선 과거의 혁명운동」(1923.1), 「갑자 이후의 60년간의 조선」(1924.1) 등을 발표했다. 문일평은 「조선과거의 혁명운동」을 통해 역사의 진행과정에서 '민중'의 역할을 강조했다.

> 자유의 옹호자는 반드시 최후의 영예가 있나니 민중의 대 이상일수록 이를 실현함에 대난관이 있어 많은 실패를 반복한 연후에야 비로소 성취하는 것이 역사상 실례가 아닌가. … 19세기는 조선뿐만 아니라 전세계를 통하여 혁명시대이니 저 프랑스혁명의 영향을 받은 구주 열강이 혹은 전제군주를 몰아내고 혹은 특권계급을 타파하여 내부의 개조를 예리한 뜻으로 진행할 때 이 여파가 멀리 동양에까지 미쳐 일본제국의 헌정(憲政)이 성립된 바, 무릇 세계 인류의 진화대세에 순응하여 개조한 민족은 발흥하고 개조치 아니한 민족은 쇠망하였나니 우리 사회에도 이 세기 중에서 전술한 바와 같이 수차 혁명운동이 파열하여 특권계급의 타파를 기도하였으나 마침내 불행하여 그 목적을 관철치 못하였다.[15]

---

14 문일평, 「일본인이 저술한 이충무전」, 『서울』 6, 1920.9, 158쪽.

인용문에서 보이듯이 자유, 개조 등을 강조한 문일평의 역사 인식은 어떻게 생긴 것일까? 이에 관한 단서는 1차 유학시절 그의 기고문에서 찾아질 수 있다. 그는 이미 1906년 「자유론」을 통해 자유는 정치, 종교, 민족, 생계상의 자유 4가지가 있으며, 그 가운데 생계상의 자유는 "자본가와 노력가(勞力家)가 서로 그 자유를 보존함"이며, 노동문제는 "노력하여 그 힘으로 스스로 먹을 것을 구하는 자를 지주나 자본가가 감히 노예로 여기지 못하나니 이는 빈민(貧民)이 상위자에게 싸우는 자유"라고 보았다.[16]

개념의 부정확성이 있지만, 이글에서 문일평은 '생계를 유지하고자 함'을 이른바 '민중'의 자유로 이해했다. 그렇지만 1900년대 자유와 영웅을 강조했던 그의 인식과 1920년대 민중을 강조하는 역사인식이 직접 연결된다고 볼 수 없다. 체계적인 조선사 연구를 어떻게 시작했는가에 관한 물음에 문일평은 다음과 같이 답하였다.

> 그것은 순전히 자습이라 할까요. 예전 대한매일신보에 신채호 선생이 조선사를 강의하였던 것이 있었는데 그것에서 초보적 일반적 지식을 얻고, 그 다음에는 광문회의 출판물 중에 역사에 관한 것이라고는 성심으로 읽었는데, 대개 말하면 무슨 『삼국사기』라든지, 『동국통감』이라든지, 『해동역사』라든지, 『연려실기술』이라든지 그와 같은 종류를 읽었습니다. 그리고 도서관에서 역사서편을 읽은 것입니다.[17]

---

15 문일평, 「조선과거의 혁명운동」 (속), 『동명』 2-4, 1923.1.21, 4쪽.

16 문일평, 「자유론」, 『태극학보』 3, 1906.10, 17~18쪽.

17 일기자, 「문일평씨와의 문답기」, 『신생』, 1929.5; 『전집』 5, 390쪽.

『대한매일신보』에 실린 신채호의 역사 논설물의 영향은 일본 유학시절 문일평의 '국수(國粹)'를 강조한 논의에 반영되었다. 하지만 이러한 입장은 이후 「갑자 이후의 60년간의 조선」에서 문일평이 '동학당난(東學黨亂)'으로 표현한 갑오농민전쟁을 조선 사회에서 가장 큰 민중운동이며, "계급쟁투의 색채가 가장 선명한 혁명운동"이라고 이해한 역사 인식과 연결되지는 않는다.

문일평이 「조선과거의 혁명운동」에서 과거의 역사적 경험을 해석할 때 새롭게 강조한 용어가 '개조'였다. 개조론은 1차 세계대전(1914~18)과 러시아 혁명(1917) 이후 전쟁의 참화를 반성하고, 자본주의적 폐해를 개선·변혁하고자 한 세계적인 시대 사조였다. 그는 이러한 개조론을 과거 조선 역사와 문화 해석에 적용했다.

안확은 조선인의 민족성에 관해 "조선인은 유사 이래로 … 항상 인도, 정의를 주로 하는 특성이 있음으로 … 공평, 정직, 광명한 행동이 특성의 하나가 된지라"라고 보았다.[18] 황의돈(黃義敦)은 "우리 인간 사회가 개조적 혁신 없이 어찌 진보를 바라며 행복을 요구하랴"라는 전제아래 갑오농민전쟁을 "민중적 요구의 폭발인 갑오혁신운동"이라고 평가했다.[19] 문일평도 이러한 개조론의 영향 아래 조선 역사 속에서 혁명운동의 사례를 찾고자 했으며, 당대 민족문제·사회문제를 언급할 때 주로 사용하던 '자유', '평등', '개조' 등의 용어를 역사 해석에 적용했다.

문일평은 갑오농민전쟁에 참여한 농민들이 "전봉준의 자유 평등의 기

18 안확, 『조선문학사』, 한일서점, 1922, 170~172쪽.

19 황의돈, 「민중적 규호(叫號)의 제일성인 갑오의 혁신운동」, 『개벽』 22, 1922.4, 17~18쪽.

치 아래 모였"다고 서술했다.[20] 나아가 갑오농민군의 '제세안민(濟世安民) 광제창생(廣濟蒼生)'이란 구호와 관련해서 그는 "고부 백산촌을 책원지로 한 수만 민중이 '제세안민 자유평등'의 격문 아래 관군을 연파"했다고 보았다.[21] 이렇듯 갑오농민전쟁 당시 사용되지 않은 '자유, 평등'의 개념이 1920년대 전반기 개조론의 논의 속에서 민중운동을 해석하는데 적용되었다.

한편 1919년 3·1운동의 경험 역시 조선 역사와 문화를 재해석하는데 주요한 기점이 되었다. 최남선은 3·1운동에 관해 "몰랐던 '민족'을 알려하는 … 파무친 '민족'을 끄집어 내려하는 조선인의 갱생열(更生熱)이 다른 방도가 모조리 막혔기 때문에 겨우 터져 있던 구멍을 뚫고 발표된 것이 그것(3·1운동—인용자)"이라고 평가했다.[22] 문일평은 1919년 3월 12일 보신각에서 스스로 작성한 「애원서(哀願書)」를 낭독하고 그로 인해 징역 8개월을 선고받았다.[23] 그는 이러한 경험을 바탕으로 갑오농민전쟁을 3·1운동과 연결시켰던 것이다.

> 동학당란(東學黨亂)은 요컨대 조선 사회에 있어 가장 의미가 깊고 관계가 큰 민중운동 … 동학당의 갑오변란(甲午變亂)은 종래 정치, 경제적 이중 압박 하에서 신음하던 상민 계급이 특권 계급에 대하여 자아의 생존권을 주장하는 일대 항쟁이니 그럼으로 자못 정치상 개혁에만 그치지 아니하고 사회상 근본조직까지를 변혁코자 하였다. … 동학당란은 조선사

20 문일평, 「갑자이후 60년간의 조선」, 『개벽』 43, 1924.1, 123쪽.

21 문일평, 「조선과거의 혁명운동」 (속), 『동명』 2-4, 1923.1.21, 4쪽.

22 최남선, 「조선민시론」 (1), 『동명』 1-1, 1922.9.3, 4쪽.

23 최기영, 앞의 책, 79~80쪽.

에 있어 계급쟁투의 색채가 가장 선명한 혁명운동이다. … 3·1운동은 즉 갑오혁명이래 최대한 민중운동이다. 자못 전자는 계급적임에 반하야 후자는 민족적이오. 하나는 무력수단을 취함에 반하야 다른 하나는 평화수단을 취한 차이는 있으나 생존권을 주장하는 점에 이르면 양자에 차이가 없다.[24]

이상에서 검토했듯이 1920년대 전반기 문일평은 조선 역사 가운데 민중과 민중 중심의 변혁운동에 관해 적극적으로 그 의미를 부여했다. 문일평 스스로가 그 이유를 밝히지 않았지만 첫째, 개조론이란 시대적 분위기 둘째, 3·1운동 참가 경험 등이 이러한 인식에 반영되었다고 판단된다. 이후 문일평은 지속해서 역사에서 민중의 역할을 강조했다.

문일평은 1929년에 발표한 「조선문화에 대한 일고찰」에서 "금후 조선문명은 과거와 같이 가족을 본위로 한 소수의 계급적 문명이 아니요 아무쪼록 민중을 기조로 삼는 사회적 문명이 현출하게 될 줄로 믿는다. … 민족적 문명이라는 것은 귀족적 문명과는 그 성질을 달리 하는 것으로서 따져 말하면 … 이용후생의 길을 열어줄 과학 그것이 아니면 안 되겠다."라고[25] 주장했다.

즉 안확과 최남선 등이 1920년대 이후 민족 단위의 조선 역사와 문화 연구를 모색할 때에도, 문일평은 피지배계급 중심의 역사 인식을 지속시켜나갔다. 그렇다면 이들 민중에게 조선역사와 문화를 쉽고 용이하

---

24 문일평, 「갑자이후 60년간의 조선」, 『개벽』 43, 1924.1, 124~129쪽.

25 문일평, 「조선 문화에 대한 일고찰」, 『조선일보』, 1929.11.13~17; 『전집』 2, 22~23쪽.

게 전달하기 위해 어떻게 역사서를 서술할 것인가 여부가 또 다른 과제였다.

3. 문일평의 민족사 서술과 시대에 관한 인식

하나의 민족 단위의 역사를 통시대적으로 정리하는 것은 근대적인 현상이었다. 신채호는 1908년 「독사신론(讀史新論)」을 통해 아(我)와 비아(非我)를 나누고, '주족(主族)'인 '부여계' 중심의 역사 서술을 주장했다. 이러한 「독사신론」의 새로운 역사 쓰기는 "한국사를 한국민족사와 등치시킨 역사 서술"로 평가된다.[26] 그렇다면 한국사를 민족사란 형식으로 어떻게 정리해야 하며 무슨 내용을 담아야 할 것인가 여부가 물음으로 제기된다.

민족사의 서술은 첫째, 단군이란 민족의 기원부터 당대까지를 관통하는 서술이 이루어져야 하며 둘째, 중국과 일본과 다른 독자적이고 고유한 조선적인 요소를 발견해야 하며 셋째, 시계열적 추이 속에서 조선 민족의 발전/발달을 담아야 했다. 또한 이를 '일반인'이 쉽게 볼 수 있는 중등 교과서 수준에서 어떻게 서술해야 하는지의 문제와 연결되었다. 문일평은 이에 관해 1929년에 발표한 글에서 다음과 같은 기준을 제시했다.

> 오늘날 우리네 중등 교과서로 … 한층 더 통속화하고 취미화하고 동시에 또 과학화하여야만 하겠다. 첫째 난삽한 한문과 전문적 술어를 버

26 헨리 임, 「근대적·민주적 구성물로서의 '민족': 신채호의 역사 서술」, 신기욱·마이클로빈슨 엮음, 도면회 옮김, 『한국의 식민지 근대성』, 삼인, 2006, 473쪽.

리고 보통 쓰는 말로 가장 간단명료하게 서술하여 일반 사람으로 하여금 잘 알아보도록 하는 것이 옳고. 그리고 무미건조한 사실을 될 수 있는 범위 안에서 아무쪼록 미화하여 독자의 흥미를 끌도록 함이 옳다. 그러나 이것이 까딱하면 역사의 바른 궤도를 벗어나 신화 전설화와 개인의 전기화가 되기 쉬움으로 매양 이 점에 주의하여 어디까지든지 사실의 진실을 천명하기에 노력을 다함이 옳다. 말하면 우리네 사실적 뼈에 아름다운 문예적 살을 붙이고 거기다가 질서정연한 과학적 호흡을 통한 연후에야 비로소 현대의 요구에 적합하게 될 것이다. 우리는 우리네 과거문화를 너무 과장하여서 자아(自我)의 최면을 행할 필요도 없는 동시에 너무 겸손해서 자아의 가치를 일부러 깎을 까닭도 없고 어디까지든지 사실(史實)을 사실대로 서술한 역사적 거울로써 자아의 정사연추(正邪姸醜)를 잘 살피고 드러내서 엄숙한 비판을 내릴 때가 왔다. 그리하여 그 바르고 아름다운 것은 더욱 발휘하고 그 사악하고 추한 것은 스스로 제거함을 힘써야 하겠다.[27]

문일평은 중등 교과서 수준의 역사서 서술 기준을 '통속, 취미, 과학화' 세 가지 요소에 두었다. 당대 서구 근대적 학술 용어와 내용을 대중에게 전달하기 위해 통속은 중요한 화두였고, 조선 역사와 문화 서술에서도 '사화(史話)', '통속' 등의 형식이 본격적으로 등장했다. 한문과 전문적인 학술 용어 대신에 쉬운 한글을 많이 사용해서 이해하기 쉽게 글을 쓰는 것이 중요했다.

하지만 이러한 글쓰기 속에서 민족사를 서술하는 데에 문일평이 지적

27 문일평, 「조선사의 교과서에 대하여」, 『동광』 10, 1927.2, 45쪽.

했듯이 몇 가지 과제가 해결되어야 했다. 우선 흥미를 위한 '미화'와 '역사의 바른 궤도'인 사실(史實) 규명 사이의 관계 둘째, '과학적인 입장'과 신화·전설에 관한 해석 사이의 차이 등이 있다. 실제로 민족주의 역사학에서 조선 역사의 독자성을 부각하는 순간 세계사의 발전과정으로 간주되던 보편성과 충돌하게 된다. 따라서 독자성/특수성을 강조하기 위한 민족사의 서술에서는 과학적인 논리를 넘어선 '배제'와 '비약'이 요구되었다.

구체적으로 민족사의 서술과 관련해서 민족의 기원 문제인 단군과 단군 신화를 어떻게 해석할 것인가가 여부가 첫 번째 물음으로 제기될 수 있다. 즉 신화를 어떻게 역사적 사실과 연동해서 설명할 것인가 여부가 과제였다. 문일평은 당대 조선은 반도국이지만 조선 역사를 서술할 때 "옛날 조선과 같이 백두산 남쪽과 압록강 동쪽인 반도뿐만 아니요 저 만주대륙까지 합하여 칭한 것"을 염두에 둔 점에서는[28] 당대 민족사학과 문화사학자와 유사했다.

그러나 그는 "그네들은 다 같은 조상의 핏줄을 이은 후예라 믿음 … 태초에 조상께서 하늘에 계시다가 하느님 뜻을 받자와 가지고 인간으로 내려왔다고 하는 전설이 생기어 스스로 하늘에서 나온 천제의 족속이라고 하게 되었다."라고 해서[29] 단군신화에 적극적인 의미를 부여하지 않았다. 아울러 단군시대를 역사 발전 단계상 원시적 농경사회로 이해했

28 문일평, 「조선역사강좌 – 조선역사의 출발점이 어디이냐?」, 『조선일보』, 1928. 11.30.

29 문일평, 「조선역사강좌– 원시 조선인은 어떻게 살았는가?」, 『조선일보』, 1928. 12.1.

고 단군에 관해 하늘에 제사하는 집단을 다스리는 존재 즉 보통명사로 설명하고자 했다. 이렇듯 문일평은 단군에게 과도한 민족적 의미를 부여한 역사 서술에 관해 비판적인 입장을 지녔다.

문일평은 현채(玄采)의 『반만년조선사』에 관해 "태고사에 단군을 지내어 기자조선을 서술함에 있어서 기자이후 준왕까지 41대의 모든 임검의 이름을 들어 각기 업적을 적어놓았으니, 이것은 오늘날 연구로는 수긍하기 어려운 바"라고 보았다.[30] 또한 장도빈(張道斌)의 『조선역사대전(大全)』에 관해 "상고사에 있어 단군에 관한 서술의 분량이 그 뒤 열국(列國)에 관한 서술의 분량보다 도리어 많은 것은 역사 서술상 정해진 규칙을 밟은 것이라고 보기 어렵다. 왜냐하면 역사적 사실이 시간의 흐름을 따라서 내려올수록 점점 확대 되는 것이 일반적인 원칙이므로 역사적 서술도 이 통칙을 무시하여서는 불가한 때문이다. 그리고 고조선의 단군기를 서술함에 있어 그 서술하는 방식이 너무나 복잡하고 어지러워 정사(正史)인지 전설인지 얼른 알아보기 어려운 데가 있"다고 평가했다.[31] 즉 문일평은 민족사의 서술에서 일정한 비약이 요구되는 신화 읽기를 배제함으로써 민족사의 단군 서술과 거리두기를 시도했다.

단군 시대 이후 민족의 계통과 관련해서 문일평은 조선 민족의 독자성보다 보편성을 강조했다. 그는 세계 어느 민족이든지 한 조상의 자손으로 그대로 내려온 것은 하나도 없다는 전제 아래 "우리 조선인은 모두 동일한 조상으로부터 생겨난 동일한 자손이라고 설명하고 싶지마는 어찌하랴 조선인은 동일한 조상의 자손만이 아니라 하더라도 특히 부끄러

30 문밀평, 「독사한평(讀史閑評) 반만년조선사」, 『조선일보』, 1929.10.13.

31 문일평, 「독사한평 조선역사대전을 보고」, 『조선일보』, 1929.10.11.

운 것은 조금도 없다. … 조선인도 단군의 직계가 주체가 되어 가지고 … 고대에 가장 우세하던 맥인(貊人)과 그 다음에는 한인(韓人)과 또 그 다음에는 영동 방면에 있던 진인(辰?人)이 서로 화합하여서 삼국인을 이루었다가 그 뒤에 바뀌어 신라인이 되었고 다시 바뀌어 고려인이 되니 고려인은 재래의 신라인에 다시 발해인의 일부를 거두어 가지고 민족적 풀무로 하나로 되어서 비로소 오늘날 조선인을 완성하게 되었"다고[32] 보았다.

문일평은 단군의 직계+맥인+한인+진인→삼국시대→통일신라→통일신라+발해→고려인(오늘날의 조선인)의 민족계통도를 설정했다. 이러한 구도 속에서 위만조선은 '배제'되었다. 그는 "조선사에 있어 연대순으로 대전쟁을 꼽자면 가장 먼저 우거(右渠)의 왕국과 유철(劉徹)의 한제국(漢帝國)과의 충돌을 꼽지 않을 수 없다. 그 규모로든지 그 영향으로든지 대전쟁임에 어김없으나 다만 그것이 고조선에 더부살이하던 연인(燕人)과 한인(漢人)사이에 싸움이니 만치 순수한 조선 대 외국과의 전쟁이 아님으로 10대전쟁의 머리로 삼고 싶지 않다."라고[33] 보았다.

문일평의 사학에서 신채호의 영향이 큰 것으로 이해되지만 위의 민족계통도의 구상은 그와 달랐다. 물론 앞서 살펴보았듯이 한말 문일평의 역사 이해는 『대한매일신보』에 게재된 신채호의 글을 통해 이루어졌다. 또한 그는 1929년 신채호를 "우리 사학계의 선배로서 … 역사가로서의 혁명적 기백을 가진 그는 신라 이래 소조선(小朝鮮)의 역사에 대하여 아주 불만을 품어 깊이 묻혀있는 우렁찬 대조선(大朝鮮)의 정신을 파

32 문일평, 「조선역사강좌 - 조선 민족의 성립」, 『조선일보』, 1928.12.2.
33 문일평, 「조선사상십대전쟁(朝鮮史上十大戰爭)」, 『동광』 29, 1931.12, 17쪽.

서 내리고 무척 애를 썼음으로 단재라면 오늘날까지도 조선혼(朝鮮魂)을 부르짖던 애국자로 생각하는 것이 보통이다"라고 평가했다.[34] '소조선'과 구별되는 '대조선'은 공간적으로 반도와 '만주'를 포함한 개념으로, 문일평은 만주를 "단군이 처음 기초를 쌓은 곳으로부터 주몽(朱蒙)의 패업(霸業)에 이르기까지 고조선의 대중심이 여기 있었던 것"으로[35] 이해했다.

문일평은 '소조선'과 '대조선'의 대립 구도를 고려시대에서도 찾았다. 그가 '묘청의 난'을 "한화파(漢化派)에 속한 김부식(金富軾) 등 유학자와 자존파(自尊派)에 속한 묘청(妙淸) 등 낭도와 최후 결전"이라고 본 점은,[36] '낭가사상' 등을 언급하지 않은 차이가 있지만 신채호와 동일한 역사인식을 가지고 있다고 볼 수 있다. 아울러 같은 글에서 자존(自尊)에 근거한 대조선 정신을 고구려에서, 소조선 정신을 신라에서 찾았으며 왕건(王建)을 '대조선 정신의 현자(顯者)'로 평가했다.[37] 하지만 신라의 '삼국통일'을 해석하는데 신채호와 문일평은 일정한 차이를 보였다.

신라의 삼국통일을 어떻게 해석할 것인가 여부는 향후 민족의 '운명'과 연동해서 민족사를 서술하는데 중요한 과제였다.[38] 문일평은 신채호나 당대 문화사학자의 신라 통일에 관한 비판적인 인식을 공유했다. 하

---

34 문일평, 「독사한평 조선사연구초를 보고」, 『조선일보』 1929.10.15.

35 문일평, 「만주와 조선인」, 『동아일보』, 1932.1.2~3; 『전집』 1, 366쪽.

36 문일평, 「최영(崔瑩)과 조선정신」, 『조선일보』, 1928.7.3.

37 문일평, 「최영과 조선정신」, 『조선일보』, 1928.7.2.

38 전근대와 근대시기 이루어진 '삼한/삼국통일' 담론에 관해서는 김흥규, 「신라통일 담론은 식민사학의 발명인가」, 『창작과비평』 145, 창비, 2009, 373~395쪽 참조.

지만 시계열적으로 살펴보면 1920년대 문일평은 일정하게 신라의 통일 노력을 긍정적으로 이해했다.

신라의 삼국통일과정에 관해 문일평은 신라의 대당외교를 "당의 연호까지 사용하니 법흥왕 이래 115년간이나 자국건원을 행하여 오던 신라로서 이로부터 그것을 전폐하고 남의 연호를 쓰게 된다는 것은 얼마큼 국가 체면에 손상되지 아니하는 것이 아니나, 그 속에 묻히어 있는 신라 정치가의 강자에 대한 조정책을 발견할 것이다"라고 평가했다.[39] 그리고 신라의 삼국통일의 이유를 "신라의 인화(人和)가 곧 그 국가적 성공의 기본적, 중심적 요건이 되었다"에서 찾았으며[40] 김춘추와 문무왕을 높이 평가했다.

아울러 문일평은 한 좌담회에서 "조선에서 제일 나쁜" 인물을 선정하라는 질문에 연개소문의 아들로 당나라에 복속했던 남생을 거론하고 "큰 조선을 작은 조선으로 만든" 것이 그 이유라고 밝혔다.[41] 즉 그는 '소조선'의 역사적 계기에 관해 신라뿐만 아니라 고구려 내부에서 그 원인을 찾고자 했다.

이러한 관점은 민족사 서술을 발전 혹은 진화의 관점에 입각해서 서술하고자 한 문일평의 역사 인식에서 비롯되었다고 판단된다.[42] 그는

---

39 문일평, 「신라의 국가적 발전」 (속), 『한빛』, 1928.7, 12쪽; 『전집』 5, 237쪽.

40 문일평, 「신라의 국가적 발전」 (속), 『한빛』, 1928.7, 13쪽; 『전집』 5, 238쪽.

41 「동서고금 인물좌담회」, 『동광』 29, 1931.12, 44쪽.

42 통일신라에 관해 문일평에게 긍정과 부정의 인식이 공존한다. 그는 1930년 신라의 통일을 "반벽(半壁) 통일의 소성(小成)"이며, "소조선으로 반도내에 존속하게 된 것은 당연히 통일하지 못할 이가 통일하게 되어 그 통일이 부자연한 통일이 된 것"으로 평가했으며(문일평, 「조선반란사론 삼국편」 (9), 『조선일보』, 1930.10.8), 1933년의 글에서는 "삼국 중 가장 큰 고구려의 전적 통일이 미끄러

통일신라시대 이후 고려와 조선시대에 이루어진 반도 중심의 민족사에서 다양한 가능성을 찾고자 했다.

역사가로서 문일평은 역사 가운데 '중세사' 연구에 주력했다. 전문으로 연구하는 분야에 관해 그는 "고대에서 근세로 넘어서는 그 중턱 때의 일" 즉 고려사에 중점을 둔다고 밝혔다.[43] 실제로 그는 1927년 「고려개사(高麗概史)」를 집필했는데, 이 글은 "민족주의사학에서 고려사를 단대사(斷代史)로 정리한 것으로는 유일한 것"[44]으로 평가된다.

앞서 살펴보았듯이 문일평은 왕건을 '대조선 정신'을 계승한 인물로 보는 등 고려시대에 관해 긍정적으로 이해했다. 그리고 그는 귀주대첩을 "거란 남하와 고려 북진의 일대 충돌"이라고 언급하면서 거란, 여진, 몽고와의 전쟁을 통해 고려인의 '용기와 탄성(彈性)'을 확인한 사례라고 보았다.[45] 아울러 그는 최영(崔瑩)의 '요동정벌' 계획이 위화도 회군으로 수포로 돌아간 데에 관해 "자강(自强) 자조(自助)적 존엄한 대조선 정신이 최영의 죽음을 따라 거품으로 사라지게 된 것"으로[46] 평가했다.

민족사의 서술이라는 관점에서 보면, 고려 건국은 "남북 양조(兩朝)의

지고 가장 작은 신라의 반벽(半壁) 통일이 이루어지게 되매 조선은 대동강 이남의 장대국(掌大國)으로 졸아들고 말았다. … 오늘날 조선사는 실로 이 조그마한 반도를 보금자리로 하여 생장 및 발전을 이루게 된 것이니 생각하면 어이없다"라고 평가했다(문일평, 1933, 「사안(史眼)으로 본 조선」; 정해렴 편역, 『호암사론사화선집(이하 『선집』)』, 현실실학사, 1996, 21쪽).

43 일기자, 「문일평씨와의 문답기」, 『신생』, 1929.5; 『전집』 5, 391쪽.

44 박걸순, 「문일평의 고려사 서술과 인식론」, 『충북사학』 11 · 12합집, 충북대학교 사학회, 2000, 559쪽.

45 문일평, 「강감찬 귀주대승첩」, 『별건곤』 20, 1929.4, 10~13쪽.

46 문일평, 「최영과 조선정신」, 『조선일보』, 1928.7.6.

문화를 동시에 함께 아우르며 진정한 의미 아래에서 전적(全的) 통일의 물심 양요소가 벌써 태조 때에 결합된 것"을 의미했다.[47] 다시 말해 신라와 발해란 '남북조'가 고려의 건국으로 인해 하나로 되었으며, 이를 통해 민족사가 본격적으로 시작되었다고 인식했다. 또한 조선시대에 관한 부정적인 인식이 강조될수록 이와 대비된 고려는 '대조선 정신'을 지닌 왕조로 높게 평가되었다.

> 숭유수문(崇儒修文)에 치우친 이조 국책이 항상 부질없이 이학(理學)의 공론과 사대의 허례로써만 입국의 기본을 삼으려고 하였으므로 저 수당과 대치하던 고구려의 웅위(雄偉)한 패도(覇道)는 말하지 말고 만주로 진전하는 고려의 적극적 정략을 꿈도 꾸지 못하게끔 나라에는 무비(武備)가 없고 사람들은 문약(文弱)에 흐르게 되었다. 더욱 중세에 당론이 발생하매 조신(朝臣) 사이에 분쟁, 배제, 알력이 심해져 천하 고금에 유례없는 붕당화한 국가를 이루었다.[48]

문일평은 일관되게 '사대주의', '당론' 등으로 대표되는 조선시대 정치사를 부정적으로 평가했다. 개항이후 근대사의 전개과정에서는 조선 '지도자의 국제적 문맹(文盲)'을 비판했다.[49] 계통적인 민족사를 발전의 관점에서 바라볼 때, 문일평은 이러한 인식 속에서도 세종의 4군6진 개척에 관해 "이 때에 한하여서만 다소 적극적 활동"을 했다고 보았으며

47 문일평, 「고려의 국가적 이상」, 『한빛』, 1929.1; 『전집』 4, 220쪽.
48 문일평, 「정묘호란」, 『조선일보』, 1927.1.2~4; 『전집』 1, 304쪽.
49 문일평, 「조선인과 국제안(國際眼)」, 『조선일보』, 1929.5.22~6.27; 『전집』 1, 256쪽.

효종의 '북벌'을 높게 평가하기도 했다.[50]

하지만 문일평은 조선시대 초기부터 한말까지의 '정치사'를 '발전/진화'의 맥락에서 벗어난 것으로 평가했다. 그는 민족사를 구성할 때 부정적인 요소를 조선 역사 혹은 조선 민족의 고유한 것 혹은 고정적인 것으로 이해하지는 않았다. 이를 민족성의 탓으로 돌리는 '식민사학'에 대항해서 "조선인을 유순하고 평화적이라 함도 일면관이요 사납고 투쟁적이라 함도 일면관이다. 조선인도 요컨대 시세나 환경의 변화를 따라 평화적도 되고 쟁투적도 됨은 다른 민족과 차이가 없을 것"이라고 보았다.[51] 이렇듯 민족사를 통해 사회 발전을 확인하고자 한 문일평은 한말 이후 식민지가 초래된 상황을 어떻게 해석할 것인가 여부가 과제였다. 그는 부정적으로 평가된 정치사보다 문화사에서 그 해답을 찾고자 했다.

4. 문일평의 문화사 서술과 '조선심'의 강조

대중적인 역사 교과서의 필요성을 강조했던 문일평은 체계적인 조선사의 서술 속에서 문화 분야를 강조했다. 그는 황의돈의 『신정(新訂)중등조선역사』에 관해 "한자의 수를 될 수 있는 데까지 빼어버리고 조선말을 늘린 것과 그보다도 전체를 통하여 나타나는 특색으로 말하면 간단한 데 있다 할 것이니 이것은 확실히 현대 조선학생의 요구에 순응코자 함이다"라고 높이 평가했다. 그러면서 이 책이 "문물제도에 대한 서술이 너무나 소략하게 된 것"을 유감이라고[52] 표현했다.

---

50 문일평, 「조선인과 국제안」, 『조선일보』, 1929.5.22~6.27; 『전집』 1, 278~281쪽.

51 문일평, 「역사상의 기인(奇人)」, 1933; 『선집』, 277쪽.

52 문일평, 「독사한평 신정중등조선역사를 보고」, 『조선일보』, 1929.10.8.

문일평에게 역사 교과서류를 서술하는 데 중요한 주제는 문화사였다. 그는 문화사가 무엇인지에 관해 정확하게 밝히지 않았지만 대략 그가 문물제도와 함께 종교, 문학, 예술, 산업 및 풍속 등을 문화사로 이해했다.[53] 이와 함께 정치사와 구별되는 경제사를 범주 설정하고 경제사를 넓은 의미의 문화사에 포함시켰다.

> 조선인으로서 조선인 자기네의 생활기록인 조선사를 중국사나 일본사보다 먼저 알아야만 할 것은 말도 할 것 없는 당연한 일이다. … 특히 오늘날 우리는 남보다도 일층 더 자아의식에 철저하지 않으면 아니 됨으로 조선사에 대한 연구가 필요 이상으로 필요함을 느끼게 된다. 그러나 우리가 아직까지 조선인의 손으로 된 조선사의 완본(完本)을 가지지 못하였으니 … 최근에 와서 권덕규(權悳奎)씨의 조선유기(朝鮮留記)와 황의돈씨의 조선역사가 서로 이어 간행됨은 중등역사교육에 대하여서만 희소식이 아니다. … 전자는 상고사에 가장 힘을 써 그의 많은 「페이지」를 줄였으되 간혹 대담한 단안이 있음을 면치 못한 듯 하며 후자는 전체를 통하여 간단하고 쉬움을 기대하였음으로 저절로 그리 되었겠지만 문화 특히 경제의 부분을 너무도 생략한 것 같다.[54]

일반적으로 조선 문화 연구는 조선적인 것의 독자성·우수성을 강조하고자 함에 있었다. 따라서 문화사 연구는 일본 제국주의에 대한 정신적 저항의 방안이었다. 특히 조선시대의 정치사의 부정적인 요소가 강

53 문일평, 「독사한평 반만년조선사」, 『조선일보』, 1929.10.13.

54 문일평, 「조선사의 교과서에 대하여」, 『동광』 10, 1927.2, 44쪽.

조될수록 문화사에 대한 관심이 높아졌다. 문화사의 서술은 조선이 중국의 '선진' 문명과 조선적으로 변용된 것(예를 들면 이황의 성리학 해석)을 일본에 전달한 점을 부각했다. 이를 통해 일본에 대한 문화적 우위를 강조했다.

그렇지만 조선 문화의 독자성을 강조하는 것은 조선 문화의 유일성을 강조하는 경향으로 연결될 수 있었다. 이러한 유일성의 강조는 조선 문화 가운데 세계 '최초', '최고(最古)'라는 문화 유적과 사상이 강조될 수밖에 없었다. 또한 역사의 '진화'를 인정하는 문화사학자의 입장에서 통일신라시대(예를 들면 원효의 불교사상)와 고려시대(예를 들면 팔만대장경)가 조선시대보다 문화적으로 높게 평가될 수도 있었다. 문일평은 정치사와 대비된 문화사를 강조한 점에서는 다른 문화사학자와 결을 같이 하면서도 민중 역할의 강조와 과학적 방법의 적용에서는 다른 문화사학자와 구별되었다.

문일평에게 조선시대는 정치적으로 사대주의와 '당론'으로 인해 부정적으로 평가되었다. 이러한 평가는 역사 진화의 과정을 인정하는 입장과 배치될 수 있었다. 문일평은 민중적 입장에서 "소수인에 의하여 지은 문명은 귀족 문명이오, 다수인에 의하여 지은 문명은 민중문명이다. 전자의 특징이 이상적에 있다면 후자의 특징은 실제성에 있다. 이미 벌써 이조 문명이 신라와 고려보다는 실용적 색채를 짙게 띠니만치 미래의 민중문명을 암시 혹은 잉태한 것이라고 볼 수도 있다."라고 해서[55] 시간적 추이에 따른 조선 역사의 발전 가능성을 찾고자 했다. 민중의 역량을

---

55 문일평, 1933, 「사안으로 본 조선」; 『선집』, 25쪽.

기초로 한 발전의 전망은 일제강점기란 당대에서 가능성을 찾을 수 있게 했다.

1927년에 발표한 「경제관계로 본 조선 문명」은 신라, 고려, 조선의 문명을 경제적인 관점에서 본 글이다. 이글에서 '문명'은 문화와 동일한 개념으로 사용되었는데, 그는 전근대시기 귀족계급 중심의 문명(문화)에 비판적인 입장을 표명하면서, 한말시기 "특권계급과 함께 민중전체가 무너지게 됨은 전혀 이('외래의 자본주의'—인용자)때문이니 … 그러나 역사의 추세로 보아서 세계의 진운으로 보아서 금후 조선 문명은 확실히 대중의 생활을 기초로 한 XXXXX(원문대로—인용자) 문명일 것이니 … 반드시 과학적 문명일 것이다. 다만 이 신문명, 신사회의 탄생에는 그에 상응한 탄생고가 동무할 것은 피치 못할 일이다."라고 밝혔다.[56] 이렇듯 문일평은 '민중'에 기초해서 신문명(문화)이 금후 세워질 것으로 전망했다.

문화사학자의 범주에 포함되는 문일평과 안확, 최남선 등의 초기 문화사학자 차이점은 어디에 있는 것일까? 조동걸은 문일평을 "초기 문화사학에서 보여준 지배계급 중심의 문화나 이러한 역사인식을 극복하고, 또 민족주의를 추구하면서도 국수주의 의식을 극복하고 있던 후기 문화사학의 모습"을 지녔다고 평가했다.[57] 그러나 초기 문화사학과 1930년대 중반 조선학운동 참가자를 중심으로 한 후기 문화사학 사이에 분명한 경계선이 구별되는지 여부에 재론이 필요하다.

일반적으로 조선학운동은 1930년대 전반 "정치운동에 대응한 문화운동, 계급주의·국제주의에 대응한 민족주의 수립, 민족문화를 통한 일

---

56 문일평, 「경제관계로 본 조선 문명」, 『조선지광』, 1927.1; 『전집』 5, 221~235쪽.
57 조동걸, 『현대한국사학사』, 나남출판, 1998, 201쪽.

제와의 차별성 견지 등을 도모하려는 운동"으로 평가되고 있다.[58] 앞서 살펴보았듯이 지배계급 중심의 역사 인식은 1910년대 말 개조론과 3·1 운동을 경험하면서 안확과 같은 민중의 역할을 강조하는 조선 역사 문화 연구자들에 의해 유사한 형태로 '극복'되어 나가고 있었다. 아울러 "국수주의적 의식을 극복"했다는 후기 문화사학자에 관한 평가와 관련해서 문일평은 1920~30년대 지속적으로 조선 역사의 정신적인 요소를 강조했다. 다시 말해 한말 '국수' 논의와 문일평의 '조선심'의 관계를 어떻게 볼 것인가 여부가 논의되어야 한다. 그의 역사 서술에서 등장하는 조선적인 요소를 표현 용어를 살펴보면 아래와 같다.

▌문일평의 민족 단위 및 조선 문화를 상징한 용어

용어	출전
'민족적 아(我)'	「갑자이후 60년간의 조선」, 『개벽』 43, 1924.1, 129쪽.
'개체(個體) 아(我)'와 '군체(群體) 아(我)'	「조선사의 교과서에 대하여」, 『동광』 10, 1927.2, 45쪽.
'문화혼'	「과학적 두뇌와 문화혼을 찾자」, 『신생』, 1929.1; 『전집』 5, 389쪽.
'조선정신'	「최영과 조선정신」, 『조선일보』, 1929.6.29~7.11 / 「조선을 달려간 경오년」, 『조선일보』, 1930.1.1~10.
'조선혼'	「독사한평 조선사연구초를 보고」, 『조선일보』 1929.10.15.
'조선아'	「만주와 조선인」, 『동아일보』, 1932.1.2~3 / 「세계문화사선구」, 『전집』 2, 24~25 / 문일평, 「사안으로 본 조선」, 1933
'조선심'	「조선심 찾은 조선 문학」, 『별건곤』, 1928.5 / 「사안으로 본 조선」, 1933.
'신라 국수'	「신라소사」, 『호암사화집』, 1939 ; 『전집』 4, 211쪽.

58 이지원, 「1930년대 '조선학' 논쟁」, 『역사비평』 편집위원회, 『논쟁으로 본 한국사회 100년』, 역사비평사, 2000, 132~133쪽.

조선 역사의 '과학화'를 주장한 문일평의 연구 방법론에 추상적이고 정신적인 요소인 '조선심'이 1930년대 중반 공존하고 있었다. 위의 용례에서 볼 수 있듯이 문일평은 '민족적 아', '군체 아', '조선아'라고 정의할 수 있는 민족 단위의 공통적인 요소가 있다고 설정했다. 아울러 국가와 민족의 단위의 정신적인 요소로써 한말에 사용되던 '국수'를 사용하기도 했으며 '문화혼'과 같은 용례도 보인다.

문일평은 "반만년의 역사를 가진 조선의 고유한 문화혼을 찾자 함이외다. … 자기의 것을 버리고 남의 것만 취하는 일도 결국 가서는 자아(自我) 몰락을 초래하는 것"이라고 해서[59] 조선의 고유한 것을 찾는 것은 자신을 지키는 것이라고 보았다. 이 가운데 그가 즐겨 서술한 용어는 '조선심'이었다.

> 중국 사상 그것도 아니요 인도사상 그것도 아니요 조선사상은 어디까지 조선사상이다. 비록 예로부터 조선이 중국, 인도사상의 감화를 많이 받았으나 특수한 환경에서 특수한 생활을 하게 된 조선인은 구원한 역사를 통하여 일종 특수한 조선심을 형성함에 이른 것으로써 그것이 세종에게 의하여 가장 구체적으로 표현된 것이다. 이러한 의미에서 세종은 조선심의 대표자라 부르고 싶다.[60]

조선 역사와 문화를 서술할 때 사용된 '조선심'은 조선 후기의 실학을 평가할 때도 적용되었다. 실학과 정약용 연구는 1930년대 조선학운동의

---

59 문일평, 「과학적 두뇌와 문화혼을 찾자」, 『신생』, 1929.1; 『전집』 5, 389쪽.
60 문일평, 「사안으로 본 조선」, 1933; 『전집』 2, 14쪽.

중심적 연구 주제였다. 문일평은 실학을 "영조·정조 시대에 성행하던 실사구시의 학풍은 이조 사상사에서 자못 주목할 현상으로써 그것이 반도 유학의 공리(空理) 편중에 대한 일종의 반동으로 생겨난 것 … 실사구시의 근본정신은 곧 말하자면 자아를 재검토하여 재수립하려 함인데 그 방법에 있어서는 먼저 근본 문제되는 경제적 시설에서부터 착수하자 함"에 있다고 보았다.[61] 아울러 그는 실학의 실사구시 정신을 '조선심의 재현'이라고 평가했다.

한편 문일평은 "조선 글은 조선심에서 생겨난 결정인 동시에 조선학을 길러주는 비료"라고 보았다.[62] 그는 조선심과 훈민정음과의 밀접한 관련성을 강조하면서 같은 글에서 조선학을 다음과 같이 정의했다.

> 근일에 사용하는 조선학은 흔히 애급학과 아시리아학과 병칭하는 경향이 있다마는 여기는 다소 그 의미가 다르니 넓게는 종교 철학 예술 민족 전설할 것 없이 조선연구의 학적 대상이 될 만한 것은 모두 포함한 것이나 협의로는 조선어 조선사를 비롯하여 순조선문학 같은 것을 주로 지칭하여야 하겠다.[63]

문일평의 넓은 의미의 '조선학' 개념은 1920년대 전반기 최남선의 '조선학' 개념을 염두에 두었다.[64] 하지만 그의 '협의의 조선학'은 조선 역

---

61 문일평, 「이조 문화사의 별항(別項)」, 『조선일보』, 1938.1.3.

62 문일평, 「사안으로 본 조선」, 1933; 『선집』, 29쪽.

63 문일평, 「사안으로 본 조선」, 1933; 『전집』 2, 15쪽.

64 최남선의 '조선학'은 영국의 '이집트학' 등을 염두에 둔 개념으로 그는 이를 서구의 지역 문화 연구와 대등한 학술 활동으로 규정했으며, '조선학'이란 사상과

사와 조선 문학을 소재로 했으며 한글로 쓰인 '순조선문학'을 대상으로 하고 있기에 보다 엄격한 개념 정의라고 볼 수 있다. 그는 이미 1920년대 후반 한자와 한학을 '우리 문화'에서 배제하고자 했으며 '민족문학'을 "정음반포 이후로서 순정한 우리 문학의 창시를 말할 수 있을 것"으로[65] 보았다. 또한 조선 문화를 민중적 관점으로 적용할 때 "원효, 퇴계는 귀족문명시대에 있어서 사상계의 대표자가 되었다면 세종은 장차 오는 민중문화시대에 가서도 사상계의 지도자됨을 잃지 않을 것"이라고[66] 평가했다.

'순정한' 조선학을 설정하기 위해 문일평은 시간적 거스름 속에서 원효와 이황을 연결시켰고 세종을 향후 '민중문화시대'와 연동해서 설명했다. 이러한 비약은 과학적 방법론에 입각한 문헌고증학자인 문일평이 사료에서 발견할 수 없는 개념인 '고신교(古神敎)'와 이를 기반한 문화를 강조할 경우에도 등장한다.

> 당시(고대—인용자) 가요가 문자로 적히지 아니하여 그 원형이 어떠한 것인지 알 수 없으나 조선 고문학(古文學)도 역시 종교적 정서에서 흘러나오는 가요에 그 기원을 둔 것만은 사실이다.[67]

역사를 구성하는데 일정한 개념화는 필연적인 과정이라고 할 수 있

학술의 독립은 일본을 위시하여 서구가 조선을 연구한 학문체계로부터 '독립'을 의미했다(류시현, 『최남선 연구』, 역사비평사, 2009, 153쪽).

65 문일평, 「민족문학의 수립」, 『문예공론』, 1929.6; 『전집』 5, 394쪽.

66 문일평, 「사안으로 본 조선」, 1933; 『전집』 2, 13쪽.

67 문일평, 「조선심 찾은 조선 문학」, 『별건곤』 12·13 합호, 1928.5; 『전집』 5, 247쪽.

다. 하지만 역사 연구의 과학화와 실증을 강조한 문일평은 조선 역사와 문화에 특수한 '조선심'이 있다는 전제로 조선학을 구성하고자 했기에 일정한 비약과 배제가 존재했다. 우선 세종과 한글을 강조함으로써 이전 시대 비록 한문의 형태로 이뤄졌지만 조선 문학의 범주가 되는 한문 문학 작품을 어떻게 평가할 것이며 그리고 원효와 이황으로 대표되는 중국의 유교와 인도의 불교와 조선의 불교와 유교를 어떻게 다르게 볼 것인가 여부가 물음으로 제기될 수 있다.

이러한 점과 관련해서 문일평은 다음과 같은 입장을 보였다. 첫째, 신화의 배제와 관련해서 "천박한 현대 과학이 신화·전설을 우습게 여기지만 사회 민중의 오랜 연원을 지니고 내려오는 신앙과 민속은 무시할 수 없는 바이니 아무쪼록 순수한 문화애(文化愛)를 미루어 앞으로 조선인의 전통적 신앙과 관계를 가진 고적에 대하여서는 보호를 꾀하는 것이 … 역사적 문화를 존중하는 본의"라고[68] 보았다.

둘째, 세종시대 훈민정음이 만들어지기 이전 '민족 단위'의 문학에 관해서도 "옛날 신라인이 노래에 대하여 언어예술의 결정으로 얼마나 신성시한 것이냐. 아직도 한문화에 중독되기 전이라 자아의 말로 된 노래를 높이고 아름답게 여기던 그 정신과 그 관념이야말로 민족의 독특한 문화를 수립함에 있어서 불가결의 한 요소가 될 것이다. … 향가를 미신적으로 찬미하는 곳에 도리어 민족문화사의 진가가 묻혀 있다"라고 평가했다.[69] 그럼에도 불구하고 문일평이 구성한 문화사의 영역에서 이것이 구체적으로 반영되지 못했다고 판단된다.

68 문일평, (논설) 「고적 보존의 요체(要諦)」, 『조선일보』, 1934.5.4.

69 문일평, 「역사상에 나타난 예술의 성전」, 1935; 『선집』, 263~264쪽.

요컨대 한말 '국수'의 강조가 '비과학적'이었다고 평가되지만, 1920~30년대 역사 연구에서 '통속, 취미, 과학'을 지향한 문일평의 경우에도 '조선심'을 바탕으로 한 조선 민족사와 문화사의 구상 속에서도 '비과학성'은 여전히 지양되어야 할 과제였다.

5. 보편의 강조와 특수의 도전

20세기 전반기는 근대 서구 문명이 확고하게 전세계적으로 전파된 시기이면서 동시에 사회주의에 의해 근대 자본주의에 대한 문명 비판이 병행된 시기였다. 아울러 이러한 문명 담론을 통한 보편의 강조는 항상 문화 연구를 통한 특수의 도전이라는 쌍방향적 방식으로 진행되었다. 그럼에도 불구하고 문화와 문명 담론은 상호 대립적이지 않았다.

일제강점기 조선 역사와 문화 연구자가 조선적인 요소를 찾는 작업은 일제의 관학(官學) 연구에 대응하면서도 동시에 그들의 근대적 학문 방법론을 공유하는 것이었다. 따라서 이들의 조선적인 정체성을 찾는 작업에는 체계적인 학문적 '과학'과 함께 독자적이고 유일한 조선적인 것을 추구하는 '비약'이 공존했다. 이러한 측면은 당대 민족주의 사학자와 문화사학자의 조선 역사와 문화 연구 속에 내재한 '화두'라고 판단된다.

문일평은 1930년대 전반기 조선학을 정의하고, 조선학운동에 적극 참가했던 인물이었다. 이글에서는 그의 조선 역사와 문화에 관한 다양한 연구 성과를 당대 다른 민족주의 사학자와 문화사학자 사이의 유사점과 차이점을 비교해서 살펴보았다. 통사적인 측면에서 보면 첫째, 과학이란 기준 아래 단군신화를, 민족사란 기준아래 위만조선의 역사를 배제했고 둘째, 민족사의 체계화 과정에서 기원과 관련해서 주족(主族)을 설정하지 않았으며 셋째, 신라의 삼국통일에 관해 1920년대 말~1930년대 초반의 정치적 상황 속에서 일정한 차이가 있었다. 이러한 그의 작업은 1930년대 조선학 운동에 접근하는 중요한 방안이 되며, 해방 후는 물론 오늘날 한국학 연구의 기원을 찾는 작업과 연동된다.

해방 후 안재홍의 일제강점기에 관한 기억과 감성

1. 탈식민의 연속과 단절

1945년 8월 해방 이후 한민족은 독립된 국가란 새로운 미래를 건설해야 했으며 이와 동시에 식민 지배하의 경험인 과거를 새롭게 구성하거나 건설해야 했다. 과거를 구성하는 방안으로 식민 지배의 실상을 규명하는 작업과 이를 극복하기 위한 민족운동사의 서술이 이루어졌다. 역사학에서 이러한 연구 영역은 기억의 측면에서 다루어졌다.[1]

그렇다면 식민지 시기 활동했던 지식인이 자신의 자료를 선별해서 해방 후의 정치적 경험을 바탕으로 '슬픔', '비장(悲壯)', '비통' '절망' 등 자신의 감정을 이입하는 행위를 어떻게 해석해야 할 것인가? 즉 과거의 역

1 '기억'은 과거를 재현하는 한 방식이며, 진보와 보수란 정치적 성향에 따라 한 쪽은 과거의 신화를 해체하려는 반면 다른 쪽은 과거의 신화를 재신화하는 경향이 있다. 이러한 기억의 물음을 포함한 신문화사적 연구 경향은 전진성, 『역사가 기억을 말하다』, 휴머니스트, 2005 참조.

사적 텍스트에 관해 해방 후 당대의 관점을 투영하는 정서를 살펴보기 위해 기억과 함께 감성의 개념이 적용될 필요가 있다.

감성이 실제의 경험에 관한 특정한 감정에 어떻게 구조적으로 나타나는가 여부를 고찰하기 위해,[2] 안재홍(安在鴻; 1891~1965)이 해방 후 구상한 『자선 논설집』 준비 작업의 일환으로 일제강점기 『조선일보』에 발표한 사설·시평 가운데 일부를 선택한 '자선(自選)' 원고와 〈필자후기〉에 주목하고자 한다. 『민세안재홍선집(이하 『선집』)』에 수록된 자료를 중심으로 그의 기억과 해방 후의 감성이 투영된 과거의 재구성을 살펴보고, 이를 통해 식민지와 해방 후 시기의 연속과 단절 그리고 과거의 기억과 감성에 관한 물음으로 접근하고자 한다.

안재홍은 정치적으로 민족주의 좌파(혹은 비타협적 민족주의자)이며, 역사학의 영역에서는 민족사학자 혹은 '후기 문화사학자'로 분류된다. 또한 언론인으로서의 활동으로 인해 그에 관한 많은 연구 성과가 축적되어 있다.[3] 그리고 사학사적 접근, 민족해방운동사적 관점, 신간회 활동을 중심으로 한 통일전선운동사적 관점, 해방 후 중도 우파 지도자로서의 정치사적 관점, 좌우의 대립을 지양하는 정치사상사적 접근으로[4] 확장되고 있다.

---

2 감정 혹은 감성과 사회와의 관련성에 관해서는 J.M 바바렛, 박형신·정수남 옮김, 『감정의 거시사회학』, 일신사, 2007 참조.

3 안재홍과 관련한 2004년까지의 연구 성과와 관해서는 김인식, 『안재홍의 신국가 건설운동』, 선인, 2005, 603~620쪽 참조. 그리고 최근까지의 연구 성과에 관해서는 민세안재홍선생기념사업회, 『안재홍의 항일과 건국사상』, 백산서당, 2010 참조.

4 박한용, 「『민세안재홍선집』 제 6·7권 해제를 대신해」, 고려대학교박물관 편, 『민세안재홍선집』 6, 지식산업사, 2005, 526쪽.

'과거의 복권'은 과거에 존재했던 것을 복원하거나 그 자체가 가치 있는 것으로 격상되는 것뿐만 아니라 이것의 의미가 현재까지 지속되는 있는 것을 의미한다.[5] 안재홍은 일제강점기에 집필했던 논설 가운데 자선이란 방식으로 과거의 일정 부분을 선택함으로써 당대와의 연속과 단절을 염두에 두었으며, 자선 가운데 일부분에서 〈필자후기〉를 남김으로써 과거를 새롭게 정리하고자 했다. 특히 그는 신간회 활동과 민족 문화 연구를 해방 후에도 지속적으로 강조하고자 했다.

이글에서는 첫째, 해방 후 자선과 〈필자후기〉를 통해 과거가 어떻게 구성되었는지를 둘째, 과거와 당대의 정치적 맥락이 중첩되어 기억하고자 했던 신간회 활동의 내용이 무엇인지 셋째, 조선 역사와 문화연구에 투영된 그리고 이를 바탕으로 진행된 '민족성' 논의 속에서 감정 이입된 감성적 요소가 무엇인지를 살펴보고자 한다.

『선집』은 총 8권인데 천관우가 주도해서 1~5권이, 고려대학교 박물관 편으로 6~8권이 발간되었다. 검토 자료는 『선집』을 기본으로 해서 고려대학교 박물관 소장 자료와 조선일보 원본을 참고로 했다.[6] 아울러 후자를 통해 부분적으로 『선집』에서 정확하지 않은 발간일자와 내용을 수정 혹은 재정리했다. 그리고 인용 자료의 경우 원본과의 대조를 통해 원본과 동일할 경우 현대문으로 윤문된 『선집』을 활용했다.

---

5 과거에 관한 권위 부여 및 과거 가치의 격상이란 노스텔지어적 태도에 관해서는 차승기, 『반근대적 상상력의 임계들』, 푸른역사, 2009, 139쪽 참조.

6 지면을 통해 안재홍 관련 소장 자료를 열람 및 검토에 도움을 준 고려대 박물관 기록자료실의 김상덕, 정준용 선생님께 감사드린다.

2. 『선집』과 필자후기를 통해 본 과거의 재구성

안재홍은 일제시기부터 해방 후까지 언론인, 역사가, 민족운동가로서 다양한 활동과 저술활동을 펼쳤다. 논설, 기행문, 수필, 서평 등 그의 저작물은 1981년부터 이루어진 『선집』으로 정리되었다. 『선집』이라는 이름처럼 안재홍의 저작물 모두가 수록되지 않았다. 편자인 천관우는 『선집』 1의 경우 1924~31년에 집필한 사설과 시평이 모두 1,550개인데 그 가운데 70여 편의 글을 편자의 기준에 따라 활자화한다고 밝혔다.[7] 비록 편자의 입장이 강하게 반영된 『선집』이지만 무기명 기사의 필자를 안재홍으로 확정한 『선집』의 학문적 의의는 매우 크다.

당대 논설의 경우 기명사설은 일부분이며 대부분은 무기명의 상태로 게재되었다. 따라서 사설 필자의 확정은 당대 사상사·지성사 연구에 중요한 의미를 지닌다. 그리고 『선집』을 통해 일제의 검열 때문에 압수·삭제된 기사의 복원이 가능해졌다. 『선집』 1을 통해 30여 편의 사설, 시평이 압수된 사실이 확인되는데 그 가운데 원문까지 삭제된 것은 모두 8편이었다.

검열은 식민지 조선인의 지적·문화적 활동의 통제, 장악하기 위한 일종의 국가폭력이었다.[8] 압수된 기사 가운데 일부는 인쇄된 형태로 볼 수 있었지만 삭제된 기사의 경우 일본어 번역물을 통해 이를 복원해왔다. 하지만 『선집』을 통해 삭제된 자료의 원래 내용을 확인할 수 있다.

---

7 천관우, 「해제」, 『선집』 1, 4쪽.

8 한기형, 「문화정치기 검열체제와 식민지 미디어」, 『대동문화연구』 51, 성균관대 대동문화연구원, 2005, 71쪽.

『조선일보』에 수록된 안재홍의 삭제 기사 목록

분류	기사제목	일자	비고
시평	공포정치	1924.10.10.	1면
사설	당국자에게 여(與)함	1924.12. 8.	1면
사설	동방제민족의 각성	1925. 6.28.	1면
시평	독립문, 네 가느냐	1925. 7.24.	2면
사설	조선과 동아	1927. 5.20.	1면
평단만필(漫筆)	관계 부침	1927. 6. 7.	1면(부분 삭제)
사설	제왕의 조락	1927. 7.23.	1면
사설	남강 유해	1930. 6. 6.	1면

압수와 삭제의 가장 기본적인 이유는 조선총독부 정책에 관한 비판이었다. 위의 삭제 기사 가운데 국경지대에 일본 군대가 증강 배치되는 것은 조선인에게 "확대된 공포정치를 속행"하는 것임을 밝힌 「공포정치」, 동양척식주식회사와 흥업회사가 주도한 진도(珍島)지역의 소작쟁의를 언급한 「당국자에게 여(與)함」, 조선인 관리의 '비애'를 언급한 「관계(官界) 부침(浮沈)」 등이 그러했다.[9]

특히 일제는 조선인 언론매체에서 서술된 '천황제'에 관한 비판에 민감했다. 「제왕의 조락(凋落)」은 루마니아 황제의 죽음에서 논의를 시작하며 청나라의 마지막 황제인 푸이(溥儀)가 평민이 되었음을 언급했다.[10]

---

9 이상의 내용은 『선집』 1의 72쪽, 81~83쪽, 217~218쪽 참조.

10 조선일보의 4차 정간(1928년 5월~9월)에 관해서는 조선일보70년사편찬위원회, 『조선일보 70년사』 1, 조선일보사, 1990, 197쪽 참조. 안재홍은 〈필자후기〉를 통해 이글이 정간의 한 원인이며(『선집』 1, 222쪽), 「제남사변(濟南事變)의 벽상관(壁上觀)」(『조선일보』, 1928.5.9)이 직접적 원인이 되었다고 밝혔다(『선집』 1, 282쪽).

이글의 삭제 이유는 정확하게 알 수 없지만 "점차 제왕의 조락이 서방 역사의 대세를 표징(表徵)하고 있는 것"이라는 표현이[11] 일본 천황제 시스템에 관한 저항의 의미로 읽혔다고 판단된다.

총독부 정책에 관한 비판과 함께 민족운동 및 민족적 정서를 언급한 언론기사가 삭제 대상이었다. 안재홍은 일제가 독립문을 철거하겠다는 계획을 조선 민족의 운명과 연결시켜 설명하고자 했다. 독립문처럼 일본인에 의해 부산에 거주하는 조선인이 "경사가 급한 산지(山地)로 쫓겨나"고 있다고 주장했다.[12] 또한 「남강(南岡) 유해(遺骸)」는 자신의 유해를 표본으로 만들어 오산학교에 보관하자는 남강 이승훈의 유지를 당국이 방해하지 말라는 내용이었다.

국제관계를 언급한 사설 「동방제민족(東方諸民族)의 각성」, 「조선과 동아」 2편이 삭제의 대상이었다. 국제관계 관련 보도는 국외 소식을 전달할 뿐만 아니라 식민지 조선 상황을 투영할 수 있는 중요한 방안이었다. 안재홍은 다른 식민지의 민족운동을 "외국 국민의 애국적 또는 민족적 자위(自衛)의 운동은 가장 우리의 감흥을 자극하는 바"라고 소개하면서, 식민지 조선의 민족운동을 이러한 사례와 유비(類比)시켰다. 그리고 '반동적 국가주의'가 "아시아와 아프리카의 열약 국민들의 압박과 주구(誅求)로써 그 존재 및 발전의 기축(機軸)을 삼는"다면서[13] 이러한 국가에 일본을 포함시켰다.

아울러 장제스(蔣介石)의 1927년의 북벌과 사회주의 계열에 관한 탄압

---

11 안재홍, 「제왕의 조락」, 『선집』 1, 220쪽.

12 안재홍, 「독립문, 네 가느냐」, 『선집』 1, 123~124쪽.

13 안재홍, 「동방제민족의 각성」, 『선집』 1, 119~120쪽.

이라는 극동 정세의 변동 속에서, 안재홍은 "우리는 필경 '조선' 자체와 '조선인' 자체의 비켜설 수 없는 생존의 요구에 의하여 그 주위의 정세에 순응할 것"임을 표명했다.[14] 중국의 변화가 식민지 조선에 일정한 변화와 영향을 미칠 것이라고 주장한 것이다. 한편 검열은 기사 삭제는 물론 표현에 제한을 가했다. 안재홍은 해방 후 이러한 부분에 관해 복원을 시도했다.

> 극동 대륙에는 부여, 일본, 중국 등등의 여러 민족이 역사 이래 오랫동안 서로 다투고 침략한 생애를 지나왔었다. 그리하여 어느 민족이나, 독자적의 집단생활의 일 코스를 상대(上代)로부터 개척하여 왔었다. 이 개창자로서의 어느 한 분**〈단군〉**을 우리는 숭앙함을 요구하고, 모든 침핍진공(侵偪進攻)의 어수선한 틈에 많은 방어와 보호의 용자(勇者)들이 있었으니 그 두드러진 자로서 모갑(某甲) 모을(某乙)**〈이충무공, 강감찬〉** 등등을 경모치 아니할 수 없고, 혹은 향토 민중적인 어문(語文)을 완성하고 그 자립문화의 기초를 확립하려던 한 분**〈세종대왕〉**이 있었으니 그를 또 추앙치 아니할 수 없는 바이요, 혹은 민국(民國) 붕괴의 필연의 세를 간파하고 그 광정재조(匡正再造)를 계획하던 크고 작은 선구자**〈정다산과 일파〉**가 있었던 것이니, 그들은 혹 조술 음미하고 또 천명 선양할 수 있는 것이다.[15](강조는 인용자)

본문 가운데 굵은 글씨로 표시된 인명이 들어간 부분은 해방 후 안재

14 안재홍, 「조선과 동아」, 『선집』 6, 68쪽.

15 안재홍, 「천대되는 조선-역사발전의 구원성」, 『조선일보』, 1935.10.6; 『선집』 1, 556쪽.

홍이 새롭게 추가한 부분이다. 일제감점기 동안 조선인 언론매체는 한국 위인의 인명을 제대로 표기하지 못했을 뿐만 아니라, 1930년대 이후 안재홍의 신문 기고문의 표현은 검열을 의식해서 더욱 절제되었다. 예를 들면 안재홍은 1935년에 쓴 글에서 갑오농민전쟁을 언급하면서 "우금치의 전투에서 총위총(統衛營)의 관군과 모리오(森尾)대위의 구원병의 연합공격"이라고 했는데, 〈필자후기〉를 통해 이는 "'일본'이라 쓰는 것이 이미 금지된 때이라 '해양민족(海洋民族)'이라 표시하고 또 '모리오(森尾)대위'라고 적은 데서 그 고심(苦心)을 알 것이다"라고[16] 밝혔다.

이렇듯 그는 해방 후 자선(自選)과 필자후기를 통해 일제강점기 언론매체에 발표했던 글의 집필의도와 내용을 보다 분명히 했다. 나아가 이러한 과거의 재정리 작업은 당대 그의 활동을 정당화하는 방안으로 활용되었다. 안재홍은 1935년 5월 19일자 조선일보에 게재한 「20세기 등장 민족」을 통해 한민족의 전망에 관해 논의했는데, 이글의 〈필자 후기〉에서 "본 항목은 … 조선민족이 멀지 않은 신생의 광명을 바라보면서 … 도의적 훈련공작에 스스로 정진할 것으로 맺었다. 그리고 맨 끝에서 필자 오늘 공개 역설하는 신민족주의, 민주 독립의 정치이념을 시사했다(『선집』 1, 507쪽)"라고 밝혔다. 즉 해방 후에 등장한 '신민주주의', '신민족주의'의 개념의 연원을 1930년대에서 찾음으로써 당대 그의 정치적 입장과 입론의 정당성을 과거 속에서 찾고자 했다.

삭제된 내용에 관해 그 의도를 서술하고 해방 후의 정치적 상황이 반영된 안재홍의 자선과 〈필자후기〉는 언제 이루어진 것일까? 『민세유고

16 안재홍, 「민세만필(民世漫筆)-우리 민족성의 병폐」 (1), 『조선일보』, 1935.5.14; 『선집』 1, 491~494쪽.

보존철』을 토대로 『선집』 1~5권을 편찬한 천관우는 안재홍이 "8·15 해방 후 어느 때에 자선논설집의 간행을 계획하였던 듯하며 옛 원고를 추려 정서하고, 집필 당시의 사정 혹은 심회를 친히 후기해 둔 것"이라고 보았다.[17] 현재 확인된 안재홍이 자선과 〈필자후기〉를 남긴 마지막 글은 1947년 10월에 발표한 「순정우익의 집결」이며, 「민주독립당에 기(寄)함」이라는 사설에 나오는 "1948년 가을, 필자 이 노선(민주독립당의 노선—인용자)을 고수했기 때문에 민주독립당을 동지들과 함께 퇴각하였다"라고 밝힌 부분을 통해[18] 이즈음에 『자선논설집』이 준비된 것으로 추론할 수 있다.

또한 안재홍은 1948년 6월 미군정 민정장관을 사임하고 『한성일보』 사장으로 복귀했으며 같은 해 9월 신생회(新生會)를 설립하고 '신생활구국운동'을 전개했다.[19] 이러한 '신생활운동'을 염두에 두면서 안재홍은 "색의단발(色衣斷髮), 건강증진, 상식보급, 허례폐지 및 소비절약"에 관해 언급한 1929년 5월 2일자 「생활 개신을 고조함」을 자선(自選)했다고 보인다. 따라서 남북한이 각기 분단정부를 수립한 직후 안재홍은 과거를 재정리하고 자신의 감정을 이입한 〈필자후기〉 작업을 진행했다고 판단된다.

탈식민의 상황에서 과거를 재정리하는 기억은 당대의 경험을 통해 과

17 천관우, 「해제」, 『선집』 1, 4쪽.

18 이글은 『선집』 2에 1947년 10월 「민주독립과 공영국가」로 수록되어 있다. 김인식에 따르면 이글은 안민세(安民世)란 필명으로 「민주독립당에 기함」 (3회), 『한성일보』, 1947.9.26~10.1에 게재되었다고 보았다(김인식, 앞의 책, 555쪽).

19 1948년 전후 안재홍의 행적에 관해서는 김인식, 『중도의 길을 걸은 신민족주의자 안재홍』, 역사공간, 2007, 235~236쪽 참조.

거와 미래를 연결하는 작업의 일환이었다. 안재홍이 구상한 『자선 논설집』은 대부분 『조선일보』에 게재된 사설·시평이 중심이며 해방 후 『한성일보』에 수록된 7편의 글이 포함되어 있다. 구체적으로 『선집』과 고려대학교 수집자료에서 확인되는 자선의 글은 모두 128편이며, 이 가운데 53건의 〈편집후기〉가 존재한다.[20] 그리고 자선의 글은 정치, 경제, 사회, 문화 전반을 망라한 내용으로 구성되었다.

그렇다면 그가 자선을 통해 신문 시평과 논설을 선택한 기준은 무엇이었을까? 구체적인 언급이 없었기 때문에 단정할 수 없지만, 우선 탈식민의 상황에서도 여전히 유효하다고 판단된 일제강점기의 글이 선택되었다고 판단된다. 아울러 선택의 과정에서 불필요하다거나 시의에 맞지 않는다고 판단한 '자기 검열'도 존재했다. 아래에서는 민족운동과 조선 역사와 문화와 관한 내용을 중심으로 안재홍의 기억과 감성에 관해 살펴보겠다.

3. 신간회 활동에 관한 정치적 입장의 투영

안재홍은 언론인이면서 민족운동에 적극 참가했던 비타협적 민족주의자였다. 그는 일제강점기 자신이 참여했던 민족운동과 전체 민족해방운동과의 연관성을 어떻게 설정했을까? 공적 언론매체인 『조선일보』의 사설·시평 속에서 이를 구별하기 어렵지만 안재홍은 자신의 속내를

20 자선(自選) 가운데 연재물의 경우 발표매체가 신문인 점을 반영해서 연재물일지라도 발간일자를 기준으로 이를 개별적 기사로 간주했다. 아울러 『선집』을 통한 파악이기에 안재홍의 전체 저작물 가운데 자선의 비중이 어느 정도인지 확인하긴 어렵지만, 『선집』 1의 경우 절반 분량이 자선 논설로 구성되어 있다.

〈편집후기〉를 통해 표현했다. 그는 1924년 『시대일보』 논설반에서 활동했던 시기와 해방 후 『한성일보』 사장을 역임한 기간 외에 대부분을 조선일보사에서 주필, 사장, 객원 등으로 근무했다. 자선(自選)은 조선일보의 사시(社是)를 잘 보여주는 글이나[21] 민족운동과 연동된 조선일보의 역할을 담은 글을 선정했다.

구체적으로 1924년 11월 '혁신기념호'를 기념하기 위해 안재홍은 조선일보가 "조선인과 그의 성패와 고락과 진퇴와 휴척(休戚)을 함께 하는 … 우리는 지금 천하 민중의 기대와 신뢰와 애호가 본보에 집중함을 믿는다."라고 하면서 "천하 민중과 함께 영원히 발전할" 것임을 천명했다.[22] 이글에 관한 〈편집후기〉에서 "본문은 신민주주의를 토대로 삼은 신민족주의의 구상을 명백히 하였고 현실투쟁의 정책을 선명하게 선포하였다(『선집』 1, 77쪽)"라고 해서 해방 후의 논리를 일제강점기의 글에 적용하고자 했다.

안재홍은 언론인이면서 1927년 2월 12일 좌우통일전선운동의 일환으로 결성된 신간회 활동에 주도적으로 참가했다. 그는 신간회 창립 과정에 관여했으며 창립당시 조사연구부 총무간사를, 경성지회 해소 과정에서 임시집행부 의장을 역임했다.[23] 신간회의 전망과 관련해서 그는 조

---

21 안재홍, 「조선일보의 기념일」, 『조선일보』, 1926.9.13. 그는 〈필자 후기〉를 통해 이글이 "조선일보 사시(社是)를 가장 잘 표현"했다고 자평했다(『선집』 1, 164쪽).

22 안재홍, 「조선일보의 신사명」, 『조선일보』, 1924.11.1. 조선일보는 1924년 9월 신석우가 송병준으로부터 경영권을 인수하고, 같은 해 11월 1일 '혁신기념호'를 냈다(조선일보70년사편찬위원회, 앞의 책, 123~135쪽).

23 안재홍의 신간회 참여 활동에 관해서는 이균영, 『신간회연구』, 역사비평사, 1993 참조.

선인의 정치적 입장에 민족(혹은 비타협) 대 반민족(타협)이 존재한다고 파악하고 '민족주의 좌익전선'을 수립해야 한다고 주장했다.[24]

1927년 말 신간회의 지회가 100개를 넘어서자 안재홍은 「신간회의 급속한 발전」이란 사설을 통해 신간회운동의 발전적인 전망과 동시에 지나친 낙관을 경계하는 신중함을 함께 피력했다. 우선 그는 조선사회의 과제는 민족운동세력의 '통일과 집중'이며, 이를 통해 "민족유일전선으로서의 민족단일당의 견실한 건설"이 요청된다고 보았다. 그럼에도 불구하고 그는 "대중적으로 발전되는 신간회의 조직운동의 초기"이기 때문에 "미성숙한 민중으로 더불어 급속한 출전(出戰)을 생각하는 것보다는 오히려 자중불발(自重不發)하여서 그 자체의 견실한 생장(生長)을 기약"하라고 당부했다.[25] 하지만 1930년대 초반 세계정세의 변화는 신간회의 '견실한 성장'을 기대할 수 없게 만들었다.

1920년대 말 30년대 초반 세계 대공황 이후 사회주의 계열은 대중조직을 토대로 한 전위조직 건설론 아래 신간회 해소론을 제기했다. 안재홍은 민족주의 좌파의 입장에서 신간회 해소를 적극 반대했지만[26] 신간

---

24 안재홍, 「신간회의 창립준비」, 『조선일보』, 1928.1.10. 이지원은 '민족주의좌익전선'에 관해 일제에 저항적이고 비타협적인 세력의 협동전선이며, 여기에는 민족주의자와 사회주의자가 모두 포함된다고 보았다(이지원, 「일제하 안재홍의 현실인식과 민족해방운동론」, 『역사와현실』 6, 한국역사연구회, 1991, 48쪽). 반면 정윤재는 사회주의계열과 연합하여 항일 비타협 '민족협동전선'으로 신간회를 규정하여 '비타협적 민족주의 세력'의 주도성을 보다 강조했다(정윤재, 「일제강점기 민족생존의 정치사상」, 『동양정치사상사』 4-1, 한국동양정치사상사학회, 2004 참조).

25 안재홍, 「신간회의 급속한 발전」, 1927.12.23.

26 신간회 해소에 반대했던 안재홍의 논의에 관해서는 김명구, 「1920년대 부르주아 민족주의 좌파 계열의 민족운동론」, 『한국사학보』 12, 고려사학회, 2002,

회는 결국 1931년 5월 해소되었다. 1920년대 말과 1930년대 초반 민족운동과 관련된 이러한 경험이 해방 후 안재홍에게 어떻게 반영되었을까? 이를 『선집』에 수록된 신간회 관련 사설·논평 가운데 그가 자선하고 〈필자후기〉를 남긴 내용을 중심으로 살펴보고자 한다.

시사적인 문제를 다룬 사설이기에 민족운동 전체와 신간회 활동 사이에 선명한 구별은 어렵지만, 안재홍은 앞서 살펴본 신간회의 창립과정과 발전과정에 관한 사설보다는 해소과정에 관한 사설을 주로 언급하거나 자선(自選)했다. 그는 조선일보 1930년 12월 12일자 「해소론 냉안론(冷眼論)」에 관한 〈필자후기〉에서 "신간회 해소 반대에 제일성을 표한 것"이라고 밝혔다. 아울러 해소 논의와 관련된 『조선일보』의 사설인 「해소 비해소」(1931.4.14), 「해소론의 오류」(1931.4.17), 「기로에 선 신간회」(131.5.16)를 자선하였다. 이를 통해 볼 때 그는 신간회 해소의 반대 입장을 분명히 하고, 이러한 활동이 해방 이후까지 지속적으로 기억되기를 희망했다고 판단된다. 아울러 앞의 〈필자후기〉 외에 신간회가 직접 언급된 4개의 필자후기를 시계열적으로 보면 아래와 같다.

① "1931년 신년사의 보족이다. '정략적 협동의 권내에 갑자기 들어오지 못할 분야' 또는 '새로운 협소한 허여된 세계'는 결의권이 부여된 도부의원(道府議員)을 이름이요, 신간당(新幹黨)의 확립함을 기다려 그들을 반목투쟁 역량으로 동원시키려는 전술론의 일단이다."(「총결(總結)에서 총검찰(總檢察)에」, 『조선일보』, 1931.1.4; 『선집』 1, 378쪽)

② "이글은 신간회의 경성지부 대 본부 분쟁의 때에, 그 정견(政見)의 시

194~197쪽 참조.

비로 출발 대전(對戰)하여 새로운 협동에로 다시 돌아갈 필요를 논하였다."(「비판적 논쟁으로」, 『조선일보』, 1931.1.20; 『선집』 1, 381쪽)

③ "필자는 1926년 말 및 1927년 처음 신간회 창립 당시에 있어 협동단일당론자이었었다. 이제는 차라리 분리한 양당으로서 긴밀한 정략적 협동을 강조하게 되었다. 필자의 일관된 정치이념이다."(「합법 비합법」, 『조선일보』, 1931.1.24; 『선집』 1, 384쪽)

④ "만주사변 있은 다음 해이다. 신간회는 좌변(左邊)의 책동으로 작년 봄에 해소되었었다. 이는 국내국제의 정세를 대강 열거하면서 의연 현실의 이해투쟁을 통한 각층각계의 총동원과 협동전선을 재차 강조한 것이다."(「재각성과 재인식」, 『조선일보』, 1932.1.1; 『선집』 1, 454쪽)

민족주의 계열 내부에서는 신간회 해소 이후 정세 대응과 관련해서 다양한 논의가 제기되었다. 민족주의 좌파인 설태희는 "민족주의 좌익이라고는 앞으로 있을 것 같지 않고 필경은 우경화할 것"이라는 비관적 전망을 제시했고,[27] 민족주의 우파인 이광수는 동우회가 신간회의 역할을 대신하기를 전망했다.[28] 신간회 해소에 반대 입장을 표명했던 안재홍은 민족주의 좌파 입장에서 새로운 조직을 결성하는 데 주력했다. 위의 〈필자후기〉는 신간회 성립과 해소 및 해방 후 좌와 우의 대립을 경험한 이후에 집필된 것이다.

사회주의 계열과 연합해서 항일 비타협 '민족협동전선'인 신간회를 창립하는데 주도적인 역할을 했던 안재홍은[29] 해방 후 신간회 해소를 주

27 황강(黃岡), 「신간회 해소와 운동선의 전망」, 『동광』 23, 1931.7, 18쪽.
28 이광수, 「지도자론」, 『동광』 23, 1931.7, 9쪽.
29 정윤재, 앞의 논문, 41쪽.

도했던 사회주의 계열에 관해 '좌변의 책동'이라고 표현하는 등 비판적인 입장을 강조했다. 그리고 신간회 내부에 '신간당'을 중심으로 한 '새로운 협동'을 통해 민족주의 계열의 조직을 결성하고 이를 토대로 사회주의 계열과의 '정략적 협동'을 강조했다. 이는 〈필자후기〉를 준비하던 1948년 가을의 정치적 상황과 연동된다고 판단된다.

한편 매년 언론매체의 신년호에서는 지난 시기를 회고하고 향후를 전망하는 글을 게재했다. 안재홍의 경우에도 『조선일보』를 통해 이러한 내용을 발표했고, 『선집』에 실린 1920년대 중반의 3편과 1930년대 초반의 4편 모두를 자선하고 이에 〈필자후기〉를 남겼다. 즉 그는 자신의 글 가운데 특히 신년사를 중요시했다고 볼 수 있다.

1925년의 사설에서 안재홍은 "모든 경제의 사회화나 교육의 민중화나 그리고 민중의 생활화 등을 가장 긴절한 행진의 주요 과제"로 설정했다.[30] 그리고 〈필자후기〉를 통해 "민족적 분노와 복받치는 번뇌가 지면에 벅참과 같다. 완곡한 듯한 문장을 통하여 반항투쟁의 전신이 굼닐고 있다(『선집』 1, 92쪽)"라고 자신의 감정을 피력했다.

분노라는 감성은 민족운동이란 저항의 중요한 촉매제였다. 그는 1926년을 "세계문명국들의 자본적 제국주의는 다시 안정 및 발동을 자랑하고 있다. 그러나 그에 대한 반발운동 및 민족적 해방운동의 기세도 의연히 올라가고 있다"라고 해서[31] 민족운동의 '치열함'과 제국주의의 '반동'

30 안재홍, 「시대 광구(匡救)의 신일년(新一年)」, 『조선일보』, 1925.1.1.

31 안재홍, 「백열(白熱) 그러나 엄숙한 반동의 최중(最中)의 신일년」, 『조선일보』, 1926.1.1. 이글의 〈필자후기〉에서는 "1925년은 구주에서 로카르노조약 성립되어 재차 일시적 안정으로 향하게 되고 동아에서는 점점 반동의 기세 높았다. 우울 침통한 기운(氣韻), 문면에 나타난다. 그리고 필자는 일찍 조선사정연구회

이 서로 교차하는 시점으로 이해했다.

나아가 1927년의 글에서 '자치론'에 반대하여 "우경 및 타락을 방지하면서 최종의 날까지 전진"하는 것을 '역사의 필연'이라고 보았다.[32] 즉 이러한 1920년대 중후반의 낙관적인 전망은 신간회 결성과 연결되었다. 하지만 신간회 해소를 전후한 시기에 그의 전체 민족운동에 관한 인식은 일정한 변화가 보인다.

안재홍은 1930년~1932년을 통해 4편의 신년사를 자선했다. 당시는 신간회 해소가 구체적으로 논의되고 민족운동에 관한 낙관적 전망이 어려워진 상황이었다. 그는 1931년 1월 신간회가 존폐의 위기에 처해 있던 상황 속에서도 "영도적 권위를 파악하고, 일종의 기본 역량으로써 사회적으로 기동하는 진정 확고한 진영을 수립 … 선구자, 지식인 및 기타의 유심인(有心人)이 한가지로 격려 기획 및 협진(協進)하여야 할 것 … 모든 인식분자는 표현적인 결성에서 그의 가능한 최대 역량을 수립할 것"을[33] 당부했다.

그리고 4일 뒤에 보론적인 성격으로 기고된 글에서 안재홍은 당면 과

를 조직하여 그 인식의 과학화를 고취하는 중에 있었다."라고 해서, 조선학운동 이전에 "조선을 보다 여실히 분석하고 이해"하는 작업의 일환으로 자신이 소속되었던 조선사정연구회의 활동을 강조했다.

32 안재홍, 「장지익신(壯志益新)한 또 일년」, 『조선일보』, 1927.1.1 이글의 〈필자후기〉에서는 "1926년에는 한편에서 융희제의 승하와 6·10만세사건이 있었고, 조선일보사내에서 제2차 공산당 관계의 수감자를 적지 않게 내면서 비상한 곤액(困厄)을 겪었다. 그러나 중국에서는 북벌혁명의 성공이 있었고, 필자는 민족단일당 신간회의 갈기 공작을 최초 자택에서부터 내내 진행 중이었다. 본문에 그 의기(義氣) 뛰는 듯이 보였다."라고 밝혔다(『선집』 1, 202쪽).

33 안재홍, 「총출(總出) 총결(總結) 총찰(總察)」, 『조선일보』, 1931.1.1.

제를 "노동자 농민의 점층적 혹은 투쟁적의 결성이라는 것이 만일 진행되면, 부유적(浮遊的) 소(小)부르란 자로 하여 외교적 또는 도덕적 결합대로 나아가게 하는 것"이 필요하다고 보았다.[34] 이 글은 사회주의 계열의 노동자 농민의 대중 투쟁 조직의 강화 논리에 대응해서 '소부르주아지'의 역할을 강조한 것이다.

요컨대 1920년대 중반보다 1930년대에 들어가면서 안재홍은 사회주의 계열과 일정한 거리를 두고 있음을 알 수 있다. 하지만 공적 영역에서 그는 민족주의자 계열의 조직체를 결성하고 이를 통해 민족협동전선을 지향해야 한다는 입장을 견지했다.

신간회가 해소되고 '만주사변'이 일어난 이후인 1932년 신년 사설에서 안재홍은 지속적으로 "각 방면의 사람들이, 그 자신의 계급적 혹은 정치적 처지에서 독자적이고 가장 좋은 행동을 단행하면서 조선인이 현하 조선에서 타고 있는 역사적 지리적 국제적 및 경제적 사회적의 공동의 유대에서 귀일 집중적인 민족적 이해의 통제에서 합치"[35]해야 할 것이라고 주장했다. 이렇듯 해방 후에 집필된 〈필자후기〉에서는 '통일전선' 문제 그리고 민족적 조직체와 대중운동과의 관계 설정에 관해 자신의 속내를 좀 더 구체적으로 표명했다고 판단된다.

안재홍에게 민족적 단위의 통일된 조직체의 결성은 지속적인 화두였다. 그리고 앞서 인용한 〈필자후기〉 ③에서 보이듯이 1920년대 중반과

---

34 안재홍, 「총결(總結)에서 총검찰(總檢察)에」, 『조선일보』, 1931.1.4.

35 안재홍, 「재각성과 재인식」, 『조선일보』, 1931.1.1. 같은 글에서 그는 "역사의 진행은 우리들로 회한(悔恨)의 감상에 빠지지 않게 하고 일기(一氣) 직진(直進)의 과감한 분전(奮戰)을 강요하고 있다."라고 전망했다.

1930년대 전반이란 시간적 차이에 따라 '협동단일당론'에서 양 세력 사이의 '정략적 협동'이라는 방식으로 변화했다고 밝혔다. 이러한 정치적 입장의 변화와 함께 안재홍이 〈필자후기〉를 통해 자신의 정치적 입장과 논리 사이에 일제강점기와 해방 후의 시점에서 '불변'인 것이 두 가지가 있다고 강조한 점이 주목된다. 하나는 앞에 인용했던 '정략적 협동'이 일관된 정치이념(『선집』 1, 384쪽)이라고 밝힌 것이고, 다른 하나는 1947년 10월 발표한 「순정우익의 결집」에서 "순정우익의 이념은 움직일 수 없다(『선집』 2, 213쪽)"라고 주장한 것이다.

그에게 '순정우익'은 공산주의와 '봉건적', '대지주적'인 '극우'를 배격하고 좌우합작운동을 추진하던 우익세력 즉 그의 표현에 따르면 '진보민족주의 세력'을 의미했다.[36] 즉 사회주의 계열과의 '정략적 협동'이란 신간회의 경험이 해방 후의 정치적 상황에 적용된 것이다. 이러한 입장은 〈필자후기〉가 작성되던 1948년 가을 이미 남북한에 서로 분단정부가 수립된 시대적 상황이 고려되었다고 판단된다.

안재홍은 분단 상황에서 통일민족국가를 지향하는 유일한 방안으로 남한의 민주역량을 강화하여 진정한 민주주의를 정착시키고 순정우익을 이를 위한 주체로 정치세력화 하고자 했다.[37] 이렇듯 1948년 당시 시점에서 '극우세력'과 공산주의를 제외한 다양한 대중조직 결성과 정치집단의 협동을 고려했던 안재홍은 일제강점기 농민계몽활동의 경험을 강

36 안재홍의 '순정우익'에 관해서는 안재홍, 「순정우익의 결집」, 『한성일보』, 1947. 10; 『선집』 2, 208~213쪽 참조.

37 1948년 8월 분단체제 수립 이후 안재홍의 정치적 활동에 관해서는 김인식, 『안재홍의 신국가건설운동』, 선인, 2005, 548~549쪽 참조.

조했다.

그는 1920년대 후반부터 1930년대 전반 조선일보사가 주도한 문자보급운동에 관해 특별한 의미를 부여했다. 그는 이와 관련해서 『선집』에 실린 6편의 글을 모두 자선(自選)했다. 이글을 통해 그는 학생에게 문자보급뿐만 아니라 큰 범주에서 농민에게 '교양'을 제공해야 한다고 주장했다. 또한 이를 통해 "세계인으로 민족인으로 가장 필요한 정확한 과학적인 현실 지식"을 연마하라고 강조했으며[38] "진지한 봉사의 정신으로 순결한 동족애"를 바탕으로 이를 진행하라고 당부했다.[39]

아울러 그는 농촌계몽운동과 전국단위의 민족단위의 운동은 밀접하게 연관된다고 이해했다. 그는 "오늘날의 조선에 있어서도 급격한 첨단적인 진출을 앞에 보면서 이러한 교양의 한 방면을 염두, 음미, 강구 및 실현키에 노력함을 요(要)한다."라고 해서 양자를 병행해야 할 사안으로 이해했다.

나아가 장기적 전망으로 농민학교를 만들어서 "조선 농업의 기술적 지도와 조선인 농민의 상식의 계발과 조선 농촌의 특수한 조직을 위하여, 일상생활에서의 반려적 지도를 주고 소비조합이나 협동조합이나 농촌야학 등을 관리 장악"해야 한다고 강조했다.[40] 이러한 1920~30년대

38 안재홍, 「하기(夏期)와 귀향학생」, 『조선일보』, 1929.6.16. 이글에서 '교양'은 '현실의 지식' 즉 '무식(無識) 근절'을 위한 "읽고 쓰는 간편하고 쉬운 지식" 혹은 "최소한의 도서지식"을 주는 것을 의미했다. 그는 다른 사설에서 "문자보급운동은 즉 농민교양운동"이라고 강조했다(안재홍, 「귀향학생 문자보급반」, 『조선일보』, 1929.7.14).

39 안재홍, 「문자보급반원을 보냄」, 『조선일보』, 1930.7.16.

40 안재홍, 「농민학교와 가정학교」, 『조선일보』, 1930.9.3.

농촌계몽운동이 해방 후의 시점에서 자선(自選)된 것은 해방공간에서 농촌 대중의 교양·지도가 여전히 유효하다고 인식했기 때문이었다.

안재홍에게 대중계몽운동은 민족운동 단위의 '통일' 문제와 연결되어 일제강점기는 물론 해방 후의 시점에도 중요한 의미를 지녔다. 신간회 운동이 시작되기 이전부터 그는 지식인뿐만 아니라 농민을 포함한 대중들까지 아우르는 통합에 주력했다.

그는 "새로운 단합을 논하는 자 … 오직 도시에서 국한된 일부의 식자계급을 대상으로 허다한 장애, 많은 명목으로써 스스로 난관을 봉착하는 것보다는 차라리 농촌의 문맹들에게 산병적(散兵的)의 개별적인 계몽운동을 시도함이 옳을 것이다. 이러한 산병적인 분투일수록 그 배후에서 투력의 원천되는 일대 진정한 단합을 요함은 물론이다"라고 보았다.[41] 이러한 입장은 앞서 살펴본 1920년대 후반부터 진행된 문자보급운동의 기본적 입장이었다.

또한 그는 정치적 민족운동과 일상적인 대중운동과의 결합을 강조했다. "각 방면의 부분적인 일상 이익의 옹호 신장 및 그 취득이 숙달되는 집중 과정을 형성하여야 점점 커질 통일로 촉성하는 것"[42]은 그가 계속해서 풀어나가야 할 중요한 화두였다.

1930년대 중반 안재홍은 정치운동보다 조선학운동에 주력했다. 그는 정치적 결합이 어려운 식민지하에서 최소한의 방안으로 민족구성원의 문화적 통합인 '문화통일의 집중화'를 요구했다.[43] 이는 과거의 경

---

41 안재홍, 「노마(駑馬)가 연잔두(戀棧豆)」, 『조선일보』, 1926.1.15.

42 안재홍, 「수도(數道) 병진(竝進)의 신일년(新一年)」, 『조선일보』, 1930.1.1.

43 안재홍은 "동일(同一) 민족적 견지로서 통일을 요구"했고, 그 방안으로 식민지

험에서 해답을 찾고자 했던 민족사와 민족문화의 재구성 속에서 이루어졌다.

4. 민족문화와 민족사에 관한 기억과 감성

1930년대 민족문화를 재발견하는 작업인 조선학운동은 신간회 해소 이후 비타협적 민족주의 세력이 현실적으로 선택한 차선책이었다. 원래 조선학이라는 명칭은 1910년대 후반 최남선에 의해 제기되었고 1920년대 그에 의해 조선인의 의한, 조선적인 것에 관한 연구로 정의되었다. 그렇다면 1930년대 조선학운동이 앞 시기와의 차이점은 무엇인가? 유물사관과의 경쟁 속에서 그들의 장점을 받아들이고 또한 그들의 비판을 극복하는 방안이 제기되어야 했다.[44]

안재홍은 역사를 총체적 혹은 과학적으로 보는 방법론을 민족문화 연구에 적용했다. 예를 들면 1936년 조선어 사전의 필요성을 제기하면서 사전의 "현대 문화에 적용되는 과학적 정비"를 요청했으며, 조선 문학의 경우 "조선의 식자 선구자들의 손에 의하여 오히려 그 생장 발전 및 그 완성을 기하여야 할 것"을 강조했다.[45] 아울러 사회주의 계열에서 조선

란 상황 속에서 정치적 경제적 통일을 지향하는 것은 어렵고 '문화통일의 집중화'를 추구했다(안재홍, 「통일난과 통일의 요구」, 『조선일보』, 1929.6.30).

44 정윤재는 1930년대 안재홍의 조선 역사와 문화 연구 활동을 '문화건설론'으로 규정하고, 이는 사회주의적 국제주의와 일제의 동화정책에 대한 비판적 대응이라고 보았다(정윤재, 「1930년대 안재홍의 문화건설론」, 『정신문화연구』 99, 한국정신문화연구원, 2005 참조.

45 안재홍, 「조선어 사전 완성론」, 『조선일보』, 1936.3.26; 안재홍, 「조선문화상금론」, 『조선일보』, 1936.3.27.

학운동을 '복고적'이라고 보는 비판에 다음과 같은 대응했다.

> 조선적인 무엇을 현하 당면의 역사적 정치적 과정에서 가장 명백한 의식으로 파악하여야 하는 객관적 요건으로 되는 자이다. … 사건·인물·연구·축적의 온갖 민족적 문화재에 관한 천명·소개로써 그 과학적 검토와 도덕적 비판을 가하고, 그리고 그로써 다음의 시대에 약진하는 청산 정비의 공작을 삼을 것이다. … 오늘날의 조선에는 '복고'가 없고 또 있을 수도 없다. … 구조선(舊朝鮮)으로 인하여 그 진지한 자기반성과 일정한 정치 문화적 진취의 공작을 가지려 함이다.[46]

안재홍은 '복고'에 대한 대응을 넘어서 사회주의 계열의 '국제주의적' 관점에 관해 대립각을 세웠다. 식민지(혹은 약소국)의 민족주의와 제국주의(혹은 강대국)의 국가주의를 구별했다. 그는 민족을 "문화와 전통과 취미와 통속과 정치와 경제상의 핍박한 공통적 이해 따위 – 공동한 자연적 테(유대) 안에 일정한 특수 생활경향을 형성한 집단"이며, 민족주의를 "동일민족을 일단위로서 일정한 사회적 생활과정을 국제간의 일구역에서 가지려하는 것"이라고 규정했다.[47]

아울러 그는 보편성을 염두에 두면서도 "역사는 영구히 새로운 특수과정을 밟아가고 있는 것"[48] 혹은 "각개의 문화민족이 민족적 특수경향을 본위로 일정한 정치적 경향을 진행하고 있다"라고 해서,[49] 하나의 민

---

46 안재홍, 「우량문헌 간행론」, 『조선일보』, 1936.3.28.

47 안재홍, 「조선인의 처지에서」, 『조선일보』, 1932.3.2.

48 안재홍, 「〈민세만평〉 (2) 사회와 자연성-중난(重難)한 제국정책(諸國政策)」, 『조선일보』, 1935.10.17.

족 단위에는 그 역사와 문화 속에 나타나는 특수한 경향(특수성)이 중요하다고 강조했다.

즉 안재홍은 조선 고유의 역사와 문화전통을 기반으로 계급과 민족, 근대와 전통, 국제주의와 민족주의 등의 이분법을 넘어서 근대를 완성해야 한다고 보았다.[50] 나아가 1930년대 초반 시점에서 파시즘을 염두에 두면서 그는 선진국의 국민주의 혹은 서구의 '우경민족주의'와 후진국의 민족주의를 대비하고 나아가 '공식적인 국제주의'와 대비된 조선과 같은 식민지의 민족주의가 지닌 '세련 과정'을 강조했다.

> 인민이 낙후된 처지에서 진지한 생존노력의 투쟁적인 역량을 길러 내는 데는 반드시 한번 지나가는 필요한 계단으로 동류의식과 연대감으로써 그 연소되는 정열이 실로 순화 정화 심화 또 단일화의 존귀한 작용으로 되는 것이다. 만일에 이러한 민족주의적 세련과정을 치름이 없이 산만한 공식론적 국제주의에의 고답적 행진을 하는 인민이 있다면 그는 실로 심상치 아니할 불행일 것이다.[51]

---

49 안재홍, 「민족전망」, 『조선일보』, 1931.10.2.

50 안재홍의 조선 역사와 문화 연구가 지닌 의미에 관해서는 박한용, 「안재홍의 민족주의론」, 『한국사학보』 9, 고려사학회, 2000 참조.

51 안재홍, 「국민주의와 민족주의」, 『조선일보』, 1932.2.18. 안재홍은 이전에도 민족애와 국제주의적 인류애는 병행되어야 하며 민족애는 "존귀한 역사적 생산물" "우리는 자기의 동족에 향하여 남다른 책임 및 그 의무가 있는 것"이라고 보았으며(안재홍, 「허구(許久)한 동무–민족애는 존귀」, 『조선일보』, 1931.11.10), 이를 〈필자후기〉에서 "필자 지론인 민족범론(民族汎論)이다(『선집』 1, 448쪽)"라고 밝혔다.

식민지 민족주의의 구성과정은 민족공동체의 역사 경험에 관한 서술에서 구체적으로 이루어졌다. 민족사의 서술은 중심 세력을 설정하고 이를 중심으로 민족의 역사를 서술하는 근대적인 역사방법론의 일환이었다. 특히 식민지 상황 속에서 민족사의 타자는 일본과 '식민사관'이었다.

안재홍의 경우 우선 일본인이 강조했던 부정적인 민족성에 관해 "경악할 역사적 참극 속에서 견인한 탄력성을 잠복 축척해 왔다는 조선 민족성의 중요한 일면 … 이러한 국제적 참화의 역사에서 자라난 조선인에게 피상적 관찰로만 만족하는 것은 금물"이라고 비판했다.[52] 아울러 한일관계를 넘어서 동북아시아 단위의 지리적·역사적 경험 속에서 조선 문화의 장점을 찾고자 했다.

> 일본인은 조선인의 열악을 보기에 바빠하고, 그의 야매성(野昧性)을 입증하기에 찬찬스럽고, 혹 사대성을 흉보기에 재미있어 하는 이도 있고, 그 역사가들은 삼한정벌(三韓征伐)을 자랑하기에 더 좋은 재료가 생긴 것을 반가워하고 있다. 그러나 그들은 좀 더 반성할 필요가 있을 것이다. … 일본인이 교통이 지난한 해양의 깊은 곳에 안은(安穩)한 수십 세기를 지내는 동안 조선인은 끊일 줄 모르는 대륙의 여러 세력과 부딪치는 힘도 억세도다. 사활의 대전투를 거푸 하기 몇 천백 년이었다. 열약한 것은 그 본성이 아니었고 … 임진왜란 이후 성쇠의 운은 양지가 잠깐 달랐으나 금고 수천 년에 조선은 실로 그 방호벽 노릇조차 한 것이요, 일본인은 때로 그 고급의 감사를 우리 조선인에게 부칠 것이다.[53]

52 안재홍, 「조선통치의 중대성」, 『조선일보』, 1930.1.19.

과거의 사례를 통해 조선인의 민족성과 민족문화의 장점을 강조했지만 현실 속에서 안재홍의 경험은 이를 확신하기 어려웠다. 좌우 협동전선 조직체인 신간회가 1931년 5월 해소되었고, 자선과 〈필자후기〉를 준비하던 1948년 가을의 상황에서도 '좌우합작운동'이 실패로 돌아가고 남북한에 분단정부가 수립되었다. 일제강점기와 해방 후 민족주의 계열 중심의 민족 단위의 조직을 구상했던 안재홍의 과거에 관한 감성과 기억은 어떠했을까?

조선학운동이 전개되던 1935~36년경 무렵 일련의 시평 형태로 집필된 「민세필담」(14회), 「문화건설사의(文化建設私議)」(13회), 「천대되는 조선」(4회), 「시제소의(時題小議)」(10회) 등이 주목된다. 안재홍은 이를 집중해서 자선했고 특히 「민세필담」의 경우 매 회마다 〈필자후기〉를 남겼다.[54]

과거의 경험은 미래를 위한 교훈을 주지만 비관적 전망을 제시하기도 했다. 당시 안재홍은 '신라의 통일기' 이후 구체적으로 고려 말 이성계 일파의 '쇄국 고립과 존명자보(尊明自保)'의 '실책'으로 인해 "조선에 있어 실은 쇠망사의 중요한 한 획기"가 되었다고 보았다.[55] 아울러 이러한 점은 "편협 가열한 당파적 편견에서 게다가 현실을 정관치 않고 공연한 반대 논리의 말단이던 데서 고려말기로 한양조 5백년을 통하여 사회 민

53 안재홍, 「해국(海國)의 애태움」, 『조선일보』, 1930.9.12.

54 위의 기사는 『조선일보』에 각각 「민세필담」은 1935.5.5~5.19), 「문화건설사의」(1935.6.6~6.19), 「천대되는 조선」(1935.10.2~10.6), 「시제소의」(1936.3.25~4.5)으로 수록되었으며, 「시제소의」의 자선(自選)여부는 고려대학교 소장 자료에 근거했다.

55 안재홍, 「〈민세필담〉(7), 민중심화과정(5) 퇴영의 유래와 경위(1)」, 『조선일보』, 1935.5.11.

국(民國)을 해치게 된 한 원인이 된 것"이라고 평가했다.[56] 즉 그는 우리 역사가 짧게 잡아도 조선 중기 이후 '쇠망'에 빠졌다고 주장했다.

조선 역사와 민족성에 관한 부정적 요소의 강조는 1930년대 중반뿐만 아니라 이전부터 계속된 그의 주장이었다. 특히 그는 조선시대에 관해 "스스로 압록강 이남의 소천지에 퇴영하여 국민적의 공동한 생활로서의 국제적인 운동은 전혀 단념하고, 세계 유일의 또 최대의 세력이라고 그 영구성을 속단한 중국 땅의 국가에 대하여 연약외교로써 국면 안전의 절대성을 가볍게 믿고 들어앉아, 그 개인적 가족적의 이기심을 발휘하게 되매, 그들은 거의 역사에 유래가 없는 사쟁적(私爭的)인 당쟁을 지속하고만 있었던 것"이라고 해서[57] 비판적인 입장을 취했다. 또한 이러한 인식은 해방 후인 1948년에도 지속되었다.

고려대 박물관에 수집된 〈안재홍자료〉 가운데 분류기호 305, 306번인 표제 미상의 원고 뭉치는 200자 원고지 150매 분량이며 중간부분이 빠져 있다. 이 원고 첫 장의 제목은 '분열로 꾸며진 쇠망사'이며 안재홍은 이 원고에서 "조선의 쇠망사는 힘에 벅찬 국제정세와 한 가지 그 내면에서는 끊어지지 않는 파쟁 분열로 꾸며지고 있는 것(5쪽)"이라고 밝혔다. 이러한 정서는 1930년대 중반의 글을 대상으로 한 〈필자후기〉에서 강하게 표현되었다.

① "고구려 넘어진 뒤로 조선은 약소국 되었고, 그 다음 신흥한 북방 여

---

56 안재홍, 「〈민세필담〉(12), 민중심화과정(10) 우리 민족성의 병폐(4)」, 『조선일보』, 1935.5.17.

57 안재홍, 「누가 좋아할 일이냐」, 『조선일보』, 1930.2.14.

러 민족으로 인하여 고려조 5백년간 허다한 참화와 민족정력의 소모된 경로를 보이고 쇄국고립 존명자보(尊明自保)의 그릇된 정책과 그 위에 주자학의 수입 및 그 존숭으로 당쟁과 나라를 잘못 이끈 유래를 나타내었다. 완곡하면서도 슬픈 기운 떠돌고 있다."(『선집』 1, 488~489쪽)

② "신라 고려 양조 7백년간 오히려 왕성하던 해외교통조차 딱 끊어버리고 쇄국 고립함에서 생겨난 고루한 종파주의의 악습을 집어내고 영속적인 자멸의 길을 밟아오던 유래를 드러내었다."(『선집』 1, 491쪽)

③ "소국(小國) 잔민(殘民)으로 열약해진 사태를 예로 들고, 공심(公心)이 매몰되고 사감(私感) 발붙이는 정경을 그리었다. 쇠망사를 써서 마음 가장 비절한 데 이르렀다."(『선집』 1, 493~494쪽)

④ "잔열(殘劣)과 편파(偏頗)가 너무 지나친 근세조선의 사회상을 서술하고 현대에까지 미쳐, 실로 비통의 느꺼움을 새삼스럽게 하였다. 이 부문에는 금후 국민운동의 도의적 과업으로 큰 요청 남아있다."(『선집』 1, 496쪽)

위의 내용은 「민세필담」 속에서 안재홍이 2회에 걸쳐 민족사가 퇴영하게 된 유래와 경위를, 4회에 걸쳐 민족성의 병폐를 서술한 부분의 〈편집후기〉이다 이를 통해 그는 우리 역사의 과거 모습에 '슬픈 기운', '비절(悲絶)', '비통' '절망' 등의 감성적인 표현을 자주 언급했다. 그렇다면 그는 1930년대 중반의 글 가운데서 나타나지 않던 이러한 측면의 강조가 해방 후 출판을 염두에 두었을 때 어떻게 읽혀지길 원했던 것일까?

1930년대 중반의 글과 일제강점기 그의 신간회의 활동에서 살펴보았듯이 가까운 과거의 부정적인 요소의 강조는 민족공동체 구성원 내부의 통합을 위한 '도덕적 교훈'의 효과가 있었다. 안재홍은 이러한 내용을 자선하고 〈필자후기〉를 남긴 것은 해방 후에도 이러한 과거를 통해 지속적으로 어떠한 교훈을 얻고자 했다고 볼 수 있다.

안재홍은 1930년대 중반의 「민세필담」 11회에서 '신생(新生)의 진통'을 언급했고, 1948년 경 집필한 〈필자후기〉를 통해 "후진사회인 조선에 민족적 각성과 민주혁명과 사회혁명이 아울러 일어나야 하게 되었으되, 민족 자주독립의 역사적 단계성의 강고히 요청됨을 역설(『선집』 1, 504쪽)"하고자 했음을 밝혔다.

일제로부터 독립했지만 〈필자후기〉가 작성된 1948년은 분단체제가 성립되었기에 한반도는 여전히 '자주'를 언급하기 어려운 '후진적'인 모습을 지니고 있었다. 즉 안재홍에게 자선(自選)과 〈필자후기〉를 정리한 시점은 민족사에 관한 애증이 교차하던 시기였다고 판단된다.

안재홍은 〈필자후기〉를 집필하면서 일제시기의 글에 보다 강하게 자신의 감정을 피력했다. 그렇다면 해방 후 과거 역사의 사례를 반추하는 것은 실제의 경험과 어떻게 연결되는 것일까?

그는 "미소 두 번째의 공위 깨어져 미소협조도 절망되었고, 좌우합작도 우선 종국을 이루었(『선집』 2, 213쪽)"던 이후 시점에 우리 민족의 '쇠망사'를 서술했다. 하지만 위의 〈필자후기〉에서 반복된 비탄의 논조는 "구원정진의 의도", "금후 국민운동의 도의적 과업" 등의 향후 과제와 연결되었다.

구체적으로 『선집』에서 보이는 마지막 자선인 「순정우익의 집결」에서도 그는 "좌와의 협동계획을 한동안 중단하고 우익 즉 민족주의 진영만의 연합으로 위력을 보임에서 좌방(左方)도 조만간 다시 협동을 다시 요구하게 될 것을 기대 … 기술적 반탁공작으로써 수립될 민주주의 통일정부를 통하여, 하루빨리 혼미하는 대중을 민족독립국가에로 구제하자는 것이 나의 주장"이라고 밝혔다.[58] 미래에 관한 희망적 전망은 과거를 대상으로 한 비탄조의 감성을 극복할 수 있게 해주었다.

이후 안재홍은 1950년 5월 제2대 국회의원 선거에 참여해서 당선되고 의정활동에 참여함으로써 현실 정치에서 그의 구상을 실천에 옮기고자 했다. 요컨대 그가 일제강점기에 관한 기억 및 회고·감성을 정리했던 작업은 해방 후 정치 활동의 역사적 경험으로 작용했으며, 나아가 '민족독립국가'와 '민주주의 통일정부'란 미래에 관한 전망으로 활용되었다.

5. 과거의 재신화와 감성

'탈식민'의 상황은 과거와 당대를 연속과 단절의 양 측면에서 볼 수 있는 계기를 제공한다. 시간적으로 탈식민이란 경계를 중심으로 연속과 단절을 살펴보는 것은 그 경계선 자체를 문제시하며, 이를 통해 탈식민 이후 형성된 국가/민족/국민 단위의 정체성이 언제, 어떻게 형성되었는지를 살펴보는 작업과 연결된다. 이러한 기원과 계보 연구의 유용한 방안이 과거가 어떻게 구성되었는지를 살펴볼 수 있는 기억과 관련된 연구 방법론이다.

과거를 대상으로 한 기억을 통해 부정적인 과거는 해체되기도 하고 부각해야 할 요소는 재신화(再神話)되기도 한다. 우리 역사 속에서 이는 민족운동에 관한 사회주의 계열과 민족주의 계열의 '기억 투쟁' 속에서

58 안재홍, 「순정우익의 집결」, 『한성일보』, 1947.10; 『선집』 2, 212~213쪽.

'친일 협력 세력'의 '기억 생산'의 경우에서 그 예를 찾을 수 있다. 이글에서는 과거를 새롭게 서술하거나 편집하는 행위를 넘어서 과거의 경험과 자료를 대상으로 새롭게 의미를 부여하는 작업에 주목했으며, 이를 안재홍의 『선집』과 자선, 〈필자후기〉를 통해 살펴보고자 했다.

선행 연구에서 주목했듯이 안재홍은 한국 근현대 정치사·사상사 연구의 중요한 결절점이 된다. 이글에서는 일제강점기와 탈식민 상황의 변동 속에서 매체와 독자가 다른 상황 속에서, 자선(自選)은 여전히 유효하다고 판단되는 식민지의 경험을 선택한 안재홍의 실천 활동이라고 보았으며, 〈필자후기〉에 보이는 과거에 관한 자부심, 회한, 비통 등을 감성과 연결되는 '의식의 심층구조'란 측면에서 접근함으로써 안재홍의 행적과 논리를 살펴보고자 했다.

즉 안재홍은 자신이 참가했던 조선일보에서의 언론 활동, 문자보급운동, 신간회 활동을 적극적으로 평가했으며, 이를 해방 후 '신민족주의', '신민주주의' 논의와 연결시키고자 했다. 아울러 1930년대 중반 이루어진 그의 민족문화와 민족사에 관한 부정과 긍정의 평가는 1948년 시점의 한반도의 정치적 상황은 물론 〈필자후기〉에 나타난 감성적 표현과 연동되었다.

2부

지리와 여행

한말 일제 초 한반도에 관한 지리적 인식 / 여행기를 통해 본 호남의 감성 / 근대 조선 지식인의 세계여행과 동서양에 관한 경계 의식

한말 일제 초 한반도에 관한 지리적 인식

1. 근대와 정치지리학

근대 지리학은 근대국가 수립과정과 밀접하게 관련되어 있다. 근대 지리학의 원조인 리터(K.Ritter) 이래로 정치지리학은 영토와 자원 등 자연적 환경과 그곳에 거주하는 인종·언어를 달리하는 주민을 결합시켜 근대 국가의식을 형성하는데 기여했다.[1] 또한 지도(地圖)로 대표되는 한 나라에 관한 지리적 지식은 '상상된 공동체'인 근대 민족주의의 정체성을 만드는데 중요한 역할을 담당했다.[2] 아울러 근대 지리학의 발전은 제국주의가 새로 '개척'한 식민지를 경영하기 위한 지식의 필요성 증가와 궤를 같이 했다.

---

1 후지오카(藤岡謙二郎) 외, 『신정(新訂) 역사지리』, 대명관(大明堂), 도쿄, 1990, 247쪽.

2 Benedict, A., *Imagined Communities*; 윤형숙 역, 『상상의 공동체』, 나남출판사, 2002, 220~228쪽.

'신대륙의 발견'이란 용어에서 드러나듯이, 유럽 제국주의는 '처녀지'인 식민지를 지리적으로 새롭게 명명하기 시작했다.[3] 다시 말해 근대 지리학은 제국주의의 식민지 경영과 민족주의 정립과정과 밀접하게 연관되었으며, 이는 우리의 한말 일제 초의 상황에도 적용된다. 한말부터 식민지시기까지 일본이 제국주의적 입장에서 조선을 지리적으로 재정리하고자 했다면, 조선 측에서도 근대 민족주의 성립과정에서 지리적 요소를 활용했다.

조선 국토 혹은 영토에 관한 근대적 이해가 이루어진 한말 일제 시기는 동시에 일본 제국주의의 경제적·군사적 침탈이 병행된 시기였다. 일제는 조선을 지배하기 위한 방안으로 조선에 관한 지리적 조사·연구 보고서, 지리교과서의 편찬, 일본인 이민자를 위한 조선 사정을 소개하는 도서 등을 발간했다.[4] 한편 조선에서도 조선 후기 이래 중국을 통해 세계지리에 관한 지식이 소개된 이후 정부 차원의 교재 및 개인 저술가의 지리 서적이 발간되었다.[5]

한편 지정학적으로 한반도는 문호개방 이전에는 대륙 쪽의 세력과 관계가 깊었는데, 이후 문호가 개방되면서 해양세력과 밀접하게 관계를 맺었다. 즉 대륙세력과 해양세력은 한국 근현대사의 전개에 중요한 변

3 McClintock, A., *Imperial leather*, Routledge, 1985 참조.

4 이에 관해서는 박양신, 「19세기 말 일본인의 조선 여행기에 나타난 조선상」, 『역사학보』 177, 2003; 박양신, 「일본의 한국 병합을 즈음한 '일본관광단'과 그 성격」, 『동양학』 37, 2005 참조.

5 한말 일제시대 지리교육에 관해서는 남상준, 「일제의 대한 식민지 교육정책과 지리교육」, 『지리교육논집』 17, 1986; 남상준, 「개화기 근대교육제도와 지리교육」, 『지리교육논집』 19, 1988; 안재섭, 「개화기 지리지식의 사상적 원류와 지리교육」, 『지리교육논집』 37, 1997 참조.

수로 작용하게 되었다.[6]

조선의 지리적 위치가 해양세력과 대륙세력이 충돌하는 지점이라고 할 때, 일제와 조선의 지식인은 한반도의 반도(半島)로서의 특징에 주목했다. 나아가 '반도 삼천리(三千里)'는 한국을 일컫는 지리적 대명사가 되었다. 이글에서는 한말에 형성된 한반도에 관한 이미지가 일본 제국주의와의 경쟁 관계 속에서 어떻게 재현되었는가를 살펴보기 위해 '반도'라는 용어와 그 상징성에 주목하고자 한다.

반도 논의와 관련해서 여러 물음이 제기될 수 있다. 첫째, '반도 삼천리'란 표현에서 드러나듯이 한말 이래 '한반도'가 민족적 정체성을 상징하게 되었다. 한민족의 특성을 한반도에 투영했을 때 그것이 지닌 의미는 무엇인지 둘째, 반도는 어원적으로 '절반은 섬'이며, 이 경우 절반은 절충 혹은 완성되지 않음을 의미한다. 이러한 의미 속에서 일제는 한반도를 어떻게 규정하는지 셋째, 반도 삼천리란 용어에서 보이듯이 조선의 영토가 압록강과 두만강 이남으로 그 공간이 한정될 때 민족적 활동공간을 대륙으로 상정했던 입장과 어떻게 연동되는 것인지, 아울러 반도가 3면이 바다로 둘러싸인 곳을 의미할 때 바다는 어떠한 의미로 이해되었는지를 살펴보아야 한다. 이글은 반도 논의를 중심으로 한 한민족(韓民族)의 자기 정체성 정립과정을 검토함으로써 민족주의 논의의 다양성과 풍성함을 복원할 수 있는 실마리를 제공하고자 한다.

6 강만길, 『20세기 우리 역사』, 창작과비평사, 1999, 14~15쪽.

2. 근대적 지리학의 소개와 '한반도'

한말(韓末) 새로 소개된 지리학은 세계에 관한 지식에 접근하는 한 방안이었다. 『독립신문』의 한 사설에서는 소학교에서 만국 역사와 만국 지리학을 배우게 해야 한다고 주장했다. 이에 따르면 세계 지리를 모르면 "어두운 밤중에 소경"과 같이 갑갑할 것이고 국사(國事)를 담당하는 사람들이 국정(國政)을 제대로 못할 것이라고 보았다.[7] 서구 지식의 수용 욕구로서 지리학에 관한 관심은 조선에 관한 지리적 정리 작업으로 이어졌다.

대한제국 정부는 물론 장지연 등의 지식인은 조선 지리에 관한 초등·고등용 지리서를 발간했다.[8] 이러한 서적들은 조선 지리에 관한 이해를 높임으로써 독자층에게 그곳을 친밀하게 만들뿐 아니라 이를 통해 한반도라는 공간에 살고 있는 공동체 소속원을 민족적 구성원으로 만들어가는 역할도 담당했다.

우리나라의 경우 전통시대부터 국경 개념과 국경선은 일찍부터 정해졌다. 조선시대에는 고구려의 옛 강토인 요동지역에 대한 강렬한 영토의식을 보이고 있지만 현실적으로는 두만강과 압록강 이남을 국경선으

---

7 사설 「요긴한 일」, 『독립신문』, 1899.6.27. 1910년대 자료이지만 이광수는 "지리는 세계의 현상을 알게 함이니, 역사와 경위(經緯)가 되며 병행해서 자기가 속하는 사회의 지위를 이해하기에 편하니라"고 보았다(이광수, 「동경잡신」, 『매일신보』, 1916.9.27.~11.9; 『이광수 전집』 17, 우신사, 513쪽).

8 개화기 조선인의 지리교육과 관련한 저술활동에 관해서는 남상준, 「일제의 대한 식민지 교육정책과 지리교육」, 『지리교육논집』 17, 1986; 학술지의 지리 관련 서술에 관해서는 한미섭, 「개화기 학술지의 지리 관련 내용에 관한 연구: 1896-1910」, 『지리교육논집』 25, 1991 참조.

로 이해했다.[9] 이후 실학자는 국토의 지리적 독자성이라는 입장에서 자국사의 인식을 높였고, 마한정통론뿐만 아니라 단군-부여-고구려-발해로 연결된 부여정통설 같은 논의를 제기해서 중국 동북지역에 관한 이해를 높였다.[10] 이후 근대 민족국가가 수립되는 과정에서 본격적으로 영토는 민족과 밀접하게 관계되어 이해되었다.

민족국가의 영토의식은 국경을 하나의 선으로 이해하는 것이 아니라 민족구성원이 거주하고 살아왔던 생활권 혹은 문화권이란 개념을 적용하기 시작했다.[11] 예를 들면 한국사의 서술이 민족을 주체로 한 민족사의 서술로 변화했고, 이전까지 백두산이 국경지역 내지는 조선 산천의 조종(祖宗)으로서 의미가 있었다면 한말부터 한국인의 거주 지역은 백두산을 중심으로 한 문화권에서 기원했다고 이해되었다.[12]

『대한흥학보』의 한 글에서 "그 민족의 소거지(所居地)의 지리(地理) 어떠한지 관찰하지요. 그 민족의 성질을 연구함에도 또한 그러하니라."[13] 고 해서, 국토·국경은 민족단위의 활동 영역을 규정하게 되었다. 한말

---

9 박인호, 「남구만과 이세구의 역사지리 연구」, 『역사학보』 138, 1993, 39쪽.

10 조동걸, 『현대 한국사학사』, 나남출판, 1998, 65~67쪽.

11 1920년대 중반의 기록이지만 최남선은 국경에 관해 "국경의 한정력에 대하여 사실상 무시 또는 등한시하지 못할 것은 민족과 국어와 특히 국민성(Nationality)이오. 더욱 역사적 전통성과 지리상 발전방향과의 일치된 국민정신"이라고 하여 국경-국민성의 연관성을 밝혔다(최남선, 『백두산근참기』, 1927, 213쪽).

12 백두산은 18세기 중엽인 1767년에 이미 국가 제례의 대상으로 지정되었고, 조선 산천의 조종(祖宗)으로 보는 인식이 존재했다(강석화, 「조선후기의 북방영토의식」, 『한국사연구』 129, 2005, 103~104쪽). 이러한 인식은 일제강점기에 들어가면 민족의 발생지로 혹은 '민족 생활의 근거'로 확장해서 이해되었다(최남선, 『백두산근참기』, 1927, 126쪽).

13 악예(岳裔), 『지리와 인문의 관계』, 『대한흥학보』 10, 1910.2, 28쪽.

근대적 지리학의 수용 이후 한민족의 생활공간은 지리적 개념뿐만 아니라 민족의 삶의 터전이라고 이해되었다.

한반도는 한민족에게 국토라는 추상화되고 동질적인 공간으로 여겨졌다. 이는 근대 국민국가를 수립하기 위해서 직접 경험과 친밀한 지식에 기초한 지역적 애착 즉 향토애를 극복하는 과정과 연결되었다.[14] 한말시기부터 즐겨 사용된 '반도 삼천리', '삼천리 금수강산' 등의 용어는 특정 지역을 넘어서 점차 한민족 공통의 지리적 공간을 의미하게 되었다.[15] 국토의식은 국토의 가치를 높게 평가하고 민족의 운명과 함께 하는 살아있는 존재로 여기게 만들었다.

또한 한반도는 '태평양의 진주'로 찬미의 대상이 되거나 외국으로 떠나는 사람들에게 "나의 사랑 한반도"라고 하여 의인화되기도 했다.[16] 나아가 의인화된 국토는 민족의 역사를 담고 있는 자료로서 혹은 민족의 육체적 기원으로서 어머니라는 이미지로, 인간의 한정된 수명과 달리 영원히 지속될 것으로 기대되는 민족이란 '운명공동체'의 상징물로 여겨졌다.

---

14 Yi-Fu Tuan, *Space and Place,* 1977; 구동회·심승희 옮김, 『공간과 장소』, 대윤, 1995, 284쪽.

15 '무궁화 삼천리 화려강산', '반도 삼천리' 등의 용어가 한국을 지칭하는 기원에 관한 연구가 필요하지만 1899년 6월 29일자 『독립신문』에 '산고수려 동반도'라는 표현이, 1903년 노래가사 「애국충정가」에 "무궁화 삼천리 화려강산" 등의 표현이 나온다(이명화, 「애국가의 형성에 관한 연구」, 『실학사상연구』 10·11, 무학실학회, 1999, 642~648쪽 참조).

16 한국을 떠나는 소감을 밝힌 글은 한말 일제 초 언론매체를 통해 지속적으로 등장한다. 예를 들면 「나의 사랑 한반도야」, 『신한민보』, 1910.6.15; 「사랑하는 한반도야」, 『신한민보』, 1914.4.2.

즉 지리가 자연적 공간에서 인위적 · 정치적 공간으로 변화한 것이다. 다시 말해 한 국가의 영역이 국토로 간주되면서, 이 공간은 그 땅에 거주하는 사람들의 운명과 연결되는 것이며 민족성 · 국민성을 반영한다고 이해되었다. 조선의 국토는 "조선의 역사이며 철학이며 시(詩)며 시대정신"으로 여겨졌다.

> 조선의 국토는 산하 그대로 조선의 역사며 철학이며 시며 정신입니다. 문자 아닌 채 가장 명료하고 정확하고 또 재미있는 기록입니다. 조선인의 마음이 그림자와 생활의 자취는 고스란히 똑똑히 이 국토의 위에 박혀 있어, 어떠한 풍우라도 마멸시키지 못하는 것이 있음을 나는 믿습니다.[17]

한반도가 한민족의 정체성을 담보하는 상징이 되었다면, 반도라는 용어가 언제 어떻게 번역되어 사용되었는지 살펴보아야 한다. 사전적 의미에서 반도는 대륙에서 나온 길고 좁다란 땅으로 바다로 둘러싸인 곳을 의미한다. 전통시대에도 우리의 강역이 중국과 일본 사이에 위치하고 반도적 특성을 지니고 있다고 보았다.

예를 들면 1750년경에 저술된 이중환의 『택리지』는 조선의 강역과 관련해서 "우리나라 지세는 동 · 남 · 서는 모두 바다이고, 북쪽 한 길만이 여진과 요동으로 통한다. 산이 많고 평야가 적어 백성은 유순하고 공손하나 기개가 옹졸하다. … 우리나라는 대체로 일본과 중국의 사이에 위치하였다"라고 강역과 지역 거주하는 사람들의 품성 등이 언급되고 있다.[18] 그러나 이러한 논의 속에는 근대 지리적 특징인 민족의 운명 내지

---

17 최남선, 『심춘순례』, 백운사, 1926, 1쪽.

는 민족적 정체성을 지리적 요소와 연결시키지 않았다.

Peninsula를 '반도(半島)'로 번역한 것은 일본으로부터 근대 지리서가 소개되면서부터였다. '반도'라는 번역어의 기원에 관한 보다 엄밀한 추적이 필요하지만, 1895년 출판된 『서유견문』에는 세계 지리를 소개하면서 '반도'라는 용어를 사용하고 있다. 예를 들면 샌프란시스코를 설명하면서 "이 항구의 지형이 반도의 각(角)을 점(占)하여 대해(大海)를 면(面)하고 높은 산을 등지고"[19]라고 하여 반도를 바다와 육지의 중간이라는 의미로 사용했다.

같은 해 학부(學部)에서 편찬 간행한 『국민소학독본(國民小學讀本)』에서 "우리 대조선(大朝鮮)은 아시아 중의 한 왕국이라. 그 형태는 서북으로서 동남에 나온 반도국이니 기후가 서북은 한기(寒氣)가 심하나 동남은 온화하며 토지는 비옥하고 물산이 풍족하니라."[20]고 하여 대한제국이 반도국임을 교과서의 첫머리에 실었다. 『서유견문』 및 한말 교과서 등은 지리적 의미에서 반도라는 용어가 사용되고 있을 뿐, 이에 정치적 의미를 부여하지 않았다. 그러나 점차 제국주의자들은 물론 조선인들도 한반도의 지리적 위치를 정치적 상황과 연동해서 해석했다.

한반도를 둘러싸고 이루어진 국제정치세력 사이의 각축 속에서 조선의 반도적 성격이 부각되었다. 1890년 야마가타 아리토모(山縣有朋)는 조

---

18 이중환, 이익성 옮김, 『택리지』, 을유문화사, 2002, 32쪽.

19 유길준, 『서유견문』, 1895, 505쪽. 이밖에도 『서유견문』 24쪽에서는 "소아시아의 고원은 반도의 지형을 이루니" "동인도의 반도" 그리고 책 27쪽에는 "터키의 반도", "이탈리아반도", "서반아의 반도" 등의 표현도 보인다. 서유견문은 1889년에 집필이 완성되고 1895년에 출판되었다.

20 학부 편집국, 『국민소학독본』, 1895, 1쪽.

선은 일본의 '이익선(利益線)'이고 이를 보호해야 한다고 주장했는데, 야마가타의 논리에 따르면 '보호'는 곧 간섭을 의미했다.[21] 즉 일본은 조선을 침략하는 길이 일본 제국주의가 발전하는 길이라고 여겼다.

청일전쟁 직전의 조선의 상황에 관해 그리피스는 "대륙의 큰 코끼리와 섬의 역사(力士) 사이에서 그와 같이 서 있었다. 아니 오히려 웅크리고 있었다고 하는 편이 옳다"[22]고 당시 조선의 지리적·역사적 위치를 규정했다. 그리피스는 대륙과 해양 사이의 반도라는 지리적 요소를 국제정치에서 청나라와 일본 사이에서 위축된 조선반도의 정치적 상황과 연결시켰다.

그런데 반도라는 용어가 담고 있는 '절반'은 미완성 내지는 절충을 의미했다. 즉 '절반은 섬'이라는 반도는 대륙과 해양의 중간지점에서 완성되지 않은 지역 혹은 그 지역에 거주하는 사람들의 '미숙한 국민성'을 의미하기도 했다. 일본의 지식인은 일본과 조선을 각각 '아버지와 아들' 혹은 '형과 동생' 등으로 상하 내지는 우열관계로 묘사했다.[23]

후쿠자와 유키치(福澤諭吉)는 조선을 "득의양양하게 맘껏 욕구를 채우고도 지칠 줄 모르는 중국 남자"에게 아양을 떠는 성적으로 방종한 '여

---

21 모리야마 시게노리, 김세민 옮김, 『근대한일관계사연구』, 현음사, 1994, 23~24쪽.

22 William E. Griffis, *Corea: The Hermit Nation*, 신복룡 역주, 『은자의 나라 한국』, 집문당, 596쪽.

23 일본과 조선을 부자관계로 본 것은 시오자키(塩崎誓月), 『최신(最新) 한반도(韓半島)』, 청목숭산당(青木嵩山堂), 1906, 3쪽. 형제관계로 본 것은 야마가타 이소(山縣五十雄), 『경성잡필(京城雜筆)』, 내외출판협회, 1911, 78쪽. 야마가타는 서울프레스의 주필이었고, 시오자키는 『조선신보(朝鮮新報)』의 기자로서 자신이 경험한 실화를 위주로 조선에 관해 서술했다고 밝혔다.

자'로 비유했었다.[24] 제국주의는 식민지를 경영하기 위해 자신의 문명적 우월의식을 강조하면서 동시에 식민 지배를 받는 타자를 '미개(未開)' 혹은 '야만(野蠻)'으로 평가하곤 한다. 일본 제국주의는 한반도의 지리적 특성인 peninsula를 반도로 번역하고, 반도라는 지리적 조건을 일본이 조선 침략 나아가 대륙으로 나아가는 논리로 활용했다.

한편 일제의 지식인들은 반도의 이미지를 조선인의 국민성 내지는 정체성과 연결시켜 설명하기도 했다. 그들은 미완성된 형태인 반도와 반도에 거주하고 있는 사람들을 성장이 절반만 된 국민이자 국가로 간주했다. 기타 사다키치(喜田貞吉)는 한국에 대해 "서북쪽으로 중국, 동남쪽으로는 일본과 연결로 되는 지리 자연 상태에 의해 도저히 강고한 독립국이 될 수 없었기 때문에 대국을 섬김으로써 국가를 유지"했다고[25] 보았다.

조선을 독립국으로 인정하지 않는 것은 한말시기 일본이 강화도조약 이후 조선을 독립국으로 인정해주었다는 명분을 쌓는 논리로 작용했다. 또한 조선이 독립할 자격이 없다는 주장은 '병합' 당시 일본의 식민지 지배를 정당화하는 논리로 활용되었다. 에드워드 사이드가 『오리엔탈리즘』에서 밝히고 있듯이, 중간 혹은 미숙하다고 표상된 조선 반도의 이미지는 일본인의 조선반도에 관한 '과학적' 고찰을 통해 반복되고, 학술적·평론적 텍스트 속에서 확산되면서 하나의 실체처럼 이해되었다.[26]

---

24 『복택유길선집』 7, 136; 강상중, 이경덕·임성모 옮김, 『오리엔탈리즘을 넘어서』, 이산, 1997, 90쪽에서 재인용.

25 기타 사다키치(喜田貞吉), 『한국의 병합과 국사(韓國の併合と國史)』, 삼성당서점, 1910, 2~3쪽; 한명근, 『한말 한일합방론 연구』, 국학자료원, 2002, 47쪽에서 재인용.

3. 한반도를 바라보는 두 가지 시선

근대적 국민국가의 형성과정은 배타적 영역 즉 국경선을 구성요소로 하며[27] 조선은 압록강과 두만강 이남의 한반도로 확정된다. 앞서 살펴보았듯이 『서유견문』이 발행된 시기에는 아직 반도란 지리적 공간에 조선인의 민족성 내지는 국민성을 부여한 설명은 보이지 않는다. 그렇지만 일본은 한반도로 표현되는 조선에 유약하다는 이미지를 부여함으로써 한반도의 반도적 성격을 논의하고자 했다. 일본인 지리학자 야쓰 쇼에이(矢津昌永)는 1902년 발행된 그의 『지리학소품(地理學小品)』에서 한반도(韓半島)를 토끼로 묘사했다.[28] 이러한 시도는 조선인 지식인 사회에서 많은 반발 내지는 대응 논리를 낳았다.

다음 그림은 식민지화 과정에 있는 조선(朝鮮)의 모습을 토끼로 묘사한 논리에 대항하여 최남선이 한반도의 지리적 외곽선은 호랑이를 닮았다고 지적한 것이다. 잡지 『소년』을 통해 그는 한반도가 "맹호(猛虎)가 발을 들고 허위덕거리면서 동아대륙(東亞大陸)을 향하여 나르는 듯 뛰는 듯 생기(生氣)있게 할퀴어 달려드는 모양"[29]이라고 밝혔다. 토끼라는 유

26 시오자키는 "원래 조선이라는 나라는 불가사의한 나라로 예부터 진정으로 독립한 적은 거의 없고 또 완전히 정복된 일도 없다. 어쨌든 손가락 사이의 고약처럼 수천 년 간 반(半)독립국으로 지내왔다(시오자키, 앞의 책, 2쪽)"이라고 보았다.

27 백동현, 「한말 민족의식과 영토관」, 『한국사연구』 129, 2005, 119쪽.

28 권정화, 「최남선의 초기 저술에서 나타나는 지리적 관심」, 『응용지리』 13, 성신여대 한국지리연구소, 1990, 14쪽.

29 최남선, 「봉길이 지리공부」, 『소년』 1-1, 1908.11, 67쪽. 국경선과 관련해서 와카바야시는 "근대적인 지도 위에 그려진 국경선과 지도가 묘사하는 국토의 상도 '사실'이기 이전에 통치 권력의 특정 양식과 관련된 '개념'이고 '이미지'이다"

* 출전 : 최남선, 「봉길이 지리공부」, 『소년』 1-1, 1908.11, 67쪽.

한반도의 외곽선에 대한 토끼와 호랑이의 비유

약한 이미지로 조선과 조선인을 규정하고자 한 일본 측과는 정반대로 최남선은 '생기있는' 호랑이란 이미지로 일본인의 논리에 대항하고자 했다. 이러한 이미지로 한반도를 비유하는 것은 이후에도 자주 인용되었고, 『소년』 등의 잡지에 삽화로 활용되었다.

조선의 지형을 민족성과 연결시키는 것은 큰 범주의 국경선 혹은 외곽선만의 문제는 아니었다. 한 일본인 지식인은 작은 부분의 지역적 특성을 민족성과 연결시키기도 했다. 예를 들면 앞서 언급한 시오자키(塩崎誓月)는 "조선의 산은 모두 헐벗어서 민둥산이다. 내리는 비를 조금도 저축할 여유가 없이 모두 쓸려 내려가 바다로 들어간다. 이점은 마치

고 설명했다(와카바야시 미키오, 정선태 옮김, 『지도의 상상력』, 산처럼, 2006, 255쪽).

조선인의 저축심이 없는 것과 비슷하다"[30]라고 표현했다. 산에 나무가 적은 것을 조선인의 민족성과 연결시킨 것이다. 그리고 조선반도의 정치지리적 성격에 관한 표현은 여러 형태로 일본과의 비교 혹은 대비 속에서 이루어졌다.

한국과 일본의 지리적 비교의 첫 단계는 국토의 면적 비교이다. '반도 삼천리'로 표현되는 조선의 국토는 현실적으로 일본에 비해 작은 면적이었다. 일본인들은 이것에 강조점을 두었고 이를 양국 사이의 국력 차이로 여겼다. 한국인의 조선사 서술에 많은 영향을 미쳤던 하야시 다이스케(林泰輔)의 『조선사(朝鮮史)』는 첫머리에 총설(總說)이라고 해서 조선의 지리와 인종을 언급하고 있다.[31] 그는 조선을 "아시아주 동북의 반도국이다. … 대략 일본의 10분의 6이다"[32]라고 서술했다.

또한 반도시론사의 사장인 다케우치(竹內錄之助)는 "반도가 비록 작으나 강산이 삼천리라 일국의 정론(正論)이 없지 않을 바이요 우리가 또한 작은 존재이지만 우주의 일남아(一男兒)라. 일립(一立)의 주의가 자유(自有)함으로"[33] 잡지를 발간한다고 잡지 창간의 의의를 밝혔다. 이 글의 주안점은 삼천리(三千里)라는 공간 속에 정론(正論)이 존재하고 이를 밝힌다는

---

30 시오자키, 앞의 책, 155쪽.

31 조동걸, 『현대 한국사학사』, 나남출판, 1998, 27쪽.

32 하야시(林泰輔), 『조선사(朝鮮史)』, 동경, 1892, 22쪽. 하야시는 조선사를 서술하면서 일본을 염두에 둔 인식 속에서 서술했으며, 동시에 지리와 인종을 언급함으로써 조선사를 조선민족사로 서술했다. 백동현은 이러한 서술방식을 근대 국민(민족) 국가의 국경 의미와 근대 민족(인종) 의식으로 투영된 것으로 보았다 (백동현, 앞의 논문, 127~128쪽).

33 다케우치(竹內錄之助), 「반도시론의 발간과 오인(吾人)의 주의」, 『반도시론』 1-1, 1917.4, 1쪽.

점에 있다. 그러나 다케우치의 입장에서 이 논의는 일본과의 비교 속에서 "반도가 비록 작지만"이라는 인식이 전제되어 있었다.

조선이 일본에 비해 국토의 면적이 작은 것은 부정할 수 없다. 그렇지만 조선의 지식인들은 국토의 면적이 작다고 해서 그곳에 거주하는 사람들의 능력이 부족하다는 논리에 동의할 수 없었다. 우선 조선지식인의 대응은 한반도의 면적이 작아서 국토가 삼천리이고 인구가 2천만이지만 이것이 세계 여러 나라와 비교해 보면 작은 나라라고 할 수 없다는 것에 주안점을 두었다.

'삼천리'라는 면적에서도 발전 가능성을 언급했다. 신채호는 고려시대 몽고간섭기의 역사를 언급하면서 "삼천리 반도 대국(大國)"이라는 표현을 사용했다.[34] 이는 삼천리가 '대국'이기 때문에 몽고의 침입을 물리칠 수 있는 인적 자원이 존재할 수 있음을 강조한 것이다. 또한 최남선은 물질적 영역에서 조선은 비록 서구·일본에 비해 뒤떨어져 있지만, 정신적 영역에서는 '백두산의식' 등이 있기에 조선인은 부자(富者) 내지는 '대인(大人)'이라고 평가했다.

> 조선인이 부자임을 알았다. 이러한 성재(聖財)는 아무에게도 없는 바이다. 조선인이 강자임을 알았다. 이러한 대이상은 다른 모든 잔약(殘弱)한 무리들이 만들고 또 지녀갈 바가 아니다. 이 시외(詩外)의 시(詩)와 외사(外史)의 사(史)와 학외(學外)의 학(學)을 가진 조선인은 진실로 예지적(叡智的) 대인(大人)이다.[35]

---

34 신채호, 「논여사무필(論麗史誣筆)」, 『대한매일신보』, 1909.10.6.

35 최남선, 『백두산근참기』, 1927.7, 307쪽.

이 글에서 보이듯이 삼천리와 반도라는 한정된 공간에 '대국' 이라는 말이 병행해서 언급되었다. 또한 일본이 조선의 크기가 작다고 강조했다면 민족주의 사학자들은 조선민족의 민족사적 강역이 만주지역에까지 이르렀으며, 백두산과 단군을 강조하면서 반도와 대륙을 아우르는 입장에서 조선(인)을 보고자 했다. 다시 말해 당대에 위축된 조선 상황과 대비해서 '민족의 영광'이 존재했던 고대사 특히 고구려사를 통해 민족의 진취적 기상을 강조하고자 했다.[36] 이러한 논의는 반도이면서 한반도와 비슷한 면적을 지닌 서구 국가와의 비교 속에서도 이루어졌다.

한반도와 비슷한 크기의 반도 국가인 그리스와 이탈리아가 자주 언급되었다. 특히 조선은 "한반도의 면적은 그리스 반도에 비하면 크고 이탈리아 반도에 비하면 조금 작은데 그 지형이 심히 서로 같은 까닭에 세상 사람이 동양 이태리라고 하는 바"[37]라고 해서 '동양의 이태리'로 불렸다. 연장선상에서 이탈리아를 조선 문명개화의 모델 중에 하나로 설정하고, 그들이 독립할 수 있었던 원인을 찾고자 1907년『이태리 건국 삼걸전』 등을 번역해서 소개했다.

『이태리 건국 삼걸전』을 번역한 신채호는 "유정(有情)의 일필(一筆)로 이태리(伊太利) 애국자 삼걸(三傑)의 역사를 술(述)하노니 … 이 책의 인연

---

36 한말『황성신문』과『대한매일신보』에서 고구려가 강조된 것에 관해서는 최혜주,「한말의 고구려·발해 의식」,『한국독립운동사연구』 23, 2004, 415~432쪽 참조.

37「동양의 이태리」,『대한매일신보』 1909.1.28. 조선과 일본을 지리적으로 서구와 비교하는 것은 일찍부터 나온다.『한성순보』에 "일본과 영국, 우리나라와 이탈리아"라고 해서 일본은 영국에 조선은 이탈리아와 비교했다(「논기화형세(論箕和形勢)」,『한성순보』 15, 1884.2.21).

과 이 책의 소개로 대한중흥 삼걸전 혹 삼십걸전 삼백걸전을 경작(更作) 하면 이는 무애생(無涯生) 무애(無愛)의 혈원"[38]이라고 밝혔다. 조선과 비슷한 면적에 문명화된 서구 이탈리아가 조선과 대비되었다.[39]

비록 당대 지식인은 조선이 이탈리아와 같은 나라가 되기를 희망했지만 현실적 조건은 그렇지 않았다. 조선과 이탈리아는 면적으로는 비슷하지만 양국 사이에는 문명적으로 큰 격차가 존재했다.

당시 이탈리아와 조선 사이에는 "이탈리아는 저같이 독립의 영광을 발달하여 세계에 횡행하는 데 한국은 정치나 학술이나 가예나 종교나 군사나 실업이나 한가지로 빛난 것이 없"는 현실이 문제가 되었다.[40] 같은 반도국가로서의 특징을 지니면서 이탈리아와 그리스가 발전했는데 조선은 왜 그러지 못했는가에 관한 설명이 필요했다.

이에 관해 민족주의 사학자는 조선이 '미약'한 것은 당대의 모습이며 과거는 영광스럽다고 보았다. 신채호는 당대 조선의 미약함은 "전조(前朝)의 중세 이후로 미약하게 되었으나 이것은 다만 용렬한 임금과 어리석은 신하의 자취지화요, 국민의 독립정신은 하루도 없어지지 아니하였거늘"[41]이라고 주장했다. 또한 박은식의 경우에도 조선 사람이 스스로

---

38 신채호, 『이태리건국삼걸전』, 광학서포, 1907, 4쪽.

39 이탈리아에 견주어 조선의 발전을 '희망'하는 글은 식민지시기에도 나타난다. 고지영(高志英)은 "우리 반도는 유럽의 이탈리아와 같이 동양에서 지리상 중요한 위치를 점령할 뿐 아니라 온난한 기후도 가졌으며, 또는 문화상으로 보더라도 세계 사람에게 자랑할 만한 최고(最古)의 찬란한 문명을 가졌으며 인류상으로 보더라도 동양에서 독특한 동류의식으로써 독특한 공동생활을 하는 우수한 민족이며, 또한 세계의 공통되는 충돌의 전제와 표시를 가졌습니다"라고 밝혔다(고지영, 「시대사조와 조선청년」, 『학지광』 20, 1920.7, 부록 31-32쪽).

40 「동양의 이태리」, 『대한매일신보』, 1909.1.28.

작은 나라로 자처하고 스스로 비하하는 습관은 조선왕조 5백 년 동안의 폐해 때문이고 도리어 고구려 때에 무강한 기풍과 독립정신이 존재했다고 보았다.[42]

한편 조선과 일본의 지리적 대비는 섬과 반도사이에 이루어졌다. 일본은 근대적 지리학이 소개되면서 자국의 섬으로서의 장점을 강조했다. 일본 낭인은 일본에 관해 동양 문명을 보전 발전시킨 '동양문명의 정수이고 저장고'로서 일본을 대륙뿐만 아니라 바다로부터의 문명을 아우르는 "대륙문명과 해양문명의 융화체"로 평가했다.[43] 이러한 내용들이 일본 '동양학'의 원조로 평가받는 시라토리 구라키치(白鳥庫吉)에 의해 다음과 같이 '학문적'으로 정리되었다.

> 일본은 아시아 대륙에서 인종상으로 완전히 고립된 것이 달리 그 유례가 없듯이, 역사상으로도 아시아의 다른 국가와 비할 바 없어서, 중국이나 인도, 페르시아, 이집트 또는 다른 어느 나라와 비교해도 성질이 완전히 다릅니다. … 아시아의 한 구석, 그것도 동쪽 맨 끝에 있는 일본국이 유독 광채를 내뿜으며 이처럼 융성해진 까닭은 무엇일까. 그것은 조금도 의아하게 생각할 게 없습니다. 일본은 세계의 모든 장점을 흡수하는 지위에 서있었기 때문입니다.[44]

---

41 신채호, 「친구에게 절교하는 편지」, 『대한매일신보』, 1908.4.17~18.

42 박은식, 『몽배금태조(夢拜金太祖); 김효선 역, 『조선 동포에게 고(告)함-원제: 몽배금태조』, 배영사, 1989, 112~113쪽.

43 강창일, 『근대 일본의 조선침략과 대아시아주의』, 역사비평사, 2002, 342~343쪽.

44 시라토리 구라키치(白鳥庫吉), 「동양사에서 본 일본국」, 1913; 강상중, 이경덕 · 임성모 옮김, 『오리엔탈리즘을 넘어서』, 이산, 1997, 126~127쪽에서 재인용.

일본이 섬나라로서 문화적인 장점을 축적할 수 있는 공간으로 이해되었다. 일본은 같은 섬나라인 영국을 발전 모델로 삼았는데, 오쿠마 에이지(小熊英二)에 따르면 일본은 동양의 영국을 자처하면서 섬나라로서 지닌 개방성을 강조했다고 보았다.[45] 이는 또한 정치적인 것으로 해석이 되었다. 일본의 지리적 환경은 일본이 아시아문화의 중심이자 대표라는 논리로 활용되었다.

> 일본이 아시아 문명과 서양문명과의 합류점에 입(立)하여 양 문명을 융합하여 숭고한 문명을 조성할 지위에 있다는 것은 즉 아시아 문화의 중심이 되는 까닭일 뿐만 아니라 후일에는 세계 문화의 중심이 될 천명(天命)을 가지고 있도다. 환언하면 일본은 동서의 양 문명을 융합 조화한 숭고한 문명에 의하여 아시아를 지도(指導)할 때 갱진(更進)하여는 세계를 지도할 사명을 지녔나니(후략)[46]

반면 조선의 지식인들은 섬이라는 일본의 지형을 일본인들과 달리 해석했다. 섬나라 일본과 반도 조선의 국민성·민족성의 대비를 통해 섬으로 대표되는 일본인의 민족성에 접근했다. 일본이 조선인을 '반도인'과 같이 부정적으로 규정했다면, 조선의 지식인들은 일본의 섬나라적 성격 가운데 부정적인 측면을 부각했다. 앞서 언급했듯이 일본 측에서 일본의 개방성과 독자적 문화를 주목했다면, 민족주의 사학자 및 문화

45 오쿠마 에이지(小熊英二), 조현설 옮김, 『일본 단일민족의 기원』, 소명출판, 2003, 112~113쪽.

46 모리야(守屋榮夫), 『굉원(宏遠)한 이상의 실현』, 조선총독부, 1921, 5쪽. 이 책의 서론에서 모리야는 일본 내무성에서 근무했다고 밝혔다.

사학자는 과거 일본의 '미개성'이나 한반도로부터의 문화의 전파를 강조했다.

박은식은 현실의 일본이 비록 서구 문화의 수용에 앞섰지만 옛날의 모습은 "야만적이고 미개하던 섬나라"라고 보았다.[47] 『대한흥학보』의 한 필자는 섬나라 일본인의 장점을 독립심이 강하고 협동 일치가 잘 된다고 보면서 동시에 "지형이 협소하고 지적(地積)이 작음으로 식견(識見)이 낮고 도량(度量)이 좁으니 이는 섬나라 사람의 단처(短處)"라고 밝혔다.[48]

아울러 당대 지식인들은 구미적인 것과 일본적인 요소를 비교해서 일본을 비판적으로 보고자 했다. 『대한매일신보』의 한 사설에서 일본 교육을 '도국적(島國的) 교육주의(敎育主義)'라고 언급하고 이를 "세계적 두뇌를 함양하고 우내적(宇內的) 학식을 연득(硏得)"할 수 있는 '구미식 교육제도'와 대비시켰다.[49]

조선의 지리적 장점을 강조하면서 '섬나라' 일본에 대한 지리적 요소의 비판은 해방 후에 보다 본격적으로 이루어졌다. 해방 후 일제 식민지시기에 관한 출판물은 일본 제국주의에 관한 비판을 적극적으로 표현했다.

1948년 간행된 중학교 사회생활과 지리 교과서에서 일본(인)에 관해 "일본인은 이른바 야마토 민족(대화민족)이라고 자칭하는 일본족으로서 일찍이 중국과 우리나라의 문화를 수입하고 근세에 서양 문명을 수입하

---

47 박은식, 김효선 역, 앞의 책, 배영사, 1989, 76쪽.

48 악예(岳裔), 「지리와 인문의 관계」(속), 『대한흥학보』 11, 1910.3, 19쪽.

49 사설, 「경고 대한교육가」, 『대한매일신보』, 1906.6.29.

여 문화가 상당히 발달하였으나 섬나라의 민족인 만큼 도량이 좁고, 성급하며, 자부심이 강하여 자기 나라를 과도히 자랑하며, 호전적인 민족성이 있다"[50]고 표현했다. 즉 해방 후 지리교과서는 '섬'이라는 지역적 특성이 섬나라 민족의 민족적 정체성의 기반이 된다고 본 것이다. 이는 식민지시기를 다시 경험하지 않기 위한 경계심을 고취하고 일본 제국주의의 침략성을 강하게 비판하는 데 활용되었다.

4. 대륙과 바다의 중간인 한반도

반도는 해양과 대륙을 연결하는 곳이며, 한반도는 지정학적으로 동북아시아 지역에서 정치적 군사적 중요성이 있었다. 즉 한반도라는 공간은 국제정치상으로 대륙인 중국과 러시아로 나아갈 수 있으며 동시에 해양세력인 일본, 영국·미국과 이해를 각축하는 곳이다. 제국주의 열강의 침략을 지리적인 측면에서 고찰한 표현은 『황성신문』에도 보이고 있다.

> 우리 한반도가 대륙에 서로 붙어있고 압력이 매우 크며, 매우 큰 위기가 목전에 있었으며 그 여파가 일본에 반드시 미쳤다. 일본의 선발지제(先發之制)가 어찌 없다고 할 수 있겠는가. 일본은 좁은 섬나라이지만 생명증식(生命增殖)이 매년 오십만 인에 넘는 즉 식민정책이 반드시 급선무이라. 아주 가까운 이웃나라에 고유(膏腴)한 낙토(樂土)가 역시 우리 한반도에 있는 즉 일본의 필취지세(必就之勢)가 어찌 없다고 할 수 있겠는가.[51]

---

50 김원숙, 『이웃나라』, 연학사, 1948, 77~78쪽.

반도라는 지리적 위치는 한국의 입장에서 보면 대륙과 해양 양쪽으로 진출이 용이한 것을 의미한다. 제국주의적 영토 확장의 기대를 담고 있는 사례는 한말 여러 곳에서 발견된다. 이러한 인식과 관련된 자료를 살펴보면 『독립신문』에서 "조선도 청국을 쳐 요동과 만주를 차지하고 배상 팔억만 원을 받을 터이니 원컨대 조선 사람들은 마음을 크게 먹어 십 년 후에 요동 만주를 차지하고 일본 대마도를 찾아올 생각들을 하기를 바라노라. 하면 될 터이니 결심하여 할 생각들만 하고 못 되려니와는 생각지 말지어다"[52]라고 표명했다. 조선이 국력이 강해지면 이웃 지역으로의 진출이 가능하다고 본 것이다.

또한 "주인되는 일종족(一種族)을 중심으로 민족의 소장(消長)을 서술"한 신채호의 「독사신론」에는 한민족의 원류를 부여족으로 선정하는 등 대륙지향적인 경향을 나타냈다.[53] 그러나 '반도 삼천리'라는 용어는 한민족의 공간을 지칭하는 것이지만 동시에 조선 민족의 활동 공간을 반도로 한정한 것이다. 따라서 민족주의 사학자들이 강조했던 부여족·고구려의 대륙에서의 활동과 상충될 수밖에 없었다. 즉 압록·두만강 이남의 한반도 규정은 민족의 발상지 내지는 활동 공간의 축소를 의미했다.

---

51 논설 「한청위기(韓淸危機)」, 『황성신문』, 1900.8.8.

52 「논설」, 『독립신문』, 1896.8.4. 다른 예를 살펴보면 "우리나라를, 독일국과 같이, 연방을 삼아서, 일본과 만주를, 한데 합하여 문명한 강국을 만들고자 하는 (비스마르크) 같은 마음이요.(이인직, 「혈의 누」 (45), 『만세보』, 1906.10.4)" 등이 있다.

53 한영우는 「독사신론」에서 부여족을 주족(主族)으로 본 역사인식은 반도 중심·한인(韓人) 중심에서 만주 중심·부여족 중심으로 전환시킨 것으로 보았다(한영우, 「한말에 있어서의 신채호의 역사인식」, 『단재 신채호와 민족사관』, 단재신채호선생 기념사업회, 1980, 183~188쪽).

한편 당시 대륙에 강조점을 둔 이러한 경향과는 달리 바다를 강조하는 논리가 대두되었다. 한말에도 한반도는 대륙은 물론 바다로의 진출에 용이함이 있는 지리적 특징을 지니고 있다고 보았다.

㉮ 맹호(猛虎)가 뒷발을 모우고 앞발로 허위덕거리면서 수염(鬚髥)을 거슬리고 어흥 소리를 지르면서 '유러시아 대륙'을 향하여 분진(奮進)하려는 기세를 보이고 있으며(후략)[54]

㉯ 대륙으로 향하여는 먹을 것을 구하는 듯이 해양을 등지고 입을 딱 벌리고 있고, 대양으로 향하여는 손님을 영접하듯이 육지를 의지(依支)하여 발을 쑥 내어 밀고 섰나니(후략)[55]

자료 ㉮는 한반도의 대륙 진출을 언급했다면 자료 ㉯는 대륙과 바다를 연결하는 반도의 특징을 언급했다. '대양을 향하여 손님을 영접'하는 한반도의 지리적 장점을 바탕으로 새롭게 바다에 주목하는 경향이 등장했다. 1900년대 말 잡지 『소년』에 실린 최남선의 「해상대한사」가 그 한 예이다. 이 글의 목적은 반도의 역사·지리적 성격을 강조함과 동시에 바다를 통한 개척정신을 소년층에게 고취시키기 위함이었다.

최남선은 한말부터 3면이 바다로 둘러싸인 한반도가 바다를 활동의 무대로 삼아야 한다고 주목했다.[56] 한말시기 강조된 이러한 바다의 이

54 『소년』 1-2, 1908.12.6.

55 최남선, 「해상대한사」, 『소년』 2-7, 1909.8, 15쪽.

56 최남선은 바다에 관해 "바다는 가장 완비한 형식을 가진 백과사전이라. … 우리 3면에 바다가 둘린 대한국민- 장차 이 바다로써 활동하는 무대를 삼으려 하는 신대한(新大韓) 소년은 공부도 바다에 구하지 아니하면 아니되고 유희도 바

미지는 근대 지리적 지식의 학습과 해상 모험심을 고취시키는 데에 그치지 않았다. 바다는 구체적으로 현실적으로 영미 혹은 일본과 그들의 가치관을 의미했다.

그는 『로빈슨크루소』, 『걸리버여행기』 등을 번역 소개하면서 앵글로색슨적 가치관을 소년층에게 전달하고자 했다.[57] 그는 또한 바다에 대해 "자강부식(自彊不息)의 정신, 독립 자존의 기상, 청탁병탄(淸濁倂呑)의 도량, 심윤(深潤)한 흉차(胸次), 원대한 경륜, 홍원(洪遠)한 규모, 노동(勞動) 역작(力作), 향상 정진, 불편불비(不偏不比), 불교불오(不驕不傲), 용감 활발, 호장(豪壯) 쾌락 등 온갖 덕성"을 지닌[58] 존재로 보았다.

이는 당시 언론매체에서 영미식 근대 및 가치관을 설명하는 용어 혹은 방식과 동일했다.[59] 실제로 새롭게 주목받은 바다의 이미지는 대륙

다에 구하지 아니하면 아니 될 터인즉"이라고 보았다(최남선, 「교남홍조(嶠南鴻爪)」, 『소년』 2-8, 1909.9, 49~50쪽).

57 『로빈슨크루소』의 번역과 관련해서 최남선은 "원하는 것은 가장 광명스럽고 영예 있을 앞길을 가진 신대한 소년 여러분이 여러분의 나라 형편이 3면으로 재미의 주머니요 보배의 보고인 바다에 둘린 것을 심상한 일로 알지 말아 항상 그를 벗하고 그를 스승하고 또 거기를 놀이터로 알고 거기를 일터로 알아 그를 부리고 그의 비위를 맞추기에 마음 두시기를 바라옵나니 … 우리 모양으로 사리(私利)와 장난으로 바다를 쓰실 생각하지 말고 좀 크게 높게 인문(人文)을 위하여 국익을 위하여 진실한 마음과 정성스러운 뜻으로 학리연구 부원(富源)개발 등 좋은 소견을 잡으시기를 바람(최남선 역, 「로빈손 무인(無人) 절도(絶島) 표류기」 (6), 『소년』 2-8, 1909. 9, 43~44쪽)"이라고 밝혔다.

58 최남선, 「교남홍조」, 『소년』 2-8, 1909.9, 49쪽.

59 『서유견문』에도 영국에 관해 "천연 자원이 적기로 천하에 이름났지만, 가공품이 많기로도 만국의 으뜸이다. 그러므로 나라 안에 놀고먹는 사람이 없어야 한다. 이렇게 본다면 한 나라의 부강은 국민이 부지런한가 게으른가에 달려 있는 것이지, 물산이 넉넉한가 모자라는가에 달려 있지 않다"고 보아 영국인의 '자강

▌한말 일제시기 바다와 대륙에 대한 이해

대륙의 이미지	바다의 이미지
중국적 질서 오래된 것 (비판과 극복의 대상)	앵글로 색슨(영국과 미국)과 일본 새로운 것 (문명 개화의 상징)

과 대비되는 것으로 양자를 도식적으로 표현하면, 바다는 새로운 것=일본과 영국과 미국(앵글로 색슨)을 의미하며 대륙은 오래된 것=중국을 의미했다.

바다라는 이미지는 영국과 미국 내지는 일본의 신문명을 나타내었다. 바다라는 이미지가 중국적 질서에서 벗어나기 위한 대안으로 그리고 서구 신문명을 상징하는 것으로 새롭게 주목받았다. 그렇다고 해서 대륙과 바다를 대비시키는 것은 시계열적인 변화를 의미하는 것은 아니다. 또한 민족주의 계열의 역사학자인 박은식과 신채호와 문화사학자인 최남선 사이에 대륙과 바다의 강조로 서로 대비되는 것은 아니었다.

문화사학자인 최남선이 바다를 특히 강조했고, 대륙에 주목했던 민족주의 역사학자들의 경우에도 바다로의 발전을 지향했다. 이들에게도 바다는 국민들에게 진취적 기상을 일깨우는 계몽의 방안이었고 이순신 등 '바다의 영웅'에 관해 주목했다.

> 이순신의 철갑군함을 계속 제조하여 해군력을 확장해 왔고, 허관의 석탄에 관한 설명을 계속 연구하여 기계력을 발달시켰더라면 조선의 국기가 구미 여러 나라에 나부낄 수도 있었을 것이어늘 (후략)[60]

불식', '노동역작'의 모습을 높게 평가했다(유길준, 허경진 옮김, 『서유견문』, 서해문집, 2004, 101쪽).

부여·고구려의 역사를 강조하던 신채호도 바다로의 진출을 강조했으며,[61] 박은식의 경우에도 바다와 대륙으로의 진출 모두에 희망을 가졌다.[62] 박노자는 이러한 인식을 '제국주의적 영토관'이라고 규정하고, 이는 '힘의 숭배'라는 제국주의의 논리가 식민지 지식인에게도 동일하게 존재한다고 보았다.[63] 그러나 대륙이나 바다로의 영토적 혹은 '제국주의적' 진출 논리와 식민지인들의 바다로의 진출 요구를 동일선상에 놓고 평가할 수 없다.

식민지인들에게 영토 확장의 논의는 이념적이었으며, 식민지 지식인들 역시 당시 조선의 정치적·군사적 능력 속에서 이것이 현실화될 것으로 생각하지 않았다. 그들의 담론은 제국주의의 물질적·군사적 공세에 대비해서 조선인에게 진취적인 기상을 심어주기 위함에 있었다. 즉 식민지인들의 '유약함'을 지적하는 제국주의에 대한 대응 논리의 일환이

60 박은식, 김효선 역, 앞의 책, 1989, 44쪽.

61 신채호의 경우 "일본민족을 일부사람들은 우리 남부의 옛 백제 땅의 후손으로 알고 있으나, 그러나 그들의 언어풍속이 우리 민족과 전혀 다르고 또 수천 년 동안을 우리 민족에 대하여 바다로 발전할 방해가 되었"다고 보아 우리 민족이 바다로의 발전 가능성이 있었음을 언급했다(신채호, 「최도통전」, 『대한매일신보』, 1909.12.5~1910.5.27).

62 박은식은 "오늘날의 가장 크고 힘 있는 나라라고 하는 영국이나 러시아를 보더라도 옛날에는 모두 구라파에서도 조그만 나라였다. … 조선의 지리적 형편으로 보면 앞으로는 대양이 펼쳐져 있고 뒤로는 대륙이 뻗어있다. 만일 영웅이 한 사람 나와 활동할 수 있는 능력을 키우고 진취적인 정책을 실행에 옮겼더라면 태평양이 곧 조선의 바다가 되고 북방대륙이 곧 조선의 땅이 되었을 것이다. 해상권과 육지권 모두를 조선 사람들이 지닐 수도 있었을 것이다"고 밝혔다(박은식, 김효선 역, 앞의 책, 1989, 95쪽).

63 박노자, 『나는 폭력의 세기를 고발한다』, 인물과 사상사, 2005, 211~212쪽.

었다. 따라서 조선 반도를 둘러싼 제국주의의 영토의식과 식민지 조선인의 영토의식은 구별되어야 한다.

영토문제와 관련해서 일본과 조선의 입장은 달랐다. 1903년 일본의 외무대신 고무라 주타로는 한반도가 날카로운 칼처럼 대륙으로부터 일본의 중심부를 향해 돌출되어 있기 때문에 일본이 대륙을 진출하기 위해 조선 지배를 '합리화'하고자 했다.[64] 1910년 일제가 조선을 병합한 후에도 한반도에 관한 이러한 지리적 위치규정은 여전히 지속되었다. 1913년에 출판된 글에서 "북해도(北海島)를 머리로 대만을 발로하면 도제국(島帝國)의 가슴과 배를 찌르는 것은 조선반도라는 칼로 이것은 실로 제국이 위태누란(危殆累卵)과 같다고 말하지 않을 수 없을 것이다"[65]라고 하여 그들의 조선 지배를 정당화하고자 했다.

반면 조선 지식인은 한반도가 대륙에게 모아진 문화의 총화를 일본에 전해주는 젖줄로 묘사하는 등 문화적 측면을 강조했었다. 한반도와 문화와의 관계에 관해 한 필자는 반도의 특성을 아래와 같이 밝히고 있다.

> 반도의 지형은 … 선박의 출입이 편하여 다른 지역의 문화를 접촉키 쉬었으므로 서로 물품(物品)과 지식(智識)의 교환이 일찍 개발되었고, 수륙교섭(水陸交涉)의 요충(要衝)에 있어 해양적 감화(感化)와 대지적(大地的) 감화의 집합소가 되기 때문에 문명의 발달과 인류의 진화 매우 편리하니 요컨대 반도는 문명의 발생지요 문명의 교량이라.[66]

---

64 한중일3국 공동역사편찬위원회편, 『미래를 여는 역사』, 한겨레신문사, 2005, 48쪽.
65 유키 사부로(友技英三郎), 『동아의 신세력(東亞の新勢力)』, 조선통신사, 1913, 310쪽.
66 악예(岳裔), 「지리와 인문의 관계」, 『대한흥학보』 10, 1910.2, 29쪽.

한반도가 대륙과 해양 양대 세력의 '희생자'라기보다 장점을 활용할 수 있는 존재로서 묘사되었다. 이승근은 한반도가 "거대한 인물과 찬연(燦然)한 문명이 반도로부터 계발(啓發)된 것"이라고 보아 반도문명이 문명사적으로 큰 의미가 있다고 보았다.[67] 최남선 역시 반도의 특성을 "문화의 대부분은 반도에서 일어났고, 또 문화의 전도(傳導)와 조화와 집대성과 개척은 모두 반도의 천직(天職)"[68]이라고 하여 반도가 문화를 전파하는 역할을 담당했다고 파악했다. 즉 조선인 지식인에게 반도는 지정학적으로 열강사이에서 위기의 공간이면서 동시에 향후 문명의 발달 과정에서 새로운 기회를 주는 공간으로 이해되었다.

5. 근대적 국토의식과 한반도

근대적 국토의식으로 한 국가의 영토는 국경선으로 한정하는 것을 넘어서 국민국가의 정치적 · 생활적 공간으로 이해하게 되었다. 근대적 지리학을 통해 한말 일제하 조선인 지식인들은 자신들의 생활공간을 '한반도'로 규정했다. 한말 일제강점기는 일본 제국주의와 조선인 사이에 정치 · 경제적인 물질적 영역뿐만 아니라 사상 · 문화와 같은 정신적인 영역에서 대립 경쟁하던 시기였다.

일본 제국주의는 한반도를 일본과 비교해서 면적이 좁으며, 반도의 정치지리적 성격이 반도인의 부정적인 민족성의 배경이라고 강변했다. 반대로 식민지 조선의 민족주의 사학자와 문화사학자는 섬나라인

67 이승근(李承瑾), 「영웅회장(英雄會場)에 쾌론(快論) 반도문명」, 『대한학회월보』 7, 1908.9, 48쪽.

68 최남선, 『해상대한사』 (10), 『소년』 2-10, 1909.11, 42쪽.

일본의 지리적 조건을 비판하면서 한민족의 생활공간이 대륙이었음과 한반도가 문화를 '융해하고 조화하고 집대성'하는 공간이었다고 이해했다.

한편 반도가 바다로 향해 열려진 공간임에 주목하여 해양, 바다의식을 강조하는 경향이 대두되었다. 이들은 당시 극복되어야 한다고 여겨진 중국적인 가치관과 대비해서 영미식 가치관을 적극적으로 수용하고자 했다. 그리고 이때 제기된 '제국주의적 영토관'은 침략주의적인 것이 아니라 한민족의 진취적 기상을 고취하기 위한 방안이었다.

여행기를 통해 본 호남의 감성

1. 익숙한 공간인 국내여행

근대 이후 교통수단 발달로 인해 '대중 관광'이 가능해졌고, 이로 인해 다양한 필자의 기행문, 여행기가 출판되었다. 여행 주체는 대상 지역과 인물에 관해 의미를 부여할 뿐만 아니라 이를 통해 자아를 재구성했다.[1] 근대 이후 제국주의와 식민지 사이의 관계망에 따라 관찰자의 시선이 다양했던 해외여행과는 달리 국내여행은 민족 공동체 구성원 사이의 단일한 시선이 가능한 여행(기)이었다.

해외여행이 외국 체험을 통해 자신의 정체성을 확보해가는 과정이라면, 국내여행은 민족 공동체의 점유 공간인 '국토'와 관련된 민족적 정체성을 확인하는 과정이었다.[2] 즉 해외여행에 비해 국내여행은 익숙한 공

1 사이드는 『오리엔탈리즘』을 통해 서양의 시선에 의해 '동양'이 규정되며, 그를 통해 '서양'이라는 '주체'가 새롭게 형성됨을 규명했다(에드워드 사이드, 박홍규 옮김, 『오리엔탈리즘』, 교보문고, 2009, 65~137쪽 참조).

간과 대상을 찾아가는 행위라고 볼 수 있다.[3] 하지만 이를 기록한 기행문이 되면 일상적이지 않은 것 즉 낯선 것에 주목하게 된다. 나아가 익숙하지 않은 것을 '발견'해야 한다. 아울러 여행가는 과거의 유적과 유물과 현재의 사회 모습 가운데 발견한 내용을 현지인은 물론 공동체 구성원에게도 전달해야 한다.

그렇다면 익숙한 국내 여행에서 낯선 것을 찾는 것의 의미와 여행가가 독자에게 전달하고자 한 내용이 무엇인지 주목해야 한다. 특히 서울 지식인이 지역 현지인보다 과거 역사와 문화를 잘 알고 있다고 생각하는 경우 자연과 유적·유물로 대표되는 '대상'에 대한 감정이입이란 감성의 정도가 증폭된다.[4] 익숙하지만 낯선 것을 발견해야 하는 국내 여행기를 감정이입과 관련된 감성이란 주제와 연결시켜 살펴보기 위해 최남선의 『심춘순례(尋春巡禮)』에 주목하고자 한다.

최남선은 1925년 호남지역을 기행한 내용을 『시대일보』에 게재했고, 1926년 『심춘순례』란 같은 제목으로 책으로 출판했다. 일제강점기 역사학자이자 민속학자로서 '조선적인 것'에 특장을 지닌 최남선은 많은 여

---

2 민족공동체가 국토를 '상상' 하는 것에 관해서는 베네딕트 엔더슨 윤형숙 옮김 『상상의 공동체』, 나남출판, 2002, 220~228쪽 참조.

3 구인모는 국내여행을 "세계의 중심으로서 서양 대 주변으로서 동양, 혹은 조선이라는 이분법에 근간한 로컬리티의 위계나, 이를 통해 형성된 심상지리의 탈구축을, 또한 조선의 재영토화를 의미하는 것"이라고 보았다(구인모, 「한국 근대시와 '조선'이라는 심상지리」, 『한국학연구』 28, 고려대학교 한국학연구소, 2008, 157쪽).

4 익숙한 과거가 낯설 수 있다는 인식에 관해서는 데이비드 로웬델, 김종원·한명숙 옮김, 『과거는 낯선 나라다』, 개마고원, 2006 참조. 로웬델은 과거에 관한 "감정이입적 귀속의식은 과거를 현재에 소생시키고 싶은 충동에서 시작되었다"라고 보았다(로웬델, 앞의 책, 780쪽).

행기를 남긴 여행가이기도 했다. 그의 여행기에 관해 윤영실은 근대 계몽의 일환인 여행이란 관점에서 최남선의 1900년대 기행문을 검토했고, 서영채는 관광과 순례, 민족과 자연, 계몽과 타자라는 시선과 의미망을 중심으로 최남선과 이광수의 기행문을 비교했으며, 류시현은 민족사와 여행기를 연동해서 최남선의 여행기 전반에 관해 검토했다.[5]

최남선이 호남지역을 대상으로 보고자 했던 과거-현재-미래를 민족공동체 구성원인 독자에게 어떻게 전달하고자 했는가와 관련해서, 이글에서는 호남지역의 역사와 문화에 관한 그의 감성에 접근하고자 한다. 이를 위해 최남선은 국내 여행의 주체이면서 동시에 일본(인)과 지역 주민에게는 타자인 점에 주목하고자 한다.

즉 그의 기행문 내면에는 '타자되기(becoming the other)'와 '타자 만들기(making the other)'가 병행·교차되었다고 판단된다. 『심춘순례』를 통해 첫째, 호남에 관해 일본인과 달리 인식하는 부분은 무엇인지 둘째, 호남의 과거-현재-미래에 관해 익숙하기와 낯설게 하기가 어떻게 교차하는지 셋째, 국토를 대상으로 한 '순례'가 개인과 민족적 자아 형성과 어떠한 방식으로 연동되는지를 살펴보겠다.

2. 제국과 식민지 시선의 교차

전통시대와 근대의 여행이 구별되는 기준 가운데 하나는 대중 교통수

---

5 서영채, 「최남선과 이광수의 금강산 기행문에 대하여」, 『민족문학사연구』 23, 민족문화사학회, 2004; 류시현, 「여행과 기행문을 통한 민족·민족사의 재인식: 최남선의 사례를 중심으로」, 『사총』 64, 역사학연구회, 2007; 윤영실, 「'경험'적 글쓰기를 통한 '지식'의 균열과 식민지 근대성의 풍경」, 『현대소설연구』 38, 한국현대소설학회, 2008 참조.

단의 발달로 인해 소수 계층에게 한정된 여행에서 대중 여행으로 확대되었다는 점이다. 국내 여행의 주된 이동수단은 근대의 총아(寵兒)인 철도였다. 최남선의 「평양행」이란 편지형식의 기행문은 "너에게 감사한다"로 시작하는데, 이글에서 '너'는 기차를 말한다.[6] 대중교통수단의 발달로 일반대중의 취미로서의 여행이 가능해졌다.[7]

그렇지만 일제강점기의 여행은, 여행기 일반에서 확인될 수 있는 취미만으로 설명할 수 없다. 한말부터 일제강점기 초반인 1910년대까지는 계몽으로써의 여행이, 1920년대는 국토에 관한 민족 역사와 문화가 투영된 여행이, 1930년대 이후 대중적 여행이 확산되었다는 구별이 필요하다. 더구나 제국 일본인과 식민지 조선인의 국내 여행의 경험에는 상당한 시선의 차이가 존재했다.

일제강점기 기행문으로 투영된 국내 여행에는 다양한 시선이 교차되었다. 외국인의 조선 여행의 경우에도 일본인이 식민지 조선을 여행한 경우와 다른 외국인이 조선을 방문한 여행이 달랐다. 아울러 젠더의 물음이 개입되면, 관찰자의 시선은 보다 복잡한 양상을 지니게 된다. 구체적으로 일본인 여행자와 조선인 여행자의 시선의 차이는 어떠했으며, 근대적(혹은 계몽적)시선과 민족적 시선이 한 텍스트에서 어떻게 교차했는지, 아울러 대상지역이 익숙하기 때문에 '경계'를 구별하기 어려

---

6 최남선, 「평양행」, 「소년』 2-10, 1909.11, 133~152쪽.

7 1920년대 초반 문일평은 "근일 우리 사회에 명산수를 유람하는 풍조가 유행하게 되어 금강산을 탐승하는 인사도 많으며 백두산을 탐험하는 인사도 있음은 자연미에 대하여 일반 사회의 취미가 향상된 표증(表證)인, 어찌 기뻐할 할 현상인 아니랴"라고 보았다(문일평, 「북한(北漢)의 일일(一日)」, 『개벽』 16, 1921. 10, 98쪽).

운 경험이 여행기란 형식을 통해 어떻게 투영되는지 여부가 규명되어야 한다.

한말 일제시기 초 여행은 "지식의 대근원"이라고 해서 여행과 지식을 연결시키는 사례가 많았다. 여기서 말하는 지식은 근대적이고 문명적인 지식을 의미했다. 구체적으로 최남선은 "말로만 배우고 귀로만 듣는 것보다 눈으로 보고 마음으로 헤아리고자 하며 지리 시간에 배운 것들을 강설(講說)과 도회(圖繪)로만 만족하지 않고 내 발로 친히 밟고 내 눈으로 직접 볼 수 있는 세계여행을 꿈꾼다."라고 밝혔다.[8]

해외여행이 쉽지 않은 상황에서 세계적·근대적 지식이 추상적인 언론매체를 통해 수용되었다면, 국내여행은 구체적이며 민족의 삶의 현장을 현지에서 확인하는 과정이었다. 그렇지만 이성적인 근대 지식 전달과 감성적인 민족적 정서 투영이란 양자는 서로 분리된 것은 아니었다.

일제강점기 일본인과 조선인의 국내 기행문은 대상 지역에 관한 자연적인 풍경뿐만 아니라 정체성과 관련된 가치를 드러내는 '심상지리(imagined geography)'를 만들고자 하는 목적으로 이루어졌다.[9] 일본인의 기행문은 타자의 시선이며 이를 통해 스스로 자신을 재규정하는 과정이라고 볼 수 있다. 반면 식민지 조선인은 공동체 구성원인 독자로 하여금

---

8 최남선, 「쾌소년세계주유시보」, 『소년』 1-1, 1908.11, 73쪽.

9 '심상지리'란 공간 속에서 개인적·민족적·국가적 정체성이 결정되며, 문화적 가치들이 서로 겨루는 갈등의 터전이며 또한 그 가치들이 구체화되어 드러나는 재현의 현장을 의미한다. 이와 관련된 논의는 김양선, 「옥시덴탈리즘의 심상지리와 여성(성)의 발명」, 『민족문학사연구』 23, 민족문학사학회, 2003, 94쪽; 박주식, 「제국의 지도 그리기」, 『탈식민주의-이론과 쟁점』, 문학과지성사, 2003, 258~259쪽 참조.

국토를 인식해서 국민으로 거듭나게 만들어야 했다.[10]

호남지역의 경우 백제·후백제 등 과거와 해당 지역의 현재가 주목되었다. 특히 조선 지식인은 기행문을 통해 일본(인)의 타자가 되기도 하며 중앙의 시선에서 지방을 타자화하기도 했다.[11] 또한 양자의 기행문에는 문명과 계몽의 관점이 공유되고 있었다. 조선인 여행가도 전통에 관해 민족적 입장에서는 긍정적이지만, 문명의 입장에서는 비판적이었다.

구체적으로 대상지역에서 확인되는 문명/현재와 전통/과거는 어떻게 교차하는지 혹은 양자 사이의 교집합이 존재하는지 여부를 살펴보아야만 '타자 만들기'의 구체적인 실체에 접근할 수 있다고 판단된다. 아래에서는 우선 일본인의 기행문 가운데 조선 팔도를 조망하는 기획의 일환으로 호남을 대상으로 '타자 만들기'가 어떻게 진행되었는지 확인하고자 한다.

1910년대 후반 『반도시론』은 조선 8도에 관한 특집호를 기획했고, 1918년 6월에 전라도 지역을 다루었다. 특집 기사를 중심으로 도장관의

10 김현주, 「근대 초기 기행문의 전개 양상과 문학적 기행문의 '기원」, 『현대문학의 연구』 16, 한국문학연구학회, 2001, 103쪽. 아울러 우미영은 근대의 기행문은 국토/역사와 풍경이 구별되며, 자연의 대상은 민족의 상징으로 읽힌다고 보았다(우미영, 「시각장의 변화와 근대적 심상 공간」, 『어문연구』 32-4, 2004, 345~346쪽).

11 박진숙은 일제가 제국의 심상지리를 만들고자 했다면, 조선인은 방문한 장소에서 민족을 읽고자 했으며, 이를 '심상지리의 재영역화'라고 보았다(박진숙, 「식민지 근대의 심상지리와 『문장』파 기행문학의 조선표상」, 『민족문학사연구』 31, 민족문학사학회, 2006, 73쪽). 이글에서는 이러한 일련의 과정을 '타자되기'와 '타자 만들기'로 표현하고자 한다.

사업 계획, 교육 · 산업 · 농업 전반의 상황이 개괄되었고, 주요 도시로서 전주, 목포, 군산 등이 언급되었다.[12] 그 가운데 「호남선 시찰의 10일간」이 호남이란 타자에 관한 일본인의 입장과 감성을 잘 보여주고 있다.

음월생(吟月生)이란 필명의 일본인 필자는 경성을 출발해서 호남선을 따라 논산, 전주, 광주, 나주, 목포, 이리, 군산 등을 열흘간 방문했다. 방문지에서 현지 관공서(도청, 군청, 경찰서) 책임자를 만나고, 산업시설 및 농장 관계자 및 조선인 '실업가' 등을 만났다.

이글은 행정과 산업 중심지를 대상으로 한 목적성이 분명한 여행기였다. 일지를 정리하는 방식으로 일본인 필자는 호남지역에서 조선의 과거와 조선총독부 지배하의 현재와 미래를 함께 조망했다. 광주신사(光州神社)를 방문한 감성의 피력에서 그러한 점이 잘 나타난다.

> 시가지에서 가까운 산에 올라 광주신사를 기리는 언덕 위에 올라간 즉 그곳은 모두 공원으로 … 부근에는 향교와 문묘(文廟)가 있는데, 나의 눈에 보이는 것은 명치 41년(1908년) 폭도봉기 때에 죽은 내선인(內鮮人) 41여 명을 합사(合祀)하는 충혼비라. 저 폭도는 멸망하는 4천년 사직을 연모하여 일어난 것이 아니요 한 사인(私人)의 선동으로 헛되이 피를 흘린 것에 불과하다. … 공원을 내려와 시가지로 돌아올 때 길가에 형색이 처량한 아이 셋이 걸식 … 나는 가련한 어린 아이의 걸식을 눈앞에 보고 고아원사업의 필요함을 통절히 느끼는 동시에 우리 강산(岡山)고아원의

12 『반도시론』은 1917년 4월부터 통권 25호가 발행되었는데, 발행인은 다께우치(竹內錄之助)로 "식민정책에 대한 방향제시"를 발간 목적으로 삼았다(한기형, 「근대잡지와 근대문학 형성의 제도적 연관」, 『대동문화연구』 48, 대동문화연구원, 2004 참조).

창립자 고(故) 이시이(石井十次)씨의 숭고한 인격을 연상하였다.[13]

일반적으로 일본인의 조선을 대상으로 한 기행문은 식민 지배의 정당성을 현지에서 확인 혹은 계몽하는 작업의 일환으로 이루어졌다. 식민 지배자의 시선에서 조선의 과거는 부정적이며, 당대는 부정적인 요소를 극복해야 하며, 미래는 식민지배자와 동일한 사회, 경제적 상황의 완성을 지향해야 한다. 따라서 '신정(新政)' 이전시기 조선인의 부정적인 측면과 함께 식민지 조선의 '발전' 가능성을 함께 보여줘야 했다.

광주를 조망하는 일본인의 시선 속에는 과거 사실을 기억하는 '충혼비'와 당대를 보여주는 조선인 걸식 아동이 함께 조망되었다. 한말 의병의 활동을 '헛된 일'이라고 보는 감성과 일본의 '신정' 이후 볼 수 있는 조선인 걸식 아동의 '가련함'이 동시에 논의되고 있다. 이어 고아원 사업의 필요성과 이에 앞장섰던 일본인의 활동을 기억함으로써 '비참한' 조선의 현실을 타개할 주체로서 일본(인)의 역할이 강조되었다. 이러한 논리는 식민 지배자의 '과제'를 상기함으로써 일제 지배의 '긍정적' 미래를 강조하기 위함이었다.

제국주의가 식민지에 관한 정보를 얻기 위해서는 일반적으로 현지의 '정보제공자'가 필요하다. 일본인의 식민지 지배에 동조했던 조선인의 호남에 관한 인식은 어떠했을까? 전라남도 참여관인 원응상(元應常)은 전라남도 도민에 관해 "본도민의 성질은 기민 영리하여 일본인과 비슷하도다. 그러므로 이를 조장하여 선용하면 본도의 발전에 이바지할 바

13 음월생(吟月生), 「호남선 시찰의 십일간」, 『반도시론』 2-6, 1918.6, 58쪽.

적지 않을 것이다. 그러나 유감되는 바는 기민영리한 반면 견실(堅實)의 사상이 없어 경박(輕薄)에 빠지기 쉬운 경향이 있으니 … 조선인 특유의 완고한 무리는 극히 적은데 정치상 지도 장려에는 사소한 어려움도 없다. 그러나 견실한 용기가 없음으로써 대사업을 일으킬 사상이 부족한 모양이다."라고 밝혔다.[14] 이글에서 호남인은 일본인에 비하면 부정적이되 조선인 전체와 비교하면 가능성이 많은 긍정적인 존재로 묘사되었다.

호남인의 특성이 무엇인지에 관한 실제 여부보다 '어떻게 바라보는가' 여부가 중요하며, 이것이 지닌 정치적 효과에 관해 규명되어야 한다. 이 글에서 호남인의 타자는 일본인과 조선인 일반이다. 조선인 고위 관리는 호남특집에 걸맞게 호남인의 장점을 '기민함'에 놓고, 이러한 요소가 일본인에게는 있고 조선인에게는 없다고 보았다.

아울러 조선인 일반과 차이를 두면서도 일본인과도 구별되는 부정적인 요소가 고려되었다. 일본인의 '장점'이 무엇인지는 언급하지 않았지만 무언가로 상정되는 그것에 비해 호남인은 '견실'하지 못하고 '경박'에 빠지기 쉬운 경향이 있다고 본 것이다. 즉 '대사업'의 주체는 일본인이고, 이러한 일본인에 의해 호남이 발전할 것이라는 논리를 전개하고 있다.

호남인의 감성에 관한 긍부정의 견해는 항상 조선인과 일본인을 동시에 염두에 두면서 이루어진 정치적 맥락이 반영된 수사법이었다. 이렇듯 밝은 이미지와 부정적인 이미지와 논리는 모두 식민 지배를 용이하게 만드는 측면에서 '실용적'이다. 부정적인 요소를 강조하는 것은 일반

---

14 원응상(元應常), 「전남 민정(民情)에 취(就)하여」, 『반도시론』 2-6, 1918.6, 17쪽.

적으로 보다 나은 단계를 설정하는 계몽의 방안으로 활용되었다.

시간적인 추이에서 조선을 당대 문명에 뒤쳐진 존재로 묘사하기에는 1910년대 일본 역시 여전히 서구 문명국을 모델로 삼고 있었다. 예를 들면, 목포지역 경찰서장이 행정 업무를 간편하게 처리한다는 점을 높게 평가하면서 일본인 필자인 음월생은 "문명국에서 인민 보호를 담당하는 경찰관은 간편주의(簡便主義)가 없으면 모든 일을 이룰 수 없다. 그 의미로 목포경찰은 문명적으로 되어야 현재 영국의 경찰 제도를 부러워할 바가 없다."라고[15] 주장했다.

과거-현재-미래를 통해 발전을 염두에 둔 시간관념은 계몽의 중요한 방안이 된다. 그리고 그 발전 방향은 일정한 지표가 있는데 문명국인 일본 대 '야만'의 조선, 일제의 지배아래 문명화 되는 조선 그리고 지향점으로 서구 문명(특히 영국)의 사례가 중점적으로 대비되었다. 그렇다면 조선을 대상으로 한 조선인 여행가에게 일본인이 부각하고자 했던 근대의 모습은 어떻게 인식되었으며, 아울러 조선을 과거의 시간 속의 나라로 한정하려는 의도에 어떻게 대응했는가를 살펴보아야 한다.

1910년대 지방을 대상으로 한 대표적인 기행문으로 이광수의 「오도답파여행(五道踏破旅行)」을 들 수 있다. 남쪽 지역 다섯 도를 대상으로 한 기행문인데 호남지역과 관련해서 일제가 산업의 발달에서 호남의 '발전'을 부각하고자 했다면, 이광수는 과거 호남의 예술 전통에서 긍정적인 요소를 찾고자 했다. 경제와 산업과 같은 물리적인 측면에서 비교될 수 없는 상황에서 제국주의와 대응할 수 있는 영역 가운데 하나가 정신적

15 음월생, 「호남선 시찰의 십일간」, 『반도시론』 2-6, 1918.6, 60쪽.

이고 예술적인 영역이었다.

이광수는 호남(인)에 관해 "전라도인은 천성으로 미술 공예의 재질을 받았다. … 전라도인의 특색은 음악에 장(長)함"에 있다고 보았다.[16] 하지만 이러한 과거 호남인의 예술적 능력에 관한 '자부심'과 식민지란 현재의 상황과 연결시키기 어려웠다.

그는 가까운 과거인 조선시대에 "편협한 유교가 전횡함으로부터 조선의 예술은 땅에서 사라지고 말았다"라고 보았다. 나아가 그는 "우리의 혈관 중에는 아직도 그 조상의 피가 흐른다. 더구나 삼국 중에 가장 빼어났던 백제인의 자손의 혈관에는 더욱 다량의 예술의 피가 흐를 것이다. … 나는 백제인의 자손되는 전라도 동포에게 대자각, 대분기를 규호(叫號)한다"라고 전망했다.[17] 이렇듯 가까운 과거를 부정하기 위해 이광수는 먼 과거에 대한 회고의 감성을 통해 민족의 발전가능성을 연결시켰다.

당대 조선(인)의 부정적인 상황은 조선시대로 부터 비롯되었다고 이해한 이광수의 경우 조선시대의 인물과 문화유산에 관해 '침묵'했다. 과거를 통한 정신적 영역에서의 대결의식은 가까운 과거를 부정하거나 간단하게 처리하는 방향으로 진행되었다.

이광수는 「오도답파여행」에서 백제 혹은 그 이전의 마한 역사는 길게 언급했지만 조선시대는 거의 언급하지 않았다. 예를 들면 이순신의 전적지인 목포 유달산을 바라보며 "아마도 이충무공이 저 가장 높은 곳

---

16 이광수, 「오도답파여행」, 『매일신보』, 1917.6.29~9.12; 이광수, 『이광수전집』 9 우신사, 1979, 93~94쪽에서 재인용.

17 이광수, 앞의 글, 94쪽

에서 다도해를 부감(俯瞰)하였을 것" 혹은 우수영에서는 "명장 이순신이 각고 경영한 해방의 유적"이라고 간략하게 서술했다.[18] 즉 조선시대란 가까운 과거는 사라지고 일제와의 대결의식 속에서 현재와 먼 과거가 동일선상에서 논의된 것이다.

그런데 호남지역을 대상으로 한 일본인의 여행기에서도 정치적인 요소가 배제된 미적(美的) 과거가 부각되었다. 아름다운 자연의 나라로 조선을 강조하거나, 조선의 유적과 유물에 관해 미적 가치를 강조한 이러한 일본인의 입장에 대응 논리를 만들어야 했다.[19] 일본인이 조선의 문화의 가치를 발견하고 이를 '긍정적'으로 묘사하는 것에 대응하기 위해서는 조선 역사와 문화 관련 전문가가 요구되었다. 최남선의 『심춘순례』에는 이러한 시선의 충돌 속에서 '타자 만들기'와 '타자되기'가 교차하고 있다.

3. 익숙하지만 낯선 공간인 호남

『심춘순례』는 준비된 여행이었다. 최남선은 『택리지』, 『동국여지승람』, 『대동지지』 등을 미리 읽고 '순례'에 나섰으며, 현지에서 지역 사료 및 자료를 확인하고 이를 인용했다. 그렇다면 최남선이 왜 호남을 선택

---

18 이광수, 앞의 글, 101, 102쪽.

19 가라타니 고진은 단지 미적 대상으로 식민지를 보는 것은 가장 식민주의적 태도라고 보았으며(유상희, 「근대 일본문인의 한국인식」, 『일본학보』, 45, 한국일본학회, 2000, 563쪽에서 재인용), 우미영은 피식민지의 '자연'을 강조하는 것은 대상지역을 야만과 동일시하는 태도라고 지적했다(우미영, 「근대 여행의 의미 변이와 식민지/제국의 자기 구성 논리」, 『동방학지』 133, 연세대 국학연구원, 2006, 335쪽).

했고, 그곳에서 무엇을 보고자 했는가?

우선 호남지역에 관한 관심은 전국적 단위의 사고 속에서 구상된 것이다. 그는 "조선 국토의 큰 정신을 노래"하겠다고 밝히고 『심춘순례』는 1925년 3월 하순부터 50여 일 간 이루어진 "지리산을 중심으로 한 순례기의 전반"이며 "마한 내지 백제인의 정신적 지주이던 신악(神岳)의 여훈(餘薰)을 더듬은 것이요, 장차 해변을 끼고 내려가는 부분을 합하여 서한(西韓)의 기록을 완성"하겠다고 밝혔다.[20] 비록 이러한 구상은 계획대로 진행되지는 않았지만, 그가 호남지역에서 특히 보고자 했던 것은 산악과 관련된 부분이었다.

최남선은 "진인(辰人)의 고신앙(古信仰)은 천(天)의 표상이라 하여 산악으로써 그 대상을 삼았으며, 또 그들의 영장(靈場)은 뒤에 대개 불교에 전승되니, 이 글이 산악 예찬, 불도량 역참(歷參)의 입장을 드러냄"이라고 밝혔다.[21] 즉 그에게 산악은 자연적인 존재를 넘어서 민족의 역사와 정신과 연결되는 존재로 여겨졌다. 그의 주요 방문 지역과 유적·유물은 다음과 같다.

『심춘순례』의 주요 방문지와 문화 유적

대상지역	주요 방문지와 문화 유적
전라북도	전주 → 금산사 → 태인 → 백양사 → 내장산(내장사) → 정읍 → 줄포 → 내소사 → 변산
전라남도	창평 → 담양 → 소쇄원 → 광주 → 무등산(충장사) → 동복 → 유마사 → 송광사 → 선암사 → 곡성(태인사) → 화엄사

20 최남선, 『심춘순례』, 백운사, 1926, 권두언 3쪽.

21 최남선, 앞의 책, 3쪽.

식민지 조선인에게 국내 여행은 과거-현재-미래를 현장에서 확인하는 활동이었다. 또한 과거와 현재는 동일한 시선 속에서 공존했다. 그렇기 때문에 민족이 투영된 여행이 계몽과 취미로서의 여행과 선명하게 구별되지 않았다. 1910~20년대에도 계몽으로서의 국내 여행이 지속적으로 이어졌다.

이광수는 1917년 한반도의 남부 지방을 여행하면서 이러한 정서를 표현했다. '발가벗은 산'은 현재의 모습이지만 그러한 모습을 만든 것은 "지각없는 우리 조상들이 송충(松蟲)으로 더불어 말끔 뜯어 먹고 말았"던 과거가 원인이 되었다. 아울러 "이제부터 우리는 반도의 산을 온통 울창한 산림으로 덮어야 한다."[22]라는 미래의 전망도 공존했다.

논의의 단위는 '우리'이지만 계몽에 강조점을 두면 주체가 바뀔 수 있다. 이광수는 전주지역에서 공업학교와 상업학교를 설치한 일제 당국에 대해 "주도한 용의(用意)에 감사를 표한다."라고[23] 표현했다.

이러한 점은 최남선의 『심춘순례』에서도 확인된다. 그는 정읍을 방문해서는 "들어서면서 좌우에 즐비한 큰 집과 건물도 장(壯)하거니와 정제한 도로와 번화한 시가와 전등 전화 등 진보한 설비가 이미 상당한 체제를 갖추어 대전, 김천과 더불어 어깨 겨눌 만큼 된 것을 보고 놀라지 않을 수 없었다."라고 표현했다.[24] 식민지배의 모습보다는 '진보'가 강조된 측면도 존재한다.

하지만 이광수와 달리 최남선 여행기의 주목적은 '순례'였다. 최남선

---

22 이광수, 앞의 글, 84쪽.
23 이광수, 앞의 글, 93쪽.
24 최남선, 앞의 책, 67쪽.

은 자신의 호남지역 여행기를 『심춘순례』라고 제목을 설정했다. 그리고 그는 국토를 단순히 지리적 환경과 조건을 의미하는 것이 아니라 "산하 그대로 조선의 역사며, 철학이며, 시(詩)며, 정신"이라고 밝혔다. 아울러 그는 국토에서 '조선의 정신'을 찾고자 함을 저술의 목적이라고 했다.[25] 그렇다면 순례가 지닌 의미는 무엇일까?

순례는 일반적으로 "조국을 위해 순국한 영령들을 집단적으로 애도하는 행위를 통해 '우리'라는 집합적 정체성을 획득하려는 의식"이라고 볼 수 있다.[26] 그렇다면 '조국'의 공간인 국토에서 구체적인 '애도'는 어떠한 형식으로 발현되며, 이를 통해 민족적 정체성은 어떻게 이루어지는지를 살펴야 한다.

또 다른 물음은 호남이란 지역과 조선이란 전체와의 관계이다. 일반적으로 여행기는 지역을 관찰하고 출발지로 다시 돌아오는 것으로, 민족과 국가 단위에서 지방을 보는 시선이 내재해 있다. 여행이 귀환을 염두에 둔 활동이라면, 민족 단위에서 지방을 바라보는 것은 어떠한 의미가 있는 것일까? 중앙과 지방을 구별하는 경계선은 어디인가? 그리고 다시 돌아오는 여행이 지닌 의미는 무엇인가 여부가 규명되어야 할 것이다.

최남선은 자신의 여행을 종교적 의미와 회귀를 염두에 둔 순례라고 설정했다. 일반적으로 순례는 실제를 넘어서 하나의 이상적인 장소, 어떤 존중할 만한 종교적 감성 속에서 성스러운 대상이 되는 장소로 존재

---

25 최남선, 앞의 책, 권두언 1쪽.

26 임성모, 「팽창하는 경계와 제국의 시선」, 『일본역사연구』 23, 일본사학회, 2006, 98쪽.

해야 한다. 따라서 순례에는 대상을 숭고하게 생각하는 감성 혹은 정서가 반영된다. 최남선은 '국토 예찬'이 "진실로 숭고한 종교적 충동"이라고 밝혔다.[27] 그리고 순례로서의 국내 여행기에는 '진실', '숭고' 등의 감성적 개념이 자주 활용되었으며, 조선인의 자기 정체성을 구성하기 위한 성격이 반영되었다.[28]

아울러 순례의 이미지가 지속되기 위해서는 인위적인 노력이 필요했는데, 국토가 익숙하다고 하지만 새삼스러운 관심과 체험이 각별한 의미를 지니는 것은 그것이 낯설기 때문이다.[29] 그렇다면 호남지역에서 최남선에게 낯선 것은 무엇이며, 낯선 것을 익숙하게 하는 작업은 어떻게 진행되었을까? 그는 전주에서 엿을 사면서 엽전이 통용되는 것을 보고 "아직 전주도 그러한가 하여 당연한 일이건마는 퍽 의외로 생각된다."라고 밝혔다.[30] 서울을 기준으로 당시 전주의 낯선 것을 본 사례이다. 낯선 것은 현재뿐만 아니라 과거에서도 찾아질 수 있다.

국토를 민족의 역사와 연동시킬 때, 여행지에서 찾는 유적과 유물은 문자기록에서 찾을 수 없는 민족의 과거와 만나는 공간이 된다. 여행지에서 발견되는 과거의 모습은 어떻게 재현되는가? 과거와 어떠한 방식으로 대화하고, 해석하고, 그것의 새로운 것을 재발견했는가? 공통의

27 최남선, 앞의 책, 권두언 2쪽.

28 우미영, 「근대 여행의 의미 변이와 식민지/제국의 자기 구성 논리」, 『동방학지』 133, 연세대 국학연구원, 2006, 321쪽.

29 우미영은 낯선 것들을 통해 익숙한 것들을 재인식하고 타자를 통해 자기를 재발견하는 것은 여로(旅路)의 일반적인 속성이라고 보았다(우미영, 「서양 체험을 통한 신여성의 자기 구성 방식」, 『여성문학연구』 12, 한국여성문학학회, 2004, 149쪽).

30 최남선, 앞의 책, 8쪽.

귀속의식은 어떻게 생기는가?

최남선은 이를 "문자(文字)아닌 채 가장 명료하고 정확하고 또 재미있는 기록"이며, "조선인의 마음의 그림자와 생활의 자취는 고스란히 똑똑히 이 국토 위에 박혀 있어 어떠한 풍우라도 마멸시키지 못하는 것"이라고 정의했다.[31] 민족의 살아온 기록을 민족사라고 한다면, 유한적인 개인의 삶에 비해 민족사는 과거와 현재 그리고 미래로 열려져서 사유될 수 있다. 나아가 민족사를 국토에 투영할 경우, 사유할 수 있는 시간적 단위는 거의 무한에 가깝게 확대될 수 있다.

1920년대 조선의 역사학과 민속학에 특징과 장점을 지닌 최남선은 조선 역사와 문화에 관한 이해를 바탕으로 호남지역을 여행했다. 그곳에서 그가 주목해서 본 것은 과거 역사를 통한 자기 확인과정이라고 할 수 있다. 즉 국토의 영속성에 민족사를 투영시킬 때, 그의 여행은 지속되는 존재로서의 민족공동체의 경험을 확인하는 작업이 된다. 그는 호남지역의 재영역화를 과거 속에서 찾고자 했다.

최남선의 여행기는 과거와의 조우 속에서 이루어졌다. 그는 서문에서 "마한(馬韓) 내지는 백제인의 정신적 지주였던 신악의 여훈을 더듬은 것"이 『심춘순례』의 주된 골자라고 보았다.[32] 아울러 『심춘순례』의 처음은 '백제 구강(舊疆)으로'란 소제목으로 시작한다. 최남선은 일제 강점기란 현실이 아닌, 백제라는 과거의 공간에서 논의를 시작했다.

먼 과거의 모습을 당대에 찾기는 어려웠다. 흔적만 남은 것에 관한 감성의 첫 발단은 애상(哀想)이었다. 전주 지역에서 후백제의 성터를 보면

---

31 최남선, 앞의 책, 권두언, 1쪽.

32 최남선, 앞의 책, 권두언, 3쪽.

서 마한 이래의 옛 모습을 그리면서, 얼마 남지 않은 자취에 "몹시 남의 마음을 잡아당긴다."라고 표현했으며,[33] 금산사가 쇠락하고 있음을 보면서 이러한 모습은 "불교계를 막론하고 실상 민족적 일대 손실이 아닐 수 없다. 언제나 금산사가 바로잡히나. 언제나 미륵의 구세등(救世燈)이 칠통(漆桶) 장각(長閣)을 시원히 타파하시게 되나. 허어"[34]라고 밝혔다.

쇠락과 망실에 관한 감성은 민간 설화로 남아 있음을 확인할 때 '기쁨'으로 전환되기도 한다. 김덕령에 관한 다양한 민간의 이야기를 현지에서 확인하면서 최남선은 "풀베는 아동, 농촌의 늙은이의 구설(口舌)에 살아 내려옴이 못내 반가웠다"라고 감성을 피력했다.[35] 반가움은 지킬 수 있는데도 불구하고 인위적 작용에 의해 그렇지 못한 상황에 대해서는 분노와 연결되었다. 금산사 법당의 사례가 그러했다.

> 앞으로 돌아가니까 반이나 무너진 향적(香積)에는 어두워 굴을 짓게 되었고 사람은 기척도 없는데 미륵교 본부라는 패만 쓸쓸히 붙어 있다. … 국보 소재의 중요한 곳이요 신라이래의 고찰 명찰 대찰인데, 이것이 어인일인가 하여 기가 막힌다. … 고적보존으로 시멘트 수리일말정 모처럼 적지 않은 비용을 들여가는 것이 아직 끝도 나지 아니 하였는데, 도량 전부를 비워놓고 사람이 없게 함은 감독 당국의 태만도 적지 아니한 것을 생각하였다.[36]

---

33 최남선, 앞의 책, 3쪽.
34 최남선, 앞의 책, 28쪽.
35 최남선, 앞의 책, 126쪽.
36 최남선, 앞의 책, 18~19쪽.

일제강점기 역사적 유적과 유물에 관한 '고적보존' 주체는 일제였다.[37] 하지만 최남선은 일제가 내세우는 보존의 의미부여 보다는 일본(인)의 문화재 약탈에 주목했다. 그는 호남지역에서도 "속이고 달래고 심하면 얼러가면서 말하자면 문화적 토색(討索), 신식 침어(侵漁)에 사보(寺寶), 고물(古物)을 매번 견탈(見奪)한다는 말은 이르는 곳마다 듣는 바요"라고[38] 밝혔다.

또한 최남선은 문화재 약탈을 비판할 뿐만 아니라, 일제가 조선 고적과 보물에 가치를 부여하고 정리하는 방식에 물음을 제기했다. 백양사에서 일본인이 새로 세운 9층 석탑을 보고서 "탑도 탑이려니와 그 앞에 놓은 한 쌍의 석등은 과연 위아래의 균형을 고려치 않은 졸작이다. 일본인이 만든 것이라 한다"[39]라고 밝혔다.

일본인을 구체적으로 언급한 것은 국토 여행의 대결의식을 보여주는 것이다. 또 하나의 예로 내장산 원적암 불상이 일본인에 의해 도난당한 것에 관해 "당국자는 자기네들의 종족적(種族的) 명예를 위해서라도 빠르게 완전하게 돌려줄 길을 강구함이 옳을 것이다"라고 비판했다.[40] 이렇듯 일본인이 문명의 시선에서 조선인을 타자화했던 것처럼, 최남선은 문화재 보존의 영역에서 일본인을 문명의 시선으로 비판한 것이다. 그

---

37 일제의 고적보존 활동에 관한 최근 논의에 관해서는 정인성, 「일제강점기 '경주고적보존회'와 모로가 히데오」, 『대구사학』 95, 대구사학회, 2009; 정종현, 「일본제국기 '개성'의 지역성과 (탈)식민의 문화기획」, 『동방학지』 151, 연세대학교 국학연구원, 2010 참조.

38 최남선, 앞의 책, 192쪽.

39 최남선, 앞의 책, 43쪽.

40 최남선, 앞의 책, 65쪽.

의 『심춘순례』에서 일본과의 대결의식은 과거와 현재라는 시간축에서 전방위로 나타난다.

일제강점기 국토 여행은 한일관계의 '과거사'가 함께 드러나는 자리일 뿐만 아니라 이미 일본의 흔적과 자취가 남아 있는 곳을 방문하는 과정이기도 하다. 전북 곰소를 방문해서 왜구의 침입과 이에 관한 대응을 확인하고,[41] 전북 태인에서는 최치원의 사적지가 일본인의 신사가 된 것에 관해 최남선은 "국선도(國仙道)의 제창자인 그를 불러다 보이고 그의 눈썹이 어떻게 되는 것을 보고 싶다"라고 해서[42] 그 자신의 감정을 이입시켰다.

호남지역은 한말 의병이 활동했던 전적지였는데, 전남 창평에서는 의병장 고광순(高光珣)의 집터를 방문하고 "의병장으로 위엄이 일방(一方)에 덮었던 고광순의 세거지(世居地)라 한다"라고 밝혔다.[43] 또한 송광사의 암자 역시 "의병 소탕이라고 돌아다니던 누구의 무지한 일거(一炬)에 6, 700백년 승람(勝藍)이 하루아침에 없어지게 되었다"라고 표현했다.[44] 그는 의병장의 집터와 소각된 암자를 통해 한말 의병이란 가까운 과거에 관해 구체적인 사실을 소개하지 못하면서도 여행기를 통해 지속적으로 언급을 한 것이다. 이렇듯 최남선이 일본인의 기행문과 대결해야 할 측면은 식민지란 당대의 현실에서 비롯되었다.

한편 한말 시기 계몽의 여행기를 집필했던 최남선은 1920년대 기행문

---

41 최남선, 앞의 책, 87쪽.

42 최남선, 앞의 책, 33쪽.

43 최남선, 앞의 책, 113쪽.

44 최남선, 앞의 책, 206쪽.

에서도 지속적으로 이러한 문명적 시선을 방문하는 호남지역에 투영했다. 그런데 순례란 성격의 여행기는 문명과 함께 민족적 현실이 함께 보이는 여행이었다. 넓은 호남평야를 보면서 "먹힌 것이 아니 먹힌 것 보다 얼마나 많을 것을 생각지 아니치 못하였다."이란 표현으로 조선인의 경제적 상황을 설명했다.[45] 주어가 빠져 있지만 독자는 이러한 표현 속에서 일본인 지주가 늘어났음을 충분히 이해할 수 있었다.

또한 금산사 근처에서 일본인 소유의 과수원이 늘어나는 것에 관해서도 "다 저양반의 경영이신 모양이다"라고 표현했다.[46] '일인(日人)'이란 구체적인 표현은 문화재를 약탈한 사실이 확인되는 경우거나, 혹은 무등산 바위틈에서 추락한 사례를 들면서 "몇 년 전에 어느 일본인 한 분이 지로인(指路人)이 평지같이 왔다 갔다 함을 보고 … 뛰다가 떨어져 죽기까지 하였다 한다."라고 할 때 등장한다.[47]

식민지배자인 일본(인)이 악역을 맡거나 무모한 행위를 한 존재로 확인될 때 이러한 점이 조선인 독자에게 전달된 것이다. 이렇듯 여행에서 만나는 낯선 것에서 필자인 최남선과 독자 사이에 연대의식이 생겨났던 것이다. 이러한 점은 구체적으로 여행기에 담겨있는 민족 문화와 민족사의 서술 속에서 나타났다.

4. 발견된 개인과 민족적 자아

여행기는 일상을 떠나서 대상 지역에 관한 여행가의 감성과 정서를

45 최남선, 앞의 책, 2쪽.

46 최남선, 앞의 책, 30쪽.

47 최남선, 앞의 책, 142쪽.

표현한 글쓰기이다. 일상에서 벗어난 정서에 관해 매혹되거나 본 것을 장악하려는 욕망으로 나타난다.[48] 대상 지역과 유적 · 유물에 관한 '매혹됨'은 여행가의 감정을 이입하는 방식으로 이루어졌다. 그렇다면 어떠한 방식으로 유적과 유물, 풍경, 과거의 역사적 사실 등에 최남선은 감정이입하는가?

여행 대상지역에서 만나는 자연, 유적과 유물을 살아있는 존재로서 간주하는 것이 특징이다. 최남선은 대상을 '그'라는 3인칭 대명사로 칭하였다. 자신의 입장에 관해 근대적 독자가 이해하기 어렵거나 이해 불가능함을 의식하면서 그가 국토를 생각하는 것은 애니미즘이란 '신앙'이며, 보는 대상에 관해 "분명히 감정이 있으며, 언소(言笑)로써 나를 대"하며, 그 역시 "나의 염통은 최고조의 출렁거림을 일으키고, 실신할 지경까지 들어가기도" 한다고 밝혔다.[49] 낯선 것과의 경계를 없애는 방식으로 동원된 것은 '상상력'이었다. 최남선은 무등산 입석대에서 다음과 같은 감정을 피력했다.

> 돌로 이만치 기이한 것은 물론 금강산에도 없는 것이니와 … 진실로 아무 것하고도 얼른 바꿀 수 없는 일대 살아있는 그림이다. … 이 기

---

48 황호덕은 "여행가에게는 … 다른 장소에 대한 경험의 필요 혹은 매혹이 그 하나이고, 또 하나는 그 어떤 고난을 거쳐 자신이 (듣고) 본 것을 장악하려는 욕구인데 이는 잃어버렸다고 가정되는 어떤 힘 - 이를테면 남성과 같은 - 을 회복하려는 충동과 관련"한다고 보아, 이를 '욕망'과 연결시켰다(황호덕, 「여행과 근대, 한국 근대 형성기의 세계 견문과 표상권의 근대」, 『인문과학』 46, 성균관대학교 인문과학연구소, 2010, 7쪽).

49 최남선, 앞의 책, 2쪽.

절(奇絶)한 물형(物形)과 장절(壯絶)한 안계(眼界)는 아무리 생각하여도 심상한 물건이 아니다. 조화의 장난으로 만 보기에는 너무도 배포가 숭엄장대(崇嚴壯大)함을 느낀다. 이론을 쑥 뽑고 이것이 하느님의 이궁(離宮)자리이다 하는 직각(直覺)이 생긴다.[50]

기행문에서 작용하는 상상력의 영역이 아름다움 내지 가치를 발견할 때 여행자의 감성과 연결된다. 최남선은 입석대를 '하느님의 이궁자리'라고 규정하면서 성스러운 공간으로 전환시켰다. 사료와 논리를 바탕으로 한 '이론'의 영역으로 설명할 수 없는 역사적 상상력의 사례가 최남선의 고신앙인 '붉'사상에 관한 접근이라고 할 수 있다.[51]

조선학은 조선적인 정체성을 조선인의 손으로 수립하자는 학문적 제안이었다. 우리의 정체성의 기원은 당연히 과거 즉 중국적인 요소인 유교와 인도적 요소인 불교에 물들지 않은 그 이전 시기의 요소들이어야 했다. 아울러 정신적인 요소는 고신앙(古信仰)의 실마리를 찾는 작업에서 이루어졌다.

특히 최남선의 작업은 산악을 중심으로 이루어졌는데 이는 조선인의 고신앙의 공간은 산을 중심으로 이루어졌다고 보았기 때문이다. 본문 280쪽의 『심춘순례』에는 고신앙인 '붉'사상과 관련된 부분이 모두 22번 등장한다. 그는 내소사, 변산, 선암사, 무등산, 천왕봉, 송광사 등 호남지역의 산과 절 그리고 바위의 이름에서 고신앙의 전통을 찾고자 했다.

---

50 최남선, 앞의 책, 128쪽.

51 최남선의 고신앙 연구에 관해서는 전성곤, 『근대 '조선의 아이덴티티와 최남선』, 제이엔씨, 2008, 109~158쪽 참조.

이러한 민족적 정체성의 기원을 찾는 작업은 일상과 떨어진 작업이며 과도한 의미부여라고도 볼 수 있다. 따라서 호남지역의 역사적 경험을 강조할 경우 현실이 소외되거나 균형감을 잃을 수도 있었다. 심지어 대상을 신비화, 이상화할 위험이 존재한다.

예를 들면 후백제와 견훤을 언급하면서, 견훤에게 비통 등의 감성을 적용하여 비극의 '주인공'으로 설정할 경우 상대방인 왕건은 '음모가', '꾀발이' 등으로 묘사되기도 했다.[52] 이렇듯 여행 대상 지역에서 찾아질 수 있는 역사적 상상력은 항상 긍정적인 부분만을 찾는 것은 아니었다. 이점은 전남 무등산에서 발견할 수 있는 의병장 김덕령(金德齡)에 관한 감성에서 잘 드러난다.

> 김덕령은 어떻게 죽었나. 김덕령의 죽음을 어떻게 무의미하게 만들었나. 그리하고 김덕령에게 표상되는 것처럼 모처럼 생기는 큰 보배 큰 그릇을 조선 사회와 그 역사가 얼마나 많이 무가치, 무의의하게 구축, 박해, 능답(凌踏), 잔멸하였는가. 사람이 때를 잘 못 만난다든지 세상이 위인을 핍박(逼迫)한다든지 하는 사실은 어떠한 나라의 역사에도 다 있는 바이지만 남에게는 이것이 예외임에 대하여 우리 조선에서는 도리어 이것이 통례임을 통곡하지 않을 수 없다.[53]

낯선 것과 여행가 자신의 경계를 없애는 방식은 '동일화' 과정에서 이루어졌다. 그렇다면 지방과 중앙(혹은 국가) 사이의 경계를 없애는 요소는

52 최남선, 앞의 책, 27쪽.

53 최남선, 앞의 책, 121쪽.

무엇일까? 자신의 전공을 살려 최남선은 역사적 사실에서 조선(인)의 부정적인 모습을 찾았던 것이다.

그러나 이것을 호남의 정서 나아가 한국의 정서로 일반화할 수 없다. 가까운 과거에 관한 부정적인 측면의 강조는 당대 사회가 해결해야 할 과제로 활용되었다면, 호남(인)을 민족공동체 구성원으로 거듭나게 하거나 호남의 감성에서 한국의 감성을 찾아야 한다.

호남지역을 대상으로 한 최남선의 여행기에서는 호남에 관한 특징을 "콩나물의 연함과 엿의 말쑥한 것은 아무래도 전라도의 특장(特長)이 아닐 수 없다"라고 해서 미각적인 부분에서도 찾았다.[54]

뿐만 아니라 최남선은 호남의 특성을 호남의 역사에서 찾고자 했다. 그는 이인좌, 전봉준 등을 언급하면서 "언제는 당(唐), 언제는 왜(倭), 남완서폭(南頑西暴)에게 반발력을 발휘하던 우리 선민의 간뇌혈육(肝腦血肉)이 얼마나 많이 섞이고 심은 땅인가. 어허 옥토만을 다행으로 알아 생활안이(安易)만을 누리기나 하고 풍수 숭상 · 기적 추수만 인생의 큰일로 알기나 함은 결코 호남인의 자랑이 아닐 것이다."라고 보았다.[55] 외세에 관한 호남지역의 반발력은 민족사에 투영되는 영역으로 확대되었다.

> 신라의 통일이 조선인을 민족적으로 통일하려는 대기운(大氣運)에 촉진되기는 한 것이지만 그것이 외방(外方)의 세력을 의장(依仗)한 만큼 자연한 성숙(成熟)이 아니었다. 이 억지에서 생기는 파탄은 언제 무슨 형식으로든지 터지고야 말 것이었다. 후백제를 간판으로 한 견훤은 백제의

---

54 최남선, 앞의 책, 8~9쪽.

55 최남선, 앞의 책, 15쪽.

적원(積怨)을 대표하고 … 궁예는 고구려의 여한을 구현한 것이니 … 진리의 혼약(昏弱)으로 인한 신라 쐐기의 느슨해짐은 백제와 고구려 유민(遺民)의 불평 폭발에 좋은 기회를 주었다. … 그 중에서도 백제인의 반감은 남다른 심광(深廣)을 가졌던 만큼 그 세력의 발양(發揚)에는 과연 놀라운 번득임이 있었다. … 바야흐로 견씨(甄氏)의 형세가 욱일(旭日)과 같은 무렵쯤은 … 왕건과 같은 자도 … 오래도록 쩔쩔매지 아니치 못하고 … (자식들의 권력 다툼으로 인해—인용자) 실력으로가 아니라, 가변(家變) 때문에 국가의 패망을 부르는 설움은 고구려의 말년의 그것이 이제 후백제에게로 전체(轉遞)되었다.[56]

호남지역에서 연상된 후백제와 견훤의 사례는 신라의 삼국통일과 고려의 건국에 관한 민족사의 계통화의 중요한 단서를 제공한다. 최남선은 후백제와 후고구려가 등장할 수 있었던 배경을 신라의 삼국통일 과정이 외세인 당에 의해 비롯되었다고 본 것이다. 즉 신라 통일의 민족사적 의의를 인정하면서도 국가의 멸망은 내부의 원인에서 비롯된다는 민족사적 교훈을 제공하고자 했다. 이렇듯 최남선의 여행은 단순한 관광이 아니었다.

역사학자이자 민속학자인 최남선은 낯선 경험을 익숙한 것으로 만들 뿐만 아니라 이에 대해 새롭게 의미 부여를 했다. 앞서 언급한 '붉' 사상과 더불어 『심춘순례』에는 사찰과 함께 불교 관련 내용이 큰 비중을 차지하고 있다. 그는 송광사에서 고려시대 의천(義天)이 주도한 『속장경』의 일부를 발견하고[57] 전국 사찰을 "문헌적으로 철저하게 조사 탐구하고

56 최남선, 앞의 책, 25~26쪽.

싶은" 심정을 피력하기도 했다.[58] 특히 그는 '신발견'이라는 의미를 부여하고 중국과 인도와 다른 조선불교를 재규정하고자 했다.

> 전불교(全佛敎) 중에 만일 '조선 불교'라 할 영역이 따로 설립된다 하면 그것은 물론 '교(敎)'의 원효(元曉)와 '선(禪)'의 지눌(知訥)을 양 지주로 하는 … 이른바 '불교통일' 운동의 가장 선구는 세계를 통틀어 우리 원효인데 원효로 말미암아 화회원융(和會圓融)된 이 이론을 가장 심절(深切) 독실(篤實)하게 실행화한 이가 곧 보조국사 지눌이란 어른이다. … 이 두 분이 갖추어 있기 때문에 … '조선불교'의 대혜거(大慧炬)가 능히 전불교에 미증유한 신광명(新光明)을 투여하게 되었다.[59]

백과사전적 지식의 확대로부터 시작된 근대 지식의 형성과정은 체계화, 계통화를 시도하는 점이 특징이다. 그리고 다양한 언론·인쇄매체를 통해 이를 대중에게 확산시키는 과정을 동반한다. 최남선은 조선불교를 중국과 인도와 구별해서 선과 교의 융합 이론을 만든 것이 특징이라고 보았으며, 이를 원효와 지눌을 중심으로 체계화하고자 했다.

이러한 조선불교의 규정은 여행기의 독자뿐만 아니라 일본과 구미와의 학문적 경쟁을 시도한 작업이라고 할 수 있다. 조선시대 세조가 간경도감(刊經都監)을 두고 불경을 한글로 번역한 것에 관해 "불전의 국어화를 꾀한 점으로 그 홍원(弘願)이 고려의 대장도감(大藏都監)에 비해 낮지

---

57 최남선, 앞의 책, 186쪽.
58 최남선, 앞의 책, 193쪽.
59 최남선, 앞의 책, 127쪽.

않는다 하겠는데 … 그는 실로 조선인의 '마음'의 힘을 또 한 번 자랑할 만한 일대 신(新)사실도 된다."[60]고 보았다.

물질적 영역에서 경쟁할 수 없었던 식민지 사회에서 제국주의 국가와 경쟁할 수 있는 영역은 정신적이고 문화적인 영역이었다. 일제강점기 조선인 지식인들은 문화적 경쟁의 대상으로 고려청자, 고려대장경 등을 제시했다. 최남선은 '신발견', '신사실'이라는 새로운 점에 강조점을 두고 그 의도를 독자에게 전달하고자 했다.

이러한 측면은 당대 불교에 대한 최남선의 인식을 반영한 것이다. 그는 조선불교가 일본화하고 있는 것을 비판하고 박한영 등의 새로운 불교 개혁 운동이 "이조불교를 업신여기지 못한 탄력을 보인 것"이라고 평가했다.[61] '탄력성'은 조선불교를 비롯하여 호남인 나아가 한국인 전반을 설명하는 중심어로 활용되었다.

여행과 여행기는 사적인 행동이지만 이것이 신문과 같은 대중 매체 혹은 책으로 출판될 때에는 공적인 행위라고 볼 수 있다. 따라서 민족적 현실과 개인의 삶이 연동되어야 하며, 독자를 배려해서 나중에 그곳을 방문할 때 주목해야 할 부분이 강조되어야 한다. 즉 최남선이 『심춘순례』가 어떻게 읽히길 원했는가란 물음과 함께 독자가 이를 어떻게 읽었는가를 확인해야 한다.

이광수는 『심춘순례』의 서평을 통해 이 책은 역사가와 민속학자인 최남선의 과학적인 기술과 '국토순례'가 병행되었으며, 조선의 국토에 대한 '감격과 예찬'을 목적으로 했다고 평가했다.[62] 안재홍의 경우에도 『심

---

60 최남선, 앞의 책, 191쪽.

61 최남선, 앞의 책, 179쪽.

춘순례』에서 학문적 지식뿐만 아니라 최남선의 '정열과 소원(訴願), 울분' 등을 읽었다고 밝혔다.[63] 이광수와 안재홍은 최남선이 강조했던 고신앙에 관해 비록 크게 주목하지 않았지만 순례의 의미가 한국인 독자에게 전달되기를 희망했다. 다시 말해 호남지역을 대상으로 한 여행기임에도 불구하고 호남의 특수성보다는 조선 단위의 '조선심(朝鮮心)'과 같은 보편적인 요소가 강조된 것이다.

지역 단위의 여행기에서 공동체 구성원에게 조선의 역사와 문화 그리고 자연을 통해 강한 응집력을 가지고 이를 공고화하는 작업이라고 할 때 최남선은 앞서 표현한 '탄력성'을 지역과 조선 단위에 아울러 적용했으며, '백의(白衣)는 조선 자연의 상응색'이라고 해서[64] 서술 단위를 호남(인)에서 조선인으로 확장하는 방식으로 서술했다.

요컨대 공간의 시간적 연대기를 작성하는 과정에서 일제가 백제란 과거의 시간에 고착시키는 논리에 어떻게 저항할 것인가의 방안이 모색되어야 한다.[65] 즉 최남선을 비롯한 '국토 여행'을 모색한 여행가들은 지역 단위에서 민족을 발견하고자 했고 이를 통해 일제와 정신적 영역에서 저항하고자 했다. 그리고 검열 등을 통해 저항의 정서를 직접적으로 표현할 수 없었을 때 동원되는 수사법은 감성적인 표현의 활용이었다.

---

62 춘원(이광수), 「육당의 근작 심춘순례를 읽고」, 『동아일보』, 1926.6.1.

63 안민세(안재홍), 「심춘순례를 독함」 (1), 『조선일보』, 1926.6.6.

64 최남선, 앞의 책, 221쪽.

65 일제의 여행기가 '먼 과거'인 백제에 한정된다는 점에 관해서는 우미영, 「고도(古都) 여행, 과거의 발견과 영토의 소비」, 『동아시아 문화연구』 46, 한양대 동아시아문화연구소, 2009, 133~134쪽 참조.

5. 타자를 통한 자아의 구성

우리의 근대는 어느 하나의 지표로 설명하기 어려운 다면체의 모습을 지니고 있다. 국내 여행을 보더라도 중앙과 지방, 일제와 식민지 조선 등의 다층위적 시선이 교차하며 여행가의 '타자되기'와 '타자 만들기'가 상호 복합적으로 작용하고 있다. '타자되기'는 여행자인 최남선의 자신을 규정하는 과정이었다.

최남선은 일제와 지방인에 대해 스스로를 타자의 위치로 설정하고 여행기를 서술했다. 그리고 '타자 만들기'는 중앙 지식인인 최남선에 의해 해당 지역의 자연은 물론 유적·유물과 현지인을 대상으로 이루어졌다. 그는 현지인보다 풍부한 조선 문화와 역사에 관한 지식을 바탕으로 해당 지역의 과거-현재-미래를 조망함으로써 해당 지역의 특성을 규명하고, 이를 민족 전체로 적용하고자 했다. 그에게 또 다른 타자는 일제였다. 1920년대 최남선의 『심춘순례』에는 일제의 호남 지역과 조선·조선인에 관한 정리에 관한 정신적 대결의 성격을 지녔다.

일제와 일제에 협력했던 조선인은 호남지역에 대해 일제의 지배 이후와 이전시기의 차이점을 부각했다. 이들은 호남을 조선 전체의 부정적인 측면(예를 들면 '게으름')에서 분리하면서 일본(인)의 장점에는 미치지 못함을 강조했다. 이러한 계몽의 논리에 관해 비록 가까운 과거인 조선시대에서 대응 논리를 만들기 어려웠지만 이광수와 최남선 등은 먼 과거인 백제에서 대응 논리를 찾고자 했다. 논리를 넘어선 감성적인 측면에서 백제의 예술적 능력을 강조했다.

최남선은 쇠락한 유적·유물 앞에 분노하기도 했으며 민간전승으로 남아 있음에 기쁨을 묘사하기도 했다. 분노의 대상은 인위적으로 조선의 유적을 변조하거나 약탈하는 일본인으로 확장되었고 이러한 강조는 독자와의 연대의식을 낳은 계기가 되었다. 아울러 지역 단위와 공동체 단위, 과거와 현재의 낯선 경계를 없애는 방식은 상상력을 통한 감정이입을 통해 이루어졌다. 또한 호남인의 특성인 '반발력'을 조선인의 민족성으로 연결시킴으로써 민족을 재규정하고자 했다.

타자를 통해 자아를 구성하는 여행기에 관한 검토는 결국 우리의 근대성과 '한국적인 것'의 실체를 규명하는 작업과 연결된다. 전자의 물음은 대상지역의 현재와 미래에 관한 전망을 통해 그리고 후자의 물음은 과거와 현재를 연결하는 작업 속에서 이루어졌다. 즉 여행기는 공간을 대상으로 시간적 연대기를 만드는 작업이라고 할 수 있다. 이러한 과정은 일방향으로 구성되는 것이 아니라 여행가와 일제(日帝)와 현지인이란 타자와의 쌍방향성으로 진행되었다.

근대 조선 지식인의 세계여행과 동서양에 관한 경계 의식

1. 익숙하지 않은 공간인 세계여행

여행은 익숙하지 않은 낯선 공간과의 만남이며, 여행기는 새로운 풍경과 유물·유적을 조우하면서 여행가의 감성이 드러나는 글쓰기이다. 여행기와 감성을 연결시킨 논의를 살펴보면, 우선 대상지역과의 교감 속에서 이루어진 여행가의 감성은 여행자의 시선에서 낯선 공간과 사람이란 대상에게 의미부여를 함으로써 나타난다.[1] 그리고 여행기 혹은 기행문은 대상 공간에 대해 정감을 부여하면서 새로운 발견과 탐색을 하며 타자와의 차이점을 상호 인식하는 사회·문화적 활동을 의미한다.[2]

---

1 박애경은 기행문에 관해 "여행의 주체인 동시에 관찰과 기록의 주체인 여행자의 시선에 포착된 대상의 재구성과 의미화 과정이 수반"한다고 보았다(「1920년대 내지시찰단 기행문에 나타난 향촌 지식인의 내면의식」, 『현대문학의 연구』 42, 한국문학연구학회, 2010, 335쪽).

2 박성용, 「일제시대 한국인의 일본여행에 비친 일본」, 『대구사학』 99, 대구사학

또한 다양한 계층으로 구성된 여행 주체는 여행기를 통해 대상 지역과 인물에 관해 의미를 부여할 뿐만 아니라 이를 통해 자아를 재구성했다. 이러한 논의를 통해 볼 때 체험으로 구성된 여행기에서 텍스트에 관한 접근은 여행가가 '무엇을 보았나' 보다 '무엇을 보고 싶었나'를 주목해서 검토해야 한다.

여행기는 일상에서 벗어나 새로운 공간에서 매혹된 것을 장악하려는 욕망을 표현한다.[3] 국내여행과 국외여행을 구별하면 전자는 익숙한 공간에서, 후자는 낯선 공간에서 자신의 정체성을 확인하는 작업이다. 감성은 익숙한 것보다는 낯선 것에서 증폭되어 발생하기 때문에[4] 한국인의 세계여행과 이들의 여행기가 주목된다.

그 가운데 특히 기차와 기선 등 대중교통 수단의 발달로 인해 가능해진 근대의 세계 일주 여행은 식민지 조선인의 입장에서 제국 일본과 세계를 동시에 조망할 수 있는 계기를 제공했다. 여행기가 자신의 정체성을 재확인하는 작업이라고 할 때, 세계여행 과정에서 이들은 식민지 조선인이자 동양인이면서 동시에 근대 세계의 일원이라는 상호 교차되는 정체성의 동요와 혼란을 경험했다.

세계여행을 한다는 것은 식민지 모국인 일본을 경유하지 않고 서양과 직면함을 의미한다. 하지만 세계여행이 용이해진 1920~30년대에도 막

회, 2010 참조.

3 황호덕, 「여행과 근대, 한국 근대 형성기의 세계 견문과 표상권의 근대」, 『인문과학』 46, 성균관대학교 인문과학연구소, 2010, 7쪽.

4 감성의 발현은 대상에 관해 '감(感)'하는 과정에서 이루어지며, 대상을 통해 주체의 의식적, 심미적 행위가 가능하다는 논의에 관해서는 조태성, 「시조의 감성구조」, 『시조학논총』 32, 2010, 292~293쪽 참조.

대한 소요 경비와 식민지 상황 때문에 식민지 조선인에게 그 기회는 쉽지 않았다. 일제강점기에 중국·일본을 다녀오거나 이를 경유해서 미국과 유럽에 체류했던 유학생의 다양한 기록에 비해, 1920~30년대 세계를 '일주'하는 여행을 한 후 여행기를 남긴 경우는 허헌, 나혜석, 이순탁, 박인덕 이상 4명의 사례가 유일하다.

이들의 세계여행기와 관련해서 해외 여행기 일반과 개별 여행기에 관한 많은 선행 연구가 이루어졌다.[5] 그럼에도 불구하고 이를 함께 검토하는 것은 성별, 직업 등으로 구별되는 여행 주체의 차별적인 존재 의식뿐만 아니라 근대 식민지 조선인으로 세계와 조우하면서 체험한 공통적 감성을 살펴보고자 함에 있다.

식민지 조선인의 세계여행기는 외국이란 낯선 것과 조선 사이의 경계를 없애는 방식으로 이루어졌다. 이러한 경계는 단순히 공간적인 것만을 의미하지 않는다. 이들이 '서양'을 만날 때 개인이면서 동시에 조선민족을 대변하는 존재로, 나아가 '동양인'과 '세계인'이란 경계를 넘나들었다.

아울러 이들의 세계여행과 여행기는 개인적이지만 신문과 잡지 혹은 책으로 출간될 때에는 공적(公的) 행위가 되었다. 이들은 세계여행을 통

---

5 해외 기행문 일반에 관해서는 차혜영, 「1920년대 해외 기행문을 통해 본 식민지근대의 내면 형성경로」, 『국어국문학』 137, 2004; 차혜영, 「지역간 문명의 위계와 시각적 대상의 창안」, 『현대문학의 연구』 24, 2004; 곽승미, 「세계의 위계화와 식민지주민의 자기응시」, 『한국문화연구』 11, 2006이 있으며, 개별 기행문에 관한 연구는 황호덕, 앞의 논문; 손유경, 「나혜석의 구미만유기에 나타난 여성 산책자의 시선과 지리적 상상력」, 『식민지 근대의 뜨거운 만화경』, 성균관대 출판부, 2010; 김성은, 「일제시기 박인덕의 세계인식」, 『여성과 역사』 5, 2011 등이 있다.

해 식민지 조선인 독자에게 세계에 관한 정보를 제공함으로써 민족적 현실과 개인의 삶을 연결시켰다. 이글에서는 '무엇을 보고 싶었나'라는 물음과 관련해서 식민지 조선 지식인이 세계여행을 어떤 시기에, 어떤 이유로, 그리고 낯선 것에서 익숙하거나 친숙한 것을 재확인하는 과정이 어떻게 이루어졌는지를 함께 검토해보고자 한다.

2. 세계여행과 동양이란 경계 넘기

개항이후 조선은 세계와 본격적으로 교류하면서 세계에 관한 지식을 축적해나갔다. 1895년 출판된 유길준의 『서유견문』은 당대 조선인이 세계를 이해하는 기본적인 저서로 활용되었다.[6] 이 책은 서양의 사실을 기록하고 그들의 풍속을 논하여 우리나라 사람들에게 읽을거리를 제공할 목적으로 집필되었고[7] 독자에게 세계에 관한 다양한 정보를 제공했다.[8] 즉 『서유견문』은 당시 조선인에게 서양을 이해하는 입문서 역할을 담당했다.

서양과 세계라는 타자에 관한 관심은 결국 자신의 정체성을 구성하기 위한 한 방식이었다. 『서유견문』의 경우에도 세계에 관한 정보 소개를 통해 당대 조선이 나아가야 할 방향을 제시했다. 따라서 이 책에서 '아

6 김현주는 『서유견문』을 당시 최고 수준의 서양 입문서 또는 서양 문화의 소개서라고 평가했다(유길준, 허경진 옮김, 『서유견문』, 서해문집, 2004, 589쪽).

7 유길준, 『서유견문』, 문순사, 1895, 2쪽.

8 『서유견문』의 구성은 '서(序)'와 비고를 제외하고 총 20편으로 이루어졌는데 1~2편은 천문과 세계지리, 3~18편까지는 서양의 정치, 사법, 행정, 교육, 사회보장제도, 공공기관, 종교와 학문, 근대적 기계와 발명품을, 19~20편은 서양의 주요도시를 소개하고 있다.

국인(我國人)', '아방인(我邦人)', '조선인' 등으로 서술한 부분이 주목된다.

이러한 표현은 주로 서양을 소개하면서 주체인 조선인을 드러내는데 낯선 서양을 조선의 사례와 비교해서 설명할 때, 서양에서 배울 점을 언급할 때, 서양과 차별된 조선의 장점을 언급할 때 활용되었다.[9] 이렇듯 『서유견문』은 세계에 관한 지식을 소개하면서 동시에 조선인을 '호명'함으로써 세계에 관한 지식의 영역에서 조선이 서양과 동등한 지위를 갖게 하고자 했다.

서양에 관한 지식은 한말과 일제 초 신문과 잡지를 통해 확산되었다. 중국과 일본에서 정리된 세계에 관한 지식이 『한성순보』, 『한성주보』 등의 신문과 『소년』, 『청춘』 등의 잡지를 통해 번역되고 재정리되었다. 전자는 소식의 '신속성'과 '동시성'에서 장점을 지녔으며[10] 후자는 시의성에서 뒤지지만 단편적인 세계 소식을 종합적으로 정리해주는데 특징이 있었다. 신문은 외신(外信)의 형태로 유럽과 미국으로 대표되는 서양과 다른 여러 나라의 소식을 병렬적으로 소개했다. 반면 잡지는 세계에 관한 지식을 계열화, 계통화하고자 했다.

한말 시기 세계에 관한 다양한 정보 소개는 신문보다 잡지가 효과적이었다. 잡지의 구성은 제한된 지면에 최대한의 정보를 담아 압축적이면서 사진과 해설을 추가하는 입체적인 방식으로 이루어졌다. 서양에

9 전체 556쪽 분량의 『서유견문』에는 '아국(我國)'과 '아국인(我國人)'이 13회, '아방(我邦)'과 '아방인(我邦人)'이 44회, '조선인'이 9회 언급되었다(이한섭 외, 『서유견문 (어휘색인)』, 박이정, 2000 참조).

10 신문의 형태로 『한성순보』는 1880년대 조선인들이 간접 체험한 서구 문물의 대표적인 정보원으로 평가된다 (규장각 한국학연구원 엮음, 『조선 사람의 세계여행』, 글항아리, 2011, 289쪽).

관한 내용 가운데 독자에게 흥미 내지는 관심거리가 주목되었다.

당시 잡지에는 아시아와 아프리카 지역보다는 서양에 관한 기사가 많았다. 서양 안에서도 유럽과 미국을 구별하고, 유럽 국가 안의 독일, 영국, 벨기에 등 개별 국가의 사례가 구체적으로 소개되었다. 이렇듯 세계에 관한 지식은 언론 매체를 통한 간접체험의 방식으로 조선인 독자에게 전달되었다.

하지만 이러한 지식은 정보 전달자의 의도에 따라 '동경(憧憬)' 혹은 '가상(假想)', '환상'의 요소가 동반될 수밖에 없었다.[11] 세계에 관한 이러한 정보는 1920~30년대 직접 체험을 토대로 한 세계여행이 이루어지면서 바뀌게 되었다.

간접 체험으로서의 세계에 관한 지식과 직접 체험으로서의 세계여행 사이의 차이점은 무엇일까? 이전 시기 근대 서양의 새롭고 신기한 문명적 요소에 관해서는 이에 관해 설명이 동반되었다. 예를 들면 1902년 이종응의 『셔유견문록』은 초인종을 "사람 부르는 종", 전등을 "저절로 켜지는 등"[12]이란 주석을 달았다.

반면 1920~30년대의 세계여행기에서는 이미 세계에 관한 정보가 식민지 조선 사회에 상당 분량 축적되어 있었기 때문에 전문 용어의 번역이나 별다른 설명이 요구되지 않았다. 또한 직접 체험에 입각한 세계여

---

11 곽승미는 세계에 대한 지식은 세계를 직접 체험하고 그 지식의 정합성 여부를 확인하고 싶은 욕망을 자극한다고 보았고 『소년』에 게재된 「쾌소년 세계주유시보」(1907)는 가상이기는 하나 이러한 욕망을 반영한 것으로 보았다(곽승미, 앞의 논문, 11쪽).

12 김상진, 「이종응(李鍾應)의 『셔유견문록』에 나타난 서구 체험과 문화적 충격」, 『우리문학연구』 123, 우리문학회, 2008, 52쪽.

행에 관한 글쓰기는 최신 정보를 바탕으로 생생한 현장감을 보여 주었다. 하지만 당시 집 2채 가치인 1만 2천원을 비용으로 쓴 허헌의 사례처럼 세계 일주 여행은 쉽지 않은 기회였다.

일제강점기 세계 일주 여행을 하고 이를 기행문으로 남긴 인물은 허헌(1885~1951), 나혜석(1896~1946), 이순탁(1897~1950 납북), 박인덕(1897~1980) 이상 4명이었다. 이들은 경제적으로 세계여행이 가능한 계층이었으며, 이들은 이미 일본과 미국 유학 등을 통해[13] 일반적으로 식민지 조선사회에서 경험할 수 없었던 근대를 경험한 존재였다.

화가 나혜석은 외교관인 남편과 동행했고, 경제학자 이순탁은 연희전문 교수였고, 변호사 허헌은 동아일보 특파원 자격이었으며 교육계 인사인 박인덕은 미국 유학생이자 교수로 세계 일주 여행을 했다. 이들은 자신의 여행 경험을 신문과 잡지 등의 언론매체에 게재했으며 특히 이순탁과 박인덕은 자신의 경험을 바탕으로 『최근세계일주기』(1934), 『세계일주기』(1941)란 저서를 출간했다.[14] 이들의 세계여행 기간과 경로를 표로 살펴보면 다음의 표와 같다.

현지를 직접 방문해서 이루어졌다는 측면에서 세계여행에 관한 체험은 지적(知的) 영향력 내지는 권위를 지녔다. 현지 체험을 통해 얻고자 했던 것은 무엇인가에 관해서는 그들의 여행 목적과 동기에서 찾을 수

13 허헌은 일본 메이지대 법학부를 수료했으며, 나혜석은 일본 도쿄여자미술전문학교를 졸업했고, 박인덕은 1930년 미국 컬럼비아 대학에서 교육학 석사를 받았으며, 이순탁은 교토제국대학 경제학부를 졸업했다.

14 박인덕의 『세계일주기』는 그녀가 1926년 여름 미국 유학길에 오른 때부터 1937년 가을까지 2차(제1차는 32개월, 제2차는 23개월)에 걸쳐 약 5년간 35개국을 여행하고 기록한 내용으로 구성되었다.

있다. 이들의 여행기는 세계에 관한 새로운 정보를 "보고 듣는다."라는 견문의 측면이 강조되었다.

허헌은 세계여행을 갈 때 "구미 각국의 '사법제도 견학'이라고 기입"했으며,[15] 박인덕의 경우 "비록 반도의 일개 여자로 태어났을망정 … 남의 인정, 풍속, 문물, 경채(景彩)를 보고 그 본 바 얻은 바를 색채나게 그리고 글로 써서 읊고도 싶었다. … 우리의 것을 저들에게 줄뿐더러 저들의 문화가 우리에게 덕용(德用)될 만한 것을 알리는 것이 나의 이번 순회의 목적이다."라고 밝혔다.[16] '견학'과 '견문'이란 개인적 목적을 밝혔지만 이들은 세계와 조우하면서 조선을 대표한다는 마음가짐에서 출발하기 때문에 이미 민족을 대표하거나 대변한다고 인식했다.

▌세계여행 기간과 경로

여행가	직업	기간	여행 경로
허 헌	변호사	1926.5. ~1927.5.	서울 → 일본 → 하와이 → 미국 → 유럽 → 소련 → 중국 → 귀국
나혜석	서양화가	1927.6. ~1929.3.	부산 → 신의주 → 하얼빈 → 유럽 → 미국 → 태평양 → 일본 → 부산
이순탁	연희전문 교수	1933.4. ~1934.1.	서울 → 일본 → 중국 → 동남아 → 이집트 → 유럽 → 미국 → 태평양 → 일본 → 귀국
박인덕	유학생	1928~1931 (1차)	미국 → 대서양 → 영국 → 유럽 → 러시아 → 지중해 연안 → 인도 → 귀국
	교수	1935~1937 (2차)	조선 → 미국/캐나다 → 귀국

15 허헌, 「신문기자로서 얻은 세 가지 인상」, 『신동아』 4-8, 1934.8, 35~39쪽.

16 박인덕, 「북미대륙의 방황」, 김동환 편, 『평화와 자유』, 삼천리사, 1935, 34쪽, 41쪽.

민족공동체를 대표한다는 입장은 여성 관찰자보다 남성 관찰자의 여행기에서 강조되었다. 허헌은 “크고 건강하고 배움이 많아서 조그마한 이 몸이 가져다 드리는 뒷날의 선물을 웃고 받아주소서”라고 여행의 목적을 밝혔다.[17] 그리고 이순탁은 “가치 있는 지식을 얻어서 우리 사회에 일조”하는 것이라고 해서 ‘개인아(個人我)’가 아닌 ‘사회아(社會我)’로서의 자신의 역할을 피력했다.[18] 즉 “우리의 생활로는 어디 있나”하고 두루 찾아다닌 여정이었다는 기술처럼,[19] 이들은 ‘우리’에게 없거나 부족한 다시 말해 서양적인 근대적 요소를 얻기를 희망했다.

여행가 자신을 포함한 조선인의 정체성을 찾고자 한 세계여행은 ‘월경(越境)’이라는 단계부터 시작되었다. 세계 각국에 관한 정보가 축적된 상황임에도 불구하고, 1920~30년대 세계여행을 직면한 여행가의 감성은 불안이었다.

나혜석의 경우 세계여행을 준비하면서 화가인 측면에서 그림의 요점은 무엇인가, 인간의 측면에서 사람은 어떻게 살아야 하는가, 여성의 입장에서 남녀는 어떻게 살아야 평화스럽게 살까, 여성의 지위는 어떠한 것인가라는 물음을 서양 여행을 통해 찾고자 했다고 밝혔다.[20]

---

17 허헌, 「세계일주기행(제1신), 태평양의 노도(怒濤) 차고 황금의 나라 미국으로! 하와이에 잠깐 들러 형제부터 보고」, 『삼천리』 1, 1929.6, 7쪽.

18 이순탁, 『최근세계일주기』, 한성도서주식회사, 1934; 학민사, 1997, 18쪽에서 재인용. 또한 그는 “개인의 언동은 그 나라를 반영하여 그이가 가지는 영예와 치욕은 곧 그 나라 전체, 그 국민 전체에게로 돌아간다는 것을 잊어서는 못쓴다는 것을 절감”한다고 해서 민족을 대표한다는 입장을 강조했다(이순탁, 앞의 책, 32쪽).

19 박인덕, 『세계일주기』, 조선출판사, 1941, 62쪽.

20 나혜석, 「쏘비엣로서아행, 구미유기(歐米遊記)의 기일(其一)」, 『삼천리』 4-12, 1932.

여행가에게 서양 방문 목적에 관해 지속적으로 물음을 제기한 것은 '미지의 존재'에 대한 불안감의 반영이었다. 이러한 정서는 식민지 조선의 국경과 동양을 넘어서 서양과 조우한다는 '경계 넘기'를 할 때 구체적으로 발생했다.

식민지 조선에서 세계로의 월경(越境)은 대륙과 바다 양 방향에서 이루어졌다. 구체적으로 기차를 통해 신의주를 출발해서 시베리아를 거쳐 유럽을 가는 방식과 부산에서 배를 타고 바다를 건너는 경우로 나뉠 수 있다. 나혜석은 대륙을, 허헌, 이순탁, 박인덕은 바다를 경유해서 세계를 일주했다. 심상 지리 속에서 동양과 서양을 구별하고 동양을 벗어난 지점은 어디일까?

식민지 조선인에게 철도를 통해 유럽을 갈 때 경계선은 시베리아와 연결된 하얼빈이었다. 그리고 태평양과 인도양을 건널 경우 일본의 고베, 나가사키, 요코하마 등의 항구였다. 이러한 과정을 통해 이들은 식민지 조선은 물론 동양을 넘어 서양과 조우했다.

세계여행을 통해 서양을 만난다는 것은 이들 여행가에게 조선인과 동양인을 동시에 느끼게 했다. 나혜석은 하얼빈에 관해 "북으로 유럽과 러시아 및 유럽 각국과 통하여 세계적 교통로가 되어 있고 … 세계인의 출입이 끊이지 않"[21]은 곳이라고 해서 소통과 변화함을 경계 공간의 특징으로 보았다. 그리고 "서양 냄새가 충분히 나는 것 같고 내 몸이 이제야 서양에 들어 온 것 같은 감이 생겼다"라는 표현처럼 동양을 벗어나 '진짜(眞)' 유럽으로 들어선다는 감성은 러시아와 폴란드의 국경을 넘어

12, 60쪽.

21 나혜석, 「쏘비엣로서아행, 구미유기의 기일(其一)」, 『삼천리』 4-12, 1932.12, 62쪽.

갈 때 발생했다.[22]

대륙을 횡단하는 열차가 공간적 격리감을 느낄 사이도 없이 유럽 대륙과 연결되었다면, 바다란 경계는 대륙과 기차로 연결된 경로보다 '위험'의 요소가 추가되면서 또 다른 경계의식을 만들었다.

허헌은 요코하마(橫濱)를 통해 태평양을 건너가면서 "요코하마 바닷물은 날마다 수없이 보내고 가는 동서양사람의 이별 눈물로 개항 60여 년에 수 척(尺)이나 수심(水心)이 깊어졌다. 미주(美洲)나 유럽으로 간 우리 형제도 많으니 조선 사람의 눈물도 몇 촌(寸)이나 이 수심을 깊게 하였는가."라고 감정을 피력했다.[23] 이렇듯 바다를 통해 동양을 넘어갈 때 이별, 눈물 등의 용어가 더욱 강하게 구사되었다.

월경과 함께 조선 지식인이 세계여행을 할 때 동양을 거쳐 서양을 가는 경로와 서양으로 직접 가는 경로 사이에 서로 다른 감성적 층위를 확인할 수 있다. 일본 요코하마 항구를 출발하면 태평양이란 공간을 넘어 서양의 일원인 미국을 직접 만날 수 있지만, 나가사키와 고베항구에서 출발하면 중국을 거쳐 동남아와 인도, 아프리카 북부 등 '동양'을 경유해서 유럽에 가게 된다.

태평양을 건너간 허헌, 박인덕의 경우와 달리 이순탁은 일본에서 출발해서 중국, 동남아시아, 인도, 이집트를 경유해서 서양으로 가는 코스를 택했다. 후자의 경우 서양을 먼저 조우하는 것 이상의 복잡한 정서가 내재되었다.

---

22 나혜석, 「CCCP, 구미유기의 제2(第二)」, 『삼천리』 5-1, 1933.1, 47쪽.

23 허헌, 「세계일주기행(제1신), 태평양의 노도(怒濤) 차고 황금의 나라 미국으로! 하와이에 잠깐 들러 형제부터 보고」, 『삼천리』 1, 1929.6, 6쪽.

이순탁은 아프리카 대륙을 지나면서 "너는 아시아와 같이 전 세계문명에 지대한 공헌을 해 왔으며, 전 세계 인류에 무한한 보화를 제공하지마는 어찌하여 오늘은 저 백인들의 요리장이 되느냐. 분기(奮起)할 때는 아직도 늦지 않다."라고 동양인으로서 자신의 감정을 이입했다.[24]

이렇듯 동양과 서양을 함께 조망했던 식민지 조선 지식인은 단순한 개인이 아니라 상황에 따라 조선 민족과 아시아 '종족'을 함께 대변했던 존재였다. 이점은 제국=서양과 식민지=동양으로 표상되는 대립구도에서 보다 복잡한 여행 감성으로 표출되었다.

3. 식민지 조선인의 서양과의 조우

1920~30년대 직접 체험의 세계여행은 이전에 축적된 세계에 관한 정보를 넘어서는 '생생한' 정보를 제공해야 했다. 이순탁은 "앉아서 책을 본다는 것은 많이 볼 수는 있지마는 이 지식은 오직 암상(暗想)에 지나지 못한 것이요, 귀를 기울이고 눈을 넓혀서 산 사실을 견문하는 것이 오히려 나은 지식이 아닐까 하는 생각"[25]이라고 밝혔다. 그리고 허헌은 "구라파에 가보면 - 구라파라 하여도 주로 내가 본 곳이 영국인데"라는 표현을 했듯이,[26] 실제 현장을 방문했다는 측면에서 이들의 발언은 지적 권위를 인정받았다. 하지만 서양이라는 낯선 존재에 관한 의미부여는 여전히 이들의 여행기에 계속 나타났다.

이들은 기존에 세계에 관해 지니고 있던 정보를 토대로 했던 '선입

24 이순탁, 앞의 책, 76쪽.

25 이순탁, 앞의 책, 18쪽.

26 허헌, 「참정권과 학생」, 『삼천리』, 1932.12, 41~42쪽.

관'[27]을 배제해야 했다. 이순탁의 경우 이탈리아를 방문하기 전에 "역사 오래인 나라, 따라서 사적이 풍부한 나라, 근세 구주문명을 비벼낸 나라, 예술의 나라, 미의 나라, 지진의 나라, 파쇼의 나라임과 동시에 신의 없는 나라, 도적 많은 나라, 걸인 많은 나라"라는 선입관을 가졌다고 표현했다.

아울러 기존의 세계에 관한 지식을 능가하기 위해 여행가 자신과 독자가 놀랄만한 내용을 소개하는 방식으로 내용을 구성했다. 예를 들면 서양 및 외국을 대상으로 한 감탄사를 구사한 문장이나 '놀라움', "상상 밖", "생각할 수 없었던" 등의 표현이 주로 사용되었다.

나혜석의 경우 프랑스 지하철을 "땅 밑으로 4층으로 차가 놓여 있을 뿐 아니라 일선(一線)은 세느 강 밑으로 다닌다는 말을 들으면 누구든지 곧이듣지 않을 것이다"라고 소개했다.[28] '세계대공황' 이후 서양을 방문한 이순탁의 경우 이탈리아와 독일의 파시즘 득세에 관해 "잡지나 신문지를 통해서도 이미 알았지마는 실제상 얼마나 역화(力化)했는지는 알지 못했었는데, 와서 보니까 심히 강력화하여 실로 상상 밖이다"라고 표현했다.[29] "누구든지 곧이듣지 않을 것", '상상 밖'이라는 서술에서 나타나듯이 그들은 직접 체험이란 권위를 바탕으로 이미지와 관념으로서의 유럽을 재구성했다.

매체를 통한 간접 정보를 바탕으로 한 세계지식과 차별화된 현지 체

---

27 이순탁, 앞의 책, 124쪽.

28 나혜석, 「꽃의 파리행, 구미순유기(歐美巡遊記) 속(續)」, 『삼천리』 5-4, 1933.4, 80쪽.

29 이순탁, 앞의 책, 23쪽.

험은 서양을 상대화할 수 있는 기회를 제공했다. 한말 이래 세계에 관한 정보가 제공되면서 동양인과 조선인에게 서양은 지향해야 할 근대의 표준 역할을 담당했다. 『서유견문』에서는 "유럽과 아메리카 두 주에 있는 여러 나라가 아시아주 여러 나라에 비하여 백배나 부강하다"[30]고 강조했다.

1920~30년대 이루어진 직접체험으로서의 세계여행은 자본주의와 제국주의에 관한 비판적 접근을 가능하게 했다. 나혜석은 영국 런던을 방문해서 "식민지에서 빼앗아 온 것으로 시가지 시설이 모두 풍부하다."라고 해서 비판적인 입장을 견지했다.[31] 그리고 이순탁의 경우에는 미국 흑인의 상태가 '형식상, 법률상 해방'은 이뤄졌지만 '심리상 해방'은 수반되지 않았다고 이해했다.[32]

이렇듯 한말 일제강점기 초반 서양에 관한 긍정적 이미지 혹은 '환상'이 해당 지역을 직접 관찰하면서 교정되었다. 물론 이들 여행가의 서양에 관한 인상은 균일하지 않았다.

세계여행기는 타자인 세계가 어떻게 표상되는지를 확인하는 텍스트이다. 따라서 관찰자의 시선이 중요하다. 서양의 동일 공간에 관한 체험에서도 이들 여행가의 정서는 많은 차이를 보였다. 프랑스 파리에 관해 이순탁은 "실로 꽃의 도시이다. 건물 곱고 시가지 깨끗하며, 청·녹색의 마론 병목수는 어느 거리에든지 서 있어서 전 시가지는 녹음으로 꽉 덮이었다"라고 해서[33] 깨끗하다는 인상을 강조했다.

---

30 유길준, 『서유견문』, 173쪽.

31 나혜석, 「백림(伯林)에서 런던까지, 구미유기의 속」, 『삼천리』 5-9, 1933.9. 84쪽.

32 이순탁, 앞의 책, 276쪽.

반면 나혜석은 "파리라면 누구든지 화려한 곳으로 연상하게 된다. 그러나 파리에 처음 도착할 때는 누구든지 예상 밖인 것에 놀라지 않을 수 없을 것이다. 우선 일기가 어두침침한 것과 여자의 의복에 흑색을 많이 사용한 것을 볼 때 첫 인상은 화려한 파리라는 것보다 음침한 파리라고 안할 수 없다"[34]라고 해서, "어두침침함과 음침함"이란 전혀 다른 소감을 밝혔다. 이러한 사례에서 볼 수 있듯이 동일한 공간과 1920~30년대란 유사한 시간 속에서 관찰된 서양에 관한 인상이 여행가의 관점에 따라 상호 충돌하기도 했다.

서로 상충되는 기록이 실제 사실과 부합하는지 여부보다도 조선 지식인 여행가가 '무엇을 보고 싶었나'에 보다 주목해야 한다. 조선 지식인 세계여행가는 여행 시점과 젠더 문제와 존재 의식 등의 차이로 인해 서로 상이한 서양에 관한 관심을 피력했다. 즉 서양은 관찰자의 입장에 따라 다양하게 해석되었다.

나혜석은 영국에서 여성 경찰의 존재[35]와 "런던에는 주장(酒場)이 많은데 객의 반수는 여자의 출입이 많다"[36]라는 점을 부각하면서 서양 여성의 사회활동에 주목했다. 이순탁은 세계경제와 독일과 이탈리아의 파시즘 대두, 박인덕은 서양의 교육제도에 주목했다. 하지만 이들은 식민지 조선인의 시선에서 서양을 바라본다는 정서를 공유하고 있었다. 이는 허헌이 서양 내부의 아일랜드와 같은 '약소국(弱小國)'에 주목한 점에

33 이순탁, 앞의 책, 145~146쪽.

34 나혜석, 「꽃의 파리행, 구미순유기 속」, 「삼천리」 4-5, 1933.4, 80쪽.

35 나혜석, 「백림에서 런던까지, 구미유기의 속」, 『삼천리』 5-9, 1933.9, 85쪽.

36 나혜석, 「백림에서 런던까지, 구미유기의 속」, 『삼천리』 5-9, 1933.9, 86쪽.

서 보인다. 서양 안에서 이러한 사례에 관한 주목은 식민지 조선의 현실을 투영한 내용으로 구성되었다.

> 민가(民家)의 건물인들 미국(美國)에서 보던 것 같이 정미(整美)한 것이 하나인들 어디 있으리까. 실로 만목처참(滿目悽慘)하다 함은 이를 가리킨 듯 하더이다. 그래도 요즘에는 자유국이 된 뒤에 신정부(新政府)의 손으로 부흥 사업이 왕성하게 일어나는 모양으로 길가마다 새로운 가로수가 서기 시작하고 또 시구(市區)도 개정(改正)이 되며 좌왕우래(左往右來)하는 애란인(愛蘭人)의 얼굴 위에도 희망과 정열의 빛이 떠오르더이다. 나는 이 모양을 보고 재속에서 날개를 털고 일어나는 '불사조(不死鳥)'라는 새를 생각했소이다.[37]

정보를 바탕으로 한 서양 인식과는 달리 체험으로서의 세계여행은 서양 내부의 비교가 가능한 여행이었다. 조선의 여행가가 조선인, 식민지인, 동양인으로 서양을 바라볼 때 서양은 다층적인 존재로 표상되거나 이해되었다. 이들은 유럽(혹은 서양)이라는 공통적 요소 안에서 프랑스인, 영국인, 독일인, 스페인 등으로 구별해서 상대화했다.

예를 들면 남부와 동부 유럽의 사례가 그러했다. 스페인에 관해 나혜석은 "도로에 흙먼지가 많아 유럽 중에는 보지 못하던 동양적 색채가 있으며, 마차가 많고 노동자가 많으며 걸인이 많다"라고 보았다.[38] '동양적

---

37 허헌, 「세계일주기행(제3신), 부활하는 애란(愛蘭)과 영국의 자태」, 『삼천리』 3, 1929.11, 15~16쪽.

38 나혜석, 「열정의 서반아행(세계일주기 속)」, 『삼천리』 6-5, 1934.5, 129쪽.

색채'란 표현에서 보이듯이 스페인은 일반적인 서양의 이미지와 차별화되었다. 이렇듯 서양 여러 나라를 동시에 보고 온 경험은 서양 일반으로 상정된 고정관념을 벗어날 수 있는 계기를 제공했다.

서양을 상대화함으로써 획득될 수 있는 정치적 의미는 무엇일까? 사이드는 서양의 '오리엔탈리즘'은 세계를 동일한 시선에서 조망하고 서양과 동양을 서열화하는데 있다고 보았다. 이는 서양인이 동양인을 바라보는 관점이다. 그렇다면 이와 반대로 서양의 타자인 동양(인)의 시선에서 서양을 바라보는 담론을 살펴보는 것이 필요하다. 그 한 사례가 조선 지식인의 서양 체험인데, 이들은 단일한 존재로 표상되는 서양을 직접 방문해서 국력의 우열을 기준으로 유럽 각국을 서열화했다. 서양을 하나의 단위로 설정하지 않음으로써 물질문명으로 대표되는 서양으로부터 '압도'됨에서 벗어날 수 있었다.

서양 내부의 장단점을 파악하는 것을 통해 이들은 식민지 조선 사회의 변화와 발전의 '가능성'을 찾을 수 있는 계기를 만들어 갔다. 나혜석은 스위스를 방문할 때의 경험을 조선의 현실과 연결시켰다.

나혜석은 "스위스는 큰 나라 사이에 있어 정치상으로나 군사상 별로 할 일이 없으니 천은(天恩)을 입은 자연경색을 이용하여 그것이 수입의 대부분이 된다고 한다. 우리나라에도 강원도 일대를 세계적 피서지로 만들 필요가 절실히 있다. 동양인은 물론이요, 동양에 있는 즉 상해, 북경, 천진 등지에 있는 서양인을 끌 필요가 있다"라고 밝혔다.[39]

스위스에서 조선의 가능성을 찾은 것이다. 그녀는 세계여행을 통해

39 나혜석, 「백림(伯林)과 파리(巴里)」, 『삼천리』 5-3, 1933.3, 41쪽.

서구란 중심부와 식민지 조선이란 주변부를 입체적으로 조망하고자 했다.[40] 하지만 이들 여행가 속에 내재된 오리엔탈리즘을 극복하기는 쉽지 않았다.

조선인 여행가가 서양에 관한 비판적인 안목을 지녔지만 유럽 안의 최상위 국가인 영국, 프랑스, 독일의 근대적 물질문명과 문화를 부정하기 어려웠다. 이들 국가를 상대화할 수 있는 계기는 서양 일반과 미국을 대비함으로써 가능했다. 나혜석과 이순탁은 유럽에서 미국으로, 허헌과 박인덕은 미국에서 유럽으로 건너가는 경로를 통해 서양을 체험했다. 이들 모두 유럽과 미국을 대비함으로써 동일한 서양 안에서 차별화하고자 했다.

이렇듯 구미(歐美)라고 해서 미국과 유럽을 등가(等價)로 표현한 용어에 균열이 생겼다. 이순탁은 미국 보스톤에 관해 "여기서부터의 도회지 맛은 대륙의 그것과는 다르다. 모든 것이 거대한 소란 그것"[41]이라고 해서 미국은 유럽대륙과 비교해서 소리부터 달랐다고 보았다. 나혜석은 미국의 뉴욕을 표현한 한 문장 안에서 '제일'이란 용어를 6번 사용했다.

> 뉴욕은 인구가 900만 명 되는 세계 **제일** 대도(大都)인 동시에 3인 앞에 자동차 1대씩 있다는 자동차 많기로도 세계에 **제일**이요, 집 높기로도 세계에 **제일**이며, 돈 많기로도 세계에 **제일**이어서 세계의 **제일** 되는 것이 무

---

40 나혜석이 중심/주변이나 문명/야만의 평면적인 이분법을 넘어서 중심부와 주변부를 입체적으로 조망하려 했음에 관해서는 손유경, 「나혜석의 구미 만유기에 나타난 여성 산책자의 시선과 지리적 상상력」, 『민족문학사연구』 36, 민족문학사연구소, 2008 참조.

41 이순탁, 앞의 책, 253쪽.

수하며 세계에 **제일** 되는 것을 자랑하는 곳이다.[42] (강조는 인용자)

개항 이후부터 조선사회에서 미국의 이미지는 매우 우호적이었다. 유럽 제국주의와 달리 미국은 타국의 영토에 대해 야욕이 없는 국가로 인식되었다. 그 연장선상에서 1920~30년대 미국에 관한 긍정적인 이미지는 연속되었다. 물론 부분적인 비판은 존재했다.

박인덕은 한 기차역에서 모든 시설이 흑백으로 구분되어 있음을 보고 미국 사회의 인종주의에 주목했다.[43] 허헌의 경우에도 미국에 관해 "황금의 나라, 물질문명 지상(至上)의 나라, 자본주의 최고봉의 나라, 여자의 나라, 향락의 나라, 자동차의 나라"라고 보았다.[44] 세계에서 가장 앞선 물질문명을 이룬 미국에 관해 '물질 지상주의', '향락의 나라' 등의 표현처럼 비판적인 입장을 견지했다.

하지만 대부분의 조선인 여행가에게, 1920년대 말 발생한 세계공황 이후임에도 불구하고 미국은 "20세기 물질문명 기계문명의 절정"[45]으로 이해되었다. 미국은 유럽대륙의 물질문명을 비판적인 안목으로 볼 때 유용한 타자였지만, 미국이 서양 일반을 대표할 때에는 식민지 조선 나아가 동양이 추월할 수 없을 존재로 여겨졌다.

반면 당대 미국으로 대표되는 자본주의식 근대를 비판할 수 있는 논리는 사회주의 이념에 근거를 두었다. 허헌과 미국 방문에 동행했던 딸

---

42 나혜석, 「파리(巴里)에서 뉴욕으로, (세계1주기 속)」, 『삼천리』 6-7, 1934.6, 136쪽.

43 박인덕, 앞의 책, 24쪽.

44 허헌, 「세계일주기행(제일신), 태평양의 노도(怒濤) 차고 황금의 나라 미국으로! 하와이에 잠깐 들러 형제부터 보고」, 『삼천리』 1, 1929.6, 9쪽.

45 박인덕, 앞의 책, 33쪽, 35쪽.

허정숙은 이전부터 사회주의자로 활동을 했다. 그녀에게도 미국은 "땅덩이가 큰 만큼 천산물(天産物)이 풍부하고 돈이 많은 만큼 기계문명의 발달이 극치에 달(達)"한 공간이었다. 하지만 그녀는 미국 사회에 존재하는 계급문제에 주목했다. 즉 그녀에게 미국은 "학구배(學究輩)와 성금가(成金家)들에게 많은 동경(憧憬)을 던지어주는 땅"이었다.

또한 허정숙은 미국에 관한 자신의 정서를 "금전만능의 세계인 경제적 제국주의 국가인 이 땅에 온 나는 프로(프롤레타리아—인용자)의 비애를 더 느낄 뿐입니다. 따라서 사상과 배치되는 환경과 사람을 접촉할 때마다 나의 머리는 더욱 복잡"하다고 표현했다.[46] 이러한 관점을 견지했던 허정숙은 이후 식민지 조선 사회에 귀국해서 지속적으로 사회주의 운동에 참여했다.

이상에서 살펴보았듯이 조선인 여행가가 세계여행 과정에서 조우했던 서양은 하나이면서도 동시에 다층적인 존재였다. 타자와의 조우가 자아의 정체성을 확인하는 작업이라면 자신의 정체성을 타자와 비교하는 것은 필연적이었다. 정보로 이해한 서양과 체험한 서양 사이의 차이는 우선 알았던 정보를 바탕으로 한 기대와 '환상'과 대비되어 실망했다고 표현한 부분에서 찾아볼 수 있다.

아울러 유럽(혹은 서양)이라는 공통적 요소가 존재한다면 그 내부에 프랑스, 영국, 독일, 미국 등의 국가별 구별이 존재했다. 특히 서양이란 큰 범주에서 구분되는 중요 경계선은 유럽 안의 스위스나 아일랜드와 같은 '소국(小國)'과 서양 안에서의 미국이었다. 아래에서는 서양을 상대화했

---

46 허정숙, 「울 줄 아는 인형의 여자국(女子國), 북미인상기」, 『별건곤』 10, 1927.12, 74~75쪽.

던 이들의 여행 경험은 식민지 조선사회에 귀국 한 후 어떻게 이해되고 활용되었는지 살펴보겠다.

4. 귀환과 식민지인의 정체성 확립

세계여행은 장기간에 걸쳐 이루어진 활동이지만 결국은 민족공동체의 공간으로 귀환이 전제된 것이다. 세계여행에서 식민지 조선사회로의 귀환 과정은 출발했던 것과 동일하게 동양과 식민지 조선으로의 경계 넘기 속에서 이루어졌다. 출발할 때 이들은 미지(未知)의 공간을 간다는 불안감과 함께 조선과 서양을 대비해서 현재 상황에 대한 비관과 장래에 관한 희망을 함께 피력했다.

허헌은 태평양을 건너 미국으로 갈 때 "내가 미국에 처음 갔을 때에는 비관과 낙망(落望)이 퍽 많았습니다. '남들은 이렇게 하고 사는데 우리는 …'하고 비관이 몹시도 생깁니다. 그러나 힘써 … 용기를 진작해 가지고 미주(美洲)를 얼핏 보고 구주(歐洲)로 건너갔습니다."[47]라고 밝혔다. 이들은 짧게는 10개월 길게는 2년에 걸친 세계여행을 한 후 동양과 식민지 조선사회로 귀환했다. 세계를 일주한 후 나혜석은 동양과 조선으로의 귀환 소감을 다음과 같이 피력했다.

> **요코하마**에 도착한 때부터 가옥은 나뭇간 같고, 길은 시궁창 같고 사람들의 얼굴은 노랗고 등은 새우등 같이 구부러져 있다. **조선** 오니 길에 먼지가 뒤집어씌우는 것이 자못 불쾌하였고, 송이버섯 같이 납작한 집 속

47 허헌, 「동서 12제국(諸國)을 보고 와서」, 『별건곤』 7, 1927.7, 44~46쪽.

에서 울려 나오는 다듬이 소리는 처량하였고 흰옷을 입고 시름없이 걸어 가는 사람은 불쌍하였다. 이와 같이 활짝 피었던 꽃이 바람에 떨어지듯 이 푸근하고 늘씬하던 기분은 전후좌우로 바싹바싹 오그라들기 시작하였다.[48](강조는 인용자)

나혜석의 소감에서 주목되는 것은 일본의 요코하마와 식민지 조선이 병렬적으로 서술되고 있다는 점이다. 세계여행을 했던 이들은 서양으로부터 식민지 조선뿐만 아니라 동양이란 공간으로 귀환하면서 직접 체험했던 서양을 식민지 조선사회는 물론 동양과도 비교했다. 비교는 근대 물질문명의 발전 여부를 기준으로 삼았다.

1920~30년대 당시 세계는 이미 강대국과 약소국으로 나뉘었고 민족국가별 서열화가 이루어진 상태였다. 나혜석이 식민지 조선 사회는 물론 일본의 요코하마를 누추하다고 표현했던 것처럼, 이들 조선 지식인의 세계여행은 제국 일본을 상대화하는데 활용되었다.

서양의 물질문명을 기준으로 일본을 비판할 수 있었다. 이순탁은 프랑스 파리의 유행을 보면서 "도쿄의 유행은 현재 파리의 유행이 침입한 것 같은 느낌이었다. 물론 그를 당할 수 없고 오직 흉내내는 것"[49]이라고 보았으며, 독일에서 영국으로 이동하는 선박을 타고 "그 거대한 품과 설비의 완전함이 도저히 일본 어선에 비할 바 아니다."[50]라고 평가했다.

그렇지만 동일한 기준을 제국 일본과 식민지 조선 사회에 적용할

---

48 나혜석, 「아아 자유의 파리가 그리워, 구미만유하고 온 후의 나」, 『삼천리』 4-1, 1932.1, 43쪽.

49 이순탁, 앞의 책, 149쪽.

50 이순탁, 앞의 책, 194쪽.

경우 조선은 일본의 물질문명에 압도된 것이 당시의 현실이었다. 따라서 일본을 거쳐 조선으로 귀환할 때 이들을 대변하는 정서는 '불안감'이었다.

서양뿐만 아니라 일본과 대비되어 식민지 조선사회는 '비참'했고 이러한 공동체에서 살아야 할 현실이 불안감의 실체였다. 나혜석은 1년 8개월간의 유럽 여행에서 느낀 '유쾌함'이 귀국 후 "이상을 품고 그것을 실현 못하는 것처럼" 고통과 비애로 바뀌었다고 감정을 피력했다.[51] 이순탁의 경우에도 "이곳에서 떠날 때에는 용기백배로 온갖 호기심을 가졌지마는 돌아와서 본즉 나에게는 이전 용기는 간 곳 없고 넋 잃은 사람 같으며, 모든 호기심은 다 사라지고 도로 옛날의 자신 그대로라는 것을 발견"했다고 보았다.[52] 이러한 불안감은 이들이 개인이면서 동시에 조선민족을 대표했던 존재로서 서양을 체험할 때 이미 내재되어 있었다.

서양이란 낯선 곳에서 조우한 다양한 현상은 식민지 조선 사회와 대비되었다. 나혜석은 스위스에서 관현곡을 들으면서 "행복스러운 운명에 감사 아니 드릴 수 없었고 삶에 허덕이는 고국 동포가 불쌍하였다."라고 보았다.[53] 이순탁의 경우에도 중국 상해에서 조선인의 경제활동에 참가가 부족한 것을 보고난 후 그 이유가 "조선 사람의 모험적·진취적 기상에 결핍하다는 것과 선배들의 민족지도의 원리가 틀렸었다는 것과 당파투쟁의 악성(惡性)을 탈각하지 못했다는 세 가지 원인"에 있다고 했다.[54]

---

51 나혜석, 「아아 자유의 파리가 그리워, 구미만유하고 온 후의 나」, 『삼천리』 4-1, 1932.1, 43쪽.

52 이순탁, 앞의 책, 300쪽.

53 나혜석, 「백림(伯林)과 파리(巴里)」, 『삼천리』 5-7, 1933.3, 39쪽.

54 이순탁, 앞의 책, 41쪽.

또한 나혜석은 '자유연애'의 예를 들면서 조선은 유럽에 비하여 심지어 3세기 가량 뒤졌다고 평가했다.[55]

하지만 앞서 언급했듯이 이들의 여행기는 자신의 감상을 피력하면서 이와 동시에 조선인 독자를 상정한 글쓰기였다. 따라서 여행가의 불안감을 민족공동체 구성원에게 여과되지 않은 채 그대로 전달할 수 없었다.[56] 아래에 인용한 박인덕의 사례처럼 서양의 경험을 조선 사회의 긍정적 변화에 적용하고자 했다.

> 실로 남의 것을 보는데서 내 것의 호불호(好不好), 편불편(便不便)을 알 수 있고 그 진가와 귀천을 판단할 수 있을 것이다. 따라서 의견이 생겨 좋은 것은 모방하고 불편한 것은 개량하고 없는 것은 창작할 수도 있을 것이다. 남녀 청년들은 자기를 스스로 가두는 심적 경계선을 뚝 떠서 … 생각과 생활의 범위가 넓어져서 너그러운 생을 살게 되어야 할 것이다.[57]

외국을 체험하고 이루어진 세계여행기는 궁극적으로 자신의 정체성을 확인하는 작업이 된다. 따라서 이들이 직접 체험한 서양에 관한 경험은 식민지 조선(인)의 계몽에 활용되었다. 물론 여행가의 관점과 입장에

55 나혜석, 「화가로 어머니로」, 『신동아』, 1933.1; 『나혜석전집』, 246쪽에서 재인용.

56 세계 여행과 귀환에서 여성 여행가는 비서양인, 식민지인이자 여성이기 때문에 주체가 되는 동시에 타자가 되는 중첩적인 인식을 가지고 있음에 관해서는 우미영, 「서양 체험을 통한 신여성의 자기 구성 방식」, 『여성문학연구』 12, 한국여성문학학회, 2004 참조.

57 박인덕, 앞의 책, 머리말 1~2쪽.

따라 계몽의 방안이 달랐다. 허헌과 이순탁은 경제와 정치의 영역에서, 박인덕은 교육에, 나혜석은 개인적인 경험을 바탕으로 여성문제에 주목했다.

나혜석은 귀국 후 1930년 남편과의 이혼 등의 개인적인 불행을 경험했다. 1932년 12월부터 1934년 9월까지 『삼천리』에 9회 연재된 그녀의 세계여행기에는 자신을 포함한 조선 여성의 현실적 처지가 반영되었다. 나혜석은 서양 여성이 조선 여성에 비해 '선진적'이며, 그들을 "존경하는 동시에 우리의 지위를 찾고자 하노라"[58]라고 밝혔다. 다시 말해 서양 여성은 조선 여성의 지위를 향상시킬 가까운 미래의 기준이었다.

이러한 세계경험의 차이에도 불구하고 이들이 직면한 공통분모는 일제 강점하의 식민지 상황이었다. 조선 지식인의 세계여행기에는 이들의 정치적 입장이 반영되었다. 귀국 후 허헌과 이순탁은 일제에 정치적으로 저항하는 민족운동에 적극 참여했다.

허헌은 1년간의 세계여행 이후 1929년 신간회 중앙집행위원장으로 선출되었고 같은 해 12월 광주학생운동에 관한 민중대회사건으로 구속되어 징역 1년 6월의 유죄판결을 받았다.[59] 그리고 이순탁은 귀국 후 연희전문 교수를 계속 지내다가 1938년 치안유지법 위반으로 체포되어 1938년 4월부터 2년 3개월의 감옥 생활을 했다.[60]

따라서 민족운동에 참가했던 허헌과 이순탁의 세계여행기는 일제 당국은 물론 식민지 조선인에게도 정치적으로 해석될 가능성이 높았다.

---

58 나혜석, 「구미여성을 보고 반도여성에게」, 『삼천리』 7-5, 1935.6, 138쪽.

59 심지연, 『허헌연구』, 역사비평사, 1994, 62~75쪽.

60 홍성찬, 「일제하 한 진보적 지식인의 사상과 행동」, 이순탁, 앞의 책, 326쪽.

일제와의 대결의식은 이순탁이 이집트의 반영(反英) 민족운동을 소개하는 데서도 확인된다.

> 이 상(像; 이집트 독립기념탑—인용자)을 세워 놓고 기념제를 지내던 날의 전 이집트에서는 바다가 끓고 산이 요동했을 것이다. 실로 금일의 이집트는 내가 지나는 곳마다 일부러 주시해 본즉 얼굴에 기쁨이 충만하고 원기가 넘치는 사람들이다. 나는 생각하기를 이집트가 요구하는 완전 독립과 수단 합병은 멀지 아니한 날에 실현되고 말 것이라 하였다.[61]

이집트의 사례처럼 이들의 세계 체험과 기행문은 식민지 조선 사회가 지향해야 할 대안으로 활용되었다. 이순탁은 마하트마 간디가 주도하는 인도의 국민운동을 언급하면서 "이 운동이 어느 때나 성공하게 될는지 모르나 시기의 진전은 영국으로 하여금 인도의 고혈을 빨게 할 날도 멀지 않게 한 것 같다. 이날에 이르면 늙은 영국 제국의 갈 길은 어디일까" 라고 해서 제국에 대한 비판과 인도 국민의 각성을 요구했다.[62] 이집트의 '완전 독립'에 대한 기대감과 '늙은 영국 제국'이라는 호명은 일제에 대한 비판과 함께 식민지 조선의 독립 의지의 재확인이었다.

체험한 서양에 관한 소개는 일본 제국주의를 비판하는 데 적극 활용되었다. 일제의 검열이 존재하는 상황 속에서 여행기 속에 정치에 관한 언급은 쉽지 않았다. 하지만 이들의 세계여행기에서는 서양의 경험을 토대로 일제의 지배 정책에 대한 비판이 이뤄졌다.

---

61 이순탁, 앞의 책, 94쪽.
62 이순탁, 앞의 책, 67쪽.

이순탁은 영국에서 "다른 나라 같으면 결코 금지되고 말 것이 여기서는 아무 장애 없이 자유로 선전된다. … 아! 사상의 자유, 주의의 자유, 선전의 자유, 영국에 와서야 만 이러한 자유를 볼 수가 있다."라고 해서[63] 언론 집회 출판의 자유에 관해 언급했다.

그리고 허헌은 미국의 선거 과정을 서술하면서 "관헌의 압박 정당파의 간섭에 의하여 선거되는 다른 곳과 비교해서 볼 때에 나는 얻은 바가 많았었고, 또한 독자도 가슴에 찔리는 점이 있으리라 믿는다."라고 표현했다.[64] 조선인 독자는 이글에서 표현된 '다른 곳', '다른 나라'를 일본으로 치환시켜 이해했다.

서구 체험을 바탕으로 한 일제와의 대결 과정은 식민지 조선인 세계 여행가에게 귀국 당시 가졌던 불안감과 상실감을 벗어날 수 있는 토대를 제공했다. 하지만 일제의 지배아래 놓여 있는 조선 사회가 서양이 이룬 근대에 쉽게 도달할 수 없다는 현실에서 발생하는 불안감을 완전히 극복할 수 없었다.

이들 여행기에 서양과 대비되어 조선의 '정체(停滯)', 조선인의 나태함과 '당파의식' 비판 등이 자주 언급되었다. 이는 '정체성론', '반도성론' 등으로 대변되는 일제의 지배 논리와 유사한 구조를 지닌 것이라고 볼 수 있다. 따라서 부정적인 조선과 조선인에 관한 이미지는 어떠한 형태로든지 극복되어야 했다.

이러한 상황에서 서양 체험은 여전히 유효한 전략이었다. 허헌은 10만원이란 거금(巨金)이 있으면 어떻게 활용할 것인가라는 질문에 "우리

63 이순탁, 앞의 책, 202~203쪽.

64 허헌, 「신문기자로서 얻은 세 가지 인상」, 『신동아』, 37쪽.

같이 모든 것이 뒤처져있는 처지에 있어서는 각국의 문명 정도를 정확히 알아둘 필요가 시급히 있는 동시에 우리 형편도 저쪽에 알려주어야"[65]하기 때문에 수재(秀才) 수십 명을 구미 각국으로 유학을 보내겠다고 밝혔다. 즉 서양과 세계 체험을 식민지 조선이 지향해야 할 현재진행형의 과제로 설정함으로써 미래의 희망을 찾고자 했다. 그리고 이러한 '희망'이 제국 일본과 계속 대결할 수 있는 원동력으로 작용했다.

5. 서양과 동양의 상대화

근대는 서양을 선진적인 지역으로, 비유럽사회인 아시아와 아프리카를 후진적인 지역으로 구분하고 지배를 합리화했다. 후발 자본주의 국가로 비유럽사회에서 유일하게 제국주의 국가가 된 일본은 자신을 제외한 동양을 대상으로 오리엔탈리즘을 적용했다. 즉 일제는 문명과 계몽의 논리를 바탕으로 식민지 조선을 지배했다.

하지만 일본의 도쿄가 '동양의 런던'이라고 불리는 한 서양과 동양의 서열적 관계는 바뀔 수 없었다. 따라서 식민지 조선인의 세계여행기는 서양을 통해 식민지 조선과 제국 일본 사이의 권력관계를 전복시키는 효과가 있었다. 이들은 서양을 표준으로 일본의 근대와 문명을 비판할 수 있는 토대를 구축했다.

세계여행은 '익숙하지 않은 것'을 통해 식민지 조선인의 정체성을 재확인하는 작업이 되었다. 식민지시기 조선 지식인은 동양과 서양을 함께 조망하는 세계여행을 통해 개인뿐만 아니라 조선민족과 동양인을 대

65 허헌, 「돈 10만원이 있다면?; 준재 수십 명을 구미 각국에 파견하겠다」, 『삼천리』, 1929.6, 2쪽.

표하는 존재의식을 지녔다. 즉 이들의 세계여행은 식민지 조선과 동양이란 경계를 넘어서 세계, 특히 서양과 조우했던 것이다.

이들이 직접 체험으로 만난 서양은 하나이면서도 동시에 다층적인 존재였다. 서양 안에서 유럽과 미국을 구별하고, 유럽 안에서도 강국(영국, 프랑스, 독일 등)과 소국(스위스, 아일랜드, 스페인 등)을 구별함으로써 서양을 상대화했다. 서양을 상대화했던 세계여행의 경험은 귀국 후 이들의 사회 활동과 민족운동에 반영되었다. 이들이 직접 체험한 서양은 일본 제국주의를 비판하는 동시에 식민지 조선이 지향해야 할 타자로서 활용되었다. 이는 식민지인으로서의 정체성을 재확인하는 작업이었다.

서양이 동양을 한 단위로 설정하는 것이 오리엔탈리즘이라고 한다면, 동양인의 서양 내부의 차이를 구별하는 인식에도 주목해야 한다. 서양 안에서도 영국, 미국, 독일, 프랑스 등이 구별되었다. 세계와 빈번한 교류가 시작된 한말시기부터 영국은 신사(紳士), 프랑스는 예술, 독일은 육군과 과학·철학의 나라, 미국은 실용성 등으로 대표되는 각국에 관한 전형적인 이미지가 형성되었다.

종교와 역사적 경험이 다양한 동양을 하나의 담론 범주로 설정하기 위해 오리엔탈리즘이 생겨났듯이, 향후 한중일 비교 연구를 통해 동양의 관점에서 다양한 양태를 지닌 서양이 어떠한 과정을 통해 전형적인 이미지를 지닌 존재로 간주되는지에 관해 살펴보는 것이 요구된다.

아울러 월경과 조우 그리고 귀환의 과정에 관한 동아시아 비교연구가 요구된다. 식민지 조선 지식인은 세계와 조우할 때 서양(인)과 대비되어 동양(인)으로서의 정체성을 지니게 되었다. 이러한 감성은 동양이란 공간을 넘어갈 때 더욱 강하게 나타났다. 또한 서양을 직접 체험할 때 조선인이란 민족성과 동양인이란 '인종'에 관한 인식이 착종되어 드러났다. 그리고 귀환의 과정에서 서양과 대비된 조선 사회뿐만 아니라 동양으로의 귀환이라는 정서를 표현했다.

이러한 측면에서 볼 때, 중국과 일본의 서양 체험을 살펴보는 것은 근대 동아시아(인)의 정체성과 감성을 확인하는 방안이 될 수 있다. 즉 서양이란 동일한 타자에 관한 동아시아 3국의 역사적 경험과 인식을 검토하는 작업은 향후 미래지향적 지역 공동체 건설을 위한 상호 이해의 토대가 될 것이다.

3부

슬픔과 분노

광주학생운동과 전국적 공감의 감성 / 태평양전쟁 시기 학병의 감성동원과 분노의 기억 / 1940~60년대 시대의 불안과 조지훈의 대응

광주학생운동과 전국적 공감의 감성

1. 민족운동과 집단적 감성

식민 지배에 대항하는 저항의 움직임을 '민족운동'으로 일컫는다. 특히 일제강점기 3·1운동(1919년), 6·10만세운동(1926년), 광주학생운동(1929년)은 3대 민족운동으로 평가되고 있다. 그 가운데 '광주학생운동'은 다른 두 민족운동에 비해 운동의 전개과정 및 평가에서 일정한 차이가 존재한다. 공간의 측면에서 살펴보면 다른 두 민족운동이 중앙(서울)에서 시작해서 지방으로 확산된 것과 달리, 광주학생운동은 광주에서 시작되어 이후 전국적인 규모로 확산된 민족운동이라는 외형을 지니고 있다.

아울러 다른 두 운동이 '민족'의 이름을 호명하지 않더라도 전국단위의 민족운동으로 전제된 것에 비해, 광주학생운동은 당시 언론매체에서는 주로 '광주사건' 혹은 '광주학생사건' 등으로 불렸다.[1] 즉 광주학생운동은 전국적 단위에서 이루어진 민족운동임에도 불구하고 광주라는 지역과 '학생'이라는 민족운동의 주체가 지속적으로 강조되어 재현 혹은 기억되고 있는 실정이다.

광주학생운동은 1929년 10월 말 나주역에서 한인과 일본인 학생의 '충돌'이 계기가 되었으며, 이 사건은 같은 해 11월 초 광주지역 학생시위로 연결되었고, 나아가 1930년 3월까지 전국적인 시위로 확산되었다. 이글에서는 학생과 광주 지역이란 특징을 보다 선명하게 구별하기 위해 1929년 11월 광주지역에서의 학생운동을 '광주학생시위'로, 1929년 말부터 1930년 초반까지의 전국적인 민족운동을 '광주학생운동'으로 구별해서 서술하고자 한다.

광주학생운동의 원인, 전개과정 및 역사적 의의·평가와 관련해서 많은 연구 성과가 축적되어왔다.[2] 구체적으로 한말 일제시기의 호남과 광주의 지역적 특성이 강조되면서 성진회와 같은 비밀결사와의 연대 속에서 운동이 진행되었으며,[3] 사회주의 청년운동과 학생과의 결합이 논의되었고,[4] 광주학생운동의 주체에 관한 접근이 이루어졌다.[5] 그리고 광

1 광주학생운동의 명칭에 관해서는 한규무, 「'광주학생운동' 관련명칭의 용례와 의미」, 『한국독립운동사연구』 34, 독립운동사연구소, 2010 참조.

2 광주학생운동에 관한 연구 성과에 관해서는 김성민, 『광주학생운동연구』, 국민대학교 박사학위논문, 2006, 3~10쪽 참조.

3 박찬승, 「전남지방의 3·1운동과 광주학생독립운동」, 『전남사학』 9, 1995, 호남사학회 참조.

4 김성보, 「광주학생운동과 사회주의 청년·학생조직」, 『역사비평』 6, 역사비평사, 1989 참조.

5 유숙현, 「광주항일학생운동 참가자 지용수(池龍洙)의 이상과 현실」, 『학림』 28, 연세대학교 사학연구회, 2007; 진동혁, 「광주학생독립운동의 주역 왕재일(王在

주학생운동에 관한 일반적인 역사적 평가는 학생이라는 신분과 광주라는 지역단위를 넘어선 민족운동이었다는 측면이 강조되면서 다음과 같이 정리되었다.

> 1929년의 이 운동은 한국학생과 일본학생 사이의 우발적인 열차내의 충돌사건에서 비롯된 감정의 싸움이 아니었고 젊은 학생들의 단순한 혈기(血氣)로서 일어난 사건도 아니었으며, 특정한 지역에서만의 투쟁도 아니었다. 1929년 11월에 시작하여 다음 해까지 계속된 이 투쟁은 광주를 비롯한 서울과 경향(京鄕) 각지의 전개과정에서 신간회, 노동총동맹, 청년총동맹 등의 사회단체와 「학생전위동맹」을 위시한 비밀 지하조직의 지원을 받아가며 단순한 학생운동의 성격을 떠나 거족적인 민족해방운동의 성격으로 발전되어 갔다.[6]

이렇듯 광주학생운동은 '우발적'이거나 '혈기' 혹은 '단순한 민족감정'을 넘어선 민족운동으로 정리되어왔다. 이러한 요소의 강조는 일제 권력이 학생운동을 바라보는 관점에 대한 대응이라는 측면에서 의미가 있다. 하지만 전국적 단위의 민족으로서의 광주학생운동이 강조되면서 도리어 1929년 11월의 광주학생시위는 '단순하거나', '지역적인 특수성'을 넘어서야 하는 공간과 주체로 규정되기도 한다. 이글에서는 광주와 학

一)에 관한 새 발굴 자료 연구」, 『동양학』 17, 단국대 동양학연구소, 1987.

6 한정일, 『일제하 광주학생민족운동사』, 전예원, 1981, 137~138쪽. 김성보도 이러한 입장과 유사하게 광주학생운동을 "단순한 민족감정을 넘어서서 민족교육과 민주주의, 그리고 민족해방의 이념에 깊이 뿌리박고 있었"다고 평가했다(김성보, 앞의 글 136쪽).

생이라는 두 요소에 새롭게 의미를 부여하기 위해 '집단적 감성'이라는 요소에 주목하고자 한다.

민족운동(혹은 사회운동)은 합리적 목적이나 이성적 계획에 의해서만 추동될 뿐만 아니라, 비합리적이라고 여겨 왔던 집단 감성이 주요 원동력이 될 수 있다.[7] 또한 광주 지역의 학생운동이 전국적 연대감을 얻는 과정에 관해서는 '감성동원'이라는 개념을 적용하고자 한다.[8] 그렇다면 광주학생운동에서 집단적 감성 혹은 감성동원의 방식을 어떻게 찾을 수 있는가 여부가 과제가 될 것이다.

즉 광주와 학생이라는 지역적·계층적 요소에 민족구성원의 분노인 '공분(公憤)'과 연대의 정서인 '공감(共感)'이 어떻게 작용해서 전국적 민족운동으로 전개되었는지를 확인해야 할 것이다. 식민지 조선인 대중·학생의 인식과 감성을 살펴보기 위해 오늘날 광주학생운동 연구를 통해 종합된 역사 지식과 당대 대중의 광주학생운동에 관한 정보 사이의 균열 속에서 이를 확인하고자 한다.[9] 당대 언론매체에 소개된 풍문, 유언

---

7 '집단감성'이란 개념에 관해서는 호남학연구원, 『감성담론의 세 층위』, 경인문화사, 2010, 15~16쪽 참조. 아울러 민족운동과 감성과의 연관성에 관해, 감성을 실제의 경험에 관한 특정한 감정이 구조적으로 나타나는가 여부를 고찰하는 방안으로 적용하고자 한다. 감정 혹은 감성과 사회와의 관련성에 관해서는 J.M 바바렛, 박형신·정수남 옮김, 『감정의 거시사회학』, 일신사, 2007 참조.

8 정명중은 '감성동원'이라는 개념을 파시즘 동원체제(動員體制)에 대중이 공명할 수 있는 일체화 혹은 동일화의 심리적 혹은 감성적 매커니즘 분석에 적용했다. 본고에서는 '감성동원'을 민족운동의 진행과정에서 나타난 '민족적 연대의식 혹은 공감대 형성'의 중요한 방안으로 확장하고자 한다(정명중, 「파시즘과 감성동원-일제하 '국민문학'에 대한 고찰」, 『호남문화연구』 45, 전남대학교 호남학연구원, 2009 참조).

9 역사적 사건에 관한 이해가 당대보다도 현재에 가까울수록 더욱 풍부해지고,

비어, 사설 등 광주학생운동에 관한 정보 속에서 대중들의 공감・연대의 감성을 확인함으로써 광주학생운동 연구의 지평 확장에 일조하고자 한다.

2. '나주역사건'과 광주 학생의 공분

1929년 11월 3일 광주에서 학생시위가 일어난 이유에 관해 많은 성과가 축적되어 왔다. 광주학생운동의 객관적 조건과 관련해서 광주가 전남지역의 교육 중심지인 점이 강조되었다. 광주에는 조선인 중등교육기관으로 광주고보, 광주농교, 사범학교, 광주여고보가 있었으며 일본인 중등 교육기관으로 광주중학교와 목포상업학교가 있었다. 이러한 중등교육기관이 공존하고 있는 곳은 전국에서도 광주와 서울을 제외하면 대구, 부산, 평양, 신의주 정도였다.

아울러 1920년대 광주고보의 동맹휴학 숫자는 관공립 중등학교 중 가장 많은 4회에 달했으며, 사립학교를 합쳐도 서울 이외의 지방에서는 송도고보(5회), 고창고보(6회)에 이어 세 번째였다.[10] 그렇다면 왜 서울이나, 개성이나, 전북 지역이 아닌 전남의 광주인가에 관해 1920년 광주지역 학생의 다양한 경험이 고찰되었다.

우선 광주의 학생운동 계기로서 조선인 학생 대 일본인 주민・학생 사이의 민족적 대립 감정・충돌이 주목되었다. 주된 사례를 살펴보면, 1924년 봄 일본인 양화점 주인과 광주고보생사이에 가격 시비로 충돌이

합리적인 서술이 가능하게 되었다는 인식에 관한 시사점은 폴벤트, 김운비 옮김, 『그리스인들은 신화를 믿었는가?』, 이학사, 2002 참조.

10 김성민, 앞의 논문, 127쪽.

일어났고, 같은 해 7월 광주고보와 광주중학교의 야구 경기 과정에서 벌어진 충돌로 학생이 구속되기도 했으며, 1929년 6월 개고기 식용 문제와 관련해서 조선인과 일본인 열차 통학생 사이에 물리적 충돌이 벌어지기도 했다.

아울러 동맹휴학의 사례가 주목되었는데 1927년 5월 학교 시설 및 학습 환경의 문제로 맹휴가 일어났으며, 1928년 3월 광주고보 학생이 '자본주의 사회 파괴' 등을 기재한 3종의 선언서를 작성하여 전남 각 중등학교, 경찰서 등에 우송하고, 같은 해 6월 체포된 이른바 '이경채 사건'이 일어났다. 이 사건은 이후 4개월 이상의 맹휴로 지속되었다.[11] 하지만 이러한 광주지역의 교육 여건 및 1920년대 학생운동의 경험은 민족적 규모의 광주학생운동의 필요조건이지 충분조건이라고 볼 수 없다. 1929년 11월 광주학생시위의 계기는 그해 10월 30일 나주역에서 있었던 조선인과 일본인 학생 사이의 충돌에서 비롯되었다. '나주역사건'을 가장 빨리 보도한 조선인 언론매체에서는 이 사건을 다음과 같이 이해했다.

① "지난 30일 오후에 나주역전에서 광주중학생 후쿠다(福田) 외 두 명이 광주여고보 여학생을 '희야까시'한 것이 원인으로 광주고보고 학생 박준채(朴準埰)와 결투가 되어 일장 활극을 이룬 바 경찰의 저지로 싸움은 그치었으나"(『조선일보』, 1929년 11월 4일자)[12]

② "최초 그 발단 동기를 듣는다 하면 앞에 말한 박모(박준채—인용자)

11 이상의 내용은 이종범, 「1920년대 전남 지방의 사회경제사정과 광주학생운동」, 『광주학생운동연구』, 아세아문화사, 2000 참조.

12 박찬승, 「11 · 3학생독립운동과 나주」, 『광주학생독립운동과 나주』, 경인문화사, 2001, 12쪽에서 재인용.

의 사매(舍妹) 박모란 광주여고보 학생이 통학하는 기차에서 나오려 할 때 전기 일본인 학생들이 수차 기롱적 언동을 가함으로써 앞의 박모는 그 부당을 힐책했던 바 도리어 후쿠다 등은 적반하장의 격(格)으로 박모에게 도전하였으므로 소충돌이 일어나려 했으나 근방 일본인 순사에게 제지되고 박모는 뺨을 한 대 맞았으며 그 다음날 기차 중에서 다시 언쟁이 있었다가 차장에게 제지되어 대문제를 야기치 않았더라."(「광주의 학생충돌사건」, 『동아일보』, 1929년 11월 6일자)

오늘날 우리는 이 사건의 인명 및 사건의 진행과정에 관해 당대보다 많은 정보를 알고 있으며 더욱 풍부하고 정확한 설명이 가능하다. 이를 정리해보면 나주역 개찰구에서 광주중학생 후쿠다(福田修三), 스에요시(末吉克己) 등 3인의 일본인 학생이 광주여고보 박기옥 등 여학생을 밀치는 사태가 벌어지고, 박기옥의 사촌동생이자 광주고보 2학년생인 박준채가 후쿠다와 언쟁을 벌렸다. 후쿠다가 "조선인 주제에"라는 모욕적인 발언을 하자 격분한 박준채가 그를 구타하고 서로 격투가 벌어졌다. 양자 사이의 충돌에 나주역의 일본인 순사가 개입해서 박준채의 따귀를 때린 사건이었다.

또한 기억의 물음과 관련해서 당대 당사자의 신문조서의 내용에서 박준채는 일본학생 후쿠다가 한국 여학생인 박기옥의 어깨를 건드려 그에게 항의하다가 격투가 벌어졌다고 증언했고, 후쿠다와 스에요시 등은 일본인 학생들이 개찰구에서 어린 아이를 피하기 위해 여학생 앞을 가로질러 갔다고 진술의 차이가 있음이 규명되었다.[13] 즉 후대에 기억된

13 '나주역사건'의 재구성은 박찬승, 앞의 책, 10~21쪽; 김성민, 앞의 논문 140~

일본인 남학생이 조선인 여학생의 댕기머리를 잡아당기는 희롱도, 양자 사이에 고의적인 육체적 접촉도 없었던 사건이었다.

그렇다고 하더라도 나주역사건 직후 조선인 언론이 강조한 일본인 남학생이 조선인 여학생을 대상으로 한 '희야까시', '기롱적 언동', 일본인 순사의 민족적 차별 등의 요소는 광주학생시위로 전개·확산되는 데 중요한 변수로 작용했다. 나주역사건이 일어난 지 두 달이 지난 시점에서도 동아일보는 "사건발단의 직접 원인은 일본인 중학생이 조선여학생 희롱"해서라고 보았고 지속적으로 이러한 측면을 강조했다.

> 광주사건의 발단은 … 박기옥(朴奇玉, 18)이라는 여학생이 … 일본인 학생 다나까, 후쿠다, 스에요시 등 3명이 앞을 막고 조롱을 하므로 박기옥은 아무 말 없이 피하려 하였으나 앞의 일본인 학생들은 피하는 쪽을 쫓아다니며 희롱을 일층 심하게 하는 것을 박기옥의 아우 되는 광주고보생 박준채(朴準埰 16)라는 조선인 학생이 몇 마디 말로써 그 무리함을 질책하였던 바, 앞의 일본인 중학생들은 도리어 고함을 치며 덤벼들어 싸움이 되려 할 때에 역구내에 있던 순사가 제지한 까닭에 그날은 무사하였으나 … (순사가 박준채의 뺨을 때리고—인용자) … 압축된 기압과 같이 항상 불끈불끈하던 것이 필경 폭발될 기세를 가지고 있던 것이 중요한 원인이 되었던 것이다.[14]

위의 동아일보 기사는 피해자인 조선인 여학생의 상황과 원인제공자

141쪽 참조.

14 『동아일보』(호외), 1929.12.28.

로서의 일본인 학생의 역할이 보다 선명하게 서술되었다. 또한 일본인 학생의 '무리함'을 질책한 조선인 남학생은 도리어 일본 학생에게 피해를 입었고 심지어 일제 권력의 상징인 순사에게 폭행을 당한 것으로 설명되었다.

반면 경무 당국은 나주역사건을 "광주중학교 및 광주고등보통학교의 기차통학생도는 쌍방 모두 80명으로 종래 통학 도중에 언어의 차이 등에 의하여 이따금 말다툼한 일이 있었는데, 10월 30일 … 개찰구의 혼잡으로 인한 사소한 사고로 말다툼을 한 데서 발단해서 양교 기차통학생 등의 반감이 격양되어"라고 설명했다.[15]

또한 '나주역사건'이 있은 네 달 후인 1930년 2월 24일 전라남도 제11회 도평의회 답변 석상에서 일본인 경찰부장은 "나주역에서 일본순사가 고보교 학생의 빰을 때렸다는 것은 헛소리(浪說)입니다. 그러나 그와 같이 민간에서조차 못할 말을 듣게 된 사람이므로 적당히 처분하여 전근시켜 버렸"다고 답변했다.[16]

즉 일제가 나주역사건을 사소한 '말다툼'으로 축소하거나 일본순사의 폭행을 '낭설'이라고 규정한 것은 일본인 학생 대 조선인 학생, 조선 학생 대 일본 순사란 대립 구도 속에 나타난 민족적 차별에 관한 공분 확산을 차단하기 위한 방안이었다.

1929년 말 나주역사건은 물론 11월의 광주학생시위에 관한 보도 통제가 풀리고 난 후 각 언론매체는 사건의 발단, 경위, 진행과정에 관해 상세한 내용을 보도하기 시작했다. 그렇다면 당시 조선인 신문 독자 혹

15 『조선일보』 (호외), 1929.12.28.

16 『동아일보』, 1930.2.27.

은 대중은 이러한 상호 배치되는 '나주역사건'의 발단 원인을 어떻게 이해했을까? 위에서 언급한 동아일보의 기사와 조선일보의 「경무당국(警務當局)의 발표」는 같은 날 게재되었다. 일제 경무당국은 '나주역사건'을 사소한 해프닝으로 간주했다면, 동아일보는 누적된 민족 차별 감정이 여학생에 대한 희롱으로 '폭발'한 것으로 보았다.

경무당국의 발표 내용을 그대로 보도했다고 해서 조선일보가 이러한 입장에 동조한 것은 아니었다. 조선일보는 이를 호외 3면의 하단 부분에 배치하고 다른 지면은 모두 광주학생시위 및 이후 지속된 학생운동의 전개 및 검거과정을 소개한 글로 구성했다. 따라서 동아일보는 물론 조선일보의 독자층도 1929년 11월 초에 보도된 일본인 학생의 조선인 여학생 '희롱'과 일본인 순사의 민족적 편견이라는 내용의 연장선상에서 '나주역사건'을 이해했을 것으로 판단된다.

여학생을 포함한 조선인 학생이란 신분·계층은 일제강점기 다양한 의미의 존재로 규정될 수 있다. 일제 권력에게 식민지 조선인 학생의 존재는 양가적 의미를 지녔다. 일제는 한편으로 학생계층이 '동맹휴학', 시위 등의 학생운동으로 식민권력에 대항했기 때문에 감시·통제해야 할 대상으로 간주했으며, 다른 한편으로 학교를 다닐 수 있는 정도의 경제적 여유는 지닌 학부형의 사회 신분 때문에 노동자 농민들의 대중운동의 경우처럼 탄압의 강도를 높일 수 없었다.

민족운동진영에서도 학생은 이중적인 성격을 지닌 존재였다. 특히 근대적 지식을 수용했던 '첫 세대'인 민족운동 지도층과 1920~30년대 학생들의 관계가 그러했다.[17] 예를 들면 안재홍은 신간회 내부에 학생부를 둘 것인지 여부를 논의하는 과정에서 장기적 전망을 가지고 문화·도덕적 훈련이라는 차원으로 학생조직을 만들어야 한다고 보았다.[18] 이렇듯 앞선 민족운동 세대에게 학생은 새로운 '주역'으로 기대감의 대상이면서 동시에 보호되고 지도받아야 할 존재로 규정되었다.[19] 즉 기성세대에게 '(여)학생'은 사회적 약자의 이미지로 받아들여졌다.

반면 당대 학생들은 민족운동에 관한 선도성(先導性)을 강조하면서 스스로를 독립·해방과 같은 민족적 과제 해결의 '주체'로 상정했다. 예를 들면 1928년 광주농업학교의 맹휴 격문에서도 "싸우자, 싸우자, 모국을 위해 최후까지 싸우자, 모국의 생명은 우리들의 활동 여하에 있다. 2천만 동포를 부활시켜 3천리 강산을 빛나게 하는 것은 우리들의 양 어깨에 있다"라고 밝혔다.[20] 이러한 주체의식을 표방한 광주지역 학생들에게 1929년 10월의 나주역사건은 나주와 광주를 통학하는 학생을 통해 현장감있는 체험으로 받아들여졌다.

광주지역 학생들은 일본인 학생을 '보호'하고, 조선인 학생에게 물리

---

17 근대의 첫 세대를 형성한 서구화된 소수 엘리트와 근대적 교육과정을 통해 새롭게 성장했던 학생 지식인층의 긴장관계에 관해서는 에릭 홉스봄, 이용우 옮김, 『극단의 시대: 20세기 역사』 하, 까치, 1997, 509~510쪽 참조.

18 경성종로경찰서장, 「경종고비(京鍾警高秘)1812호 신간회 발기인회에 관한 건(新幹會發起人會ニ觀スル件)」, 1928.2.13.

19 동아일보는 사설을 통해 "어린 학생의 희생"을 강조하거나(「긁어부스럼」, 『동아일보』, 1929.11.11), 광주학생시위를 "조선전민중 - 그 중에서도 순진한 소년소녀학생"들이 "다수의 희생자까지 내게 된 대사건"이며, 일제의 검거에 관해 "조선측 민중은 경악하지 아니치 못한 것"이라고 보았다(「광주사건의 의의(意義)」, 『동아일보』, 1929.12.29).

20 「소화3년(昭和三年) 형공공(刑控公) 제565호 - 송성수(宋聖秀) 등 판결문」, 대구복심법원, 1928.11.8; 독립운동사편찬위원회, 『독립운동사자료집』 13, 1499~1503쪽.

적 폭력을 행사한 일본 순사의 차별적 대처뿐만 아니라 조선인 여학생에 관한 일본인 남자 중학생의 희롱이라는 사안에 함께 공분했던 것이다. 즉 '희롱'의 실제 여부보다 중요한 것은 '약한' 여학생을 보호해야 함이 조선인 남학생 및 민족구성원의 의무, 책임감으로 여겨졌고, 이것이 광주학생시위에 참가했던 학생의 집단적 감성이었다.

3. 광주학생시위와 학생 계층의 공감

광주학생운동의 '도화선' 역할을 담당했던 광주학생시위는 1929년 11월 3일과 12일에 걸쳐 두 차례 일어났다. 일제가 두 사건을 단절적으로 보고자 했다면, 조선인 언론매체는 이를 연속선상에서 파악하고자 했다. 후자의 입장에서 강조했던 요소는 '공감'의 정서였다.[21]

우선 11월 3일의 학생운동은 앞선 운동경험의 결집 형태로 나타났다. 한일 학생간의 민족적 긴장관계 및 물리적 충동, 사회주의적 사상 선전 활동 등이 이미 광주학생시위의 내적 계기로 존재했다. 그렇다면 '나주역사건'과 광주학생시위는 어떻게 연결되는가?

기본적으로 일제의 입장은 이러한 연결고리 및 연속성을 차단하는 데 놓여졌다. 조선총독부 학무국장은 정무총감에 보내는 보고서에서 '나주역사건'의 경우 조선인과 일본인 학생 사이에 물리적 충돌이 있었지만 "경찰관의 제지에 의해 아무 일도 없었"으며, 11월 1일 양 학교 학생사

21 심리학자는 에아서(Easser)는 '공감'을 "다른 사람의 정서를 표집하고, 이 표집을 통하여 그들을 자각하고 그들의 공명하며 반응할 수 있는 능력"으로 보았다(박성희, 『공감학』, 학지사, 2004, 24쪽에서 재인용). 공명할 수 있는 공감의 정서를 2차례의 광주학생시위 과정에서 살펴보고자 한다.

이의 대치에 대해서도 "학교 교직원 및 경찰관 등의 제지에 따라 아무 일도 없었다."라고 보고했다.[22] 이러한 이들의 광주학생시위를 바라보는 시선과 달리 조선인 언론매체는 양자를 연속성에서 보았으며, 현재의 연구 성과 역시 이러한 입장에서 구성되었다.

11월 3일의 1차 광주학생시위의 추이를 살펴보면 그날 오전 광주시내에서 일본인 중학생과 광주고보생의 물리적 충돌이 일어나고, 조선인 학생이 일본인 학생의 단도에 찔려 부상을 입을 것을 계기로 고보생이 광주역까지 일본인 학생을 추격해서 역구내까지 들어가 구타한 것에서 시작되었다. 이후 광주중학교 기숙사생 백 수십여 명이 현장에 왔고, 광주고보 기숙사에 살고 있는 학생이 참가해서 양자가 대치하다가 경찰, 학교 직원, 소방서원의 제지로 각각 학교로 되돌아갔다(1단계).[23]

이날 오전에 있었던 의도적인 한일 학생간의 시비와 격투, 광주 역전에서 한일 학생간의 집단 난투와 양교 교사와 경찰 및 소방대가 동원된 과정은 계획적이고 조직적인 시위운동의 모습이 아니었다.

예를 들면 광주고보 5학년생으로 급장이던 노병주(盧秉柱)는 1930년 2월 있었던 제2회 공판에서 이날 있었던 일에 관해 고보생이 "칼로 찔렸음"과 함께 단도와 기타 무기로 중무장한 일본인 광주중학생에 대항해서 "정당방위의 호신용"으로 몽둥이, 장작개비를 들었다고 공술했다.[24] 광주학생시위에 관련된 광주고보생을 중심으로 조선인 학생들의 정서

---

22 「광주중학교 학생 대 광주고등보통학교 학생 투쟁사건의 대요」, 광주학생독립운동기념사업회, 『광주학생독립운동자료』, 경운출판사, 1995, 51~52쪽.

23 한정일, 앞의 책, 161쪽.

24 『동아일보』, 1930.2.22.

는 '악(惡)한' 일본 학생과 '선(善)한' 조선학생의 대비였다.

우발적인 충돌이 조직적인 시위로 어떻게 전환되었을까? 이날 오후 광주고보생의 모임에서 즉시 광주중학교를 '습격'할 것인가 아니면 광주 시내에서 일반시민을 대상으로 한 시위행진을 진행할 것인가 여부가 논의되면서 광주학생시위의 본격적인 모습이 갖춰졌다. '격앙된 분위기'와 조직적 시위운동 사이의 대립에서 독서회 회원들의 활동이 주목된다.

1920년대 후반 광주지역 중등학교에 비밀 독서회가 결성되었던 경험은 강한 조직력을 발휘하는 근간이 되었다.[25] 이들 독서회원은 시위운동을 적극 주장했으며, 또한 시내 중심지에서의 시위에 선두로 참가함으로써 '격양된' 분위기를 조직적인 시위로 전환시켰다. 이 과정에서 전남사범학교 학생과 광주여고보의 일부 학생들이 시위 대열에 참가했다.

이날 시위운동 과정에서 광고보생과 광주중학생 양자 모두 부상을 입었다(2단계). 언론매체에서는 이날 시위과정에서 조선인 부상자가 십여 명, 일본인 부상자가 16명에서 20여 명 발생했다고 보도했다.[26] 이러한 통계의 부정확함은 당대 시위의 치열함을 반영한다고 볼 수 있다. 부상자의 정확한 숫자보다도 당대 이를 어떠한 정서와 감성으로 받아들였는가의 여부가 중요하다.

---

25 당시 『조선일보』는 공판의 진행과정을 보면서, 독서회의 활동에 관해 "현대의 학생으로서 독서에 관계하는 자가 사회과학에 관련되는 서적을 뒤지는 것은 이미 다반사가 되어 있고 또 일정한 집회가 있어 그 교우 선배 사이에 다소의 접촉이 있다 하면 의사의 교환, 어려운 의문의 문의쯤은 반드시 있을 일"이라고 강조했다(『조선일보』, 1930.2.23).

26 조선인과 일본인 부상자에 관해 언론매체 별로 차이를 보이는데, 『조선일보』는 십여 명 대 이십여 명(『조선일보』, 1929.11.5)으로, 『경성일보』는 고보생 경상자 9명 대 광주중학생 중·경상자 16명(『경성일보』, 1929.11.5)으로 보도했다.

11월 3일 양 학교 사이의 오전의 충돌과 오후의 대립·충돌은 참여의 정도에서 차이가 존재한다. 즉 부상과 같은 '피해'가 광주중학생과 광주고보생 양진영 내부의 '공분'을 불러일으키기 위한 중요한 변수로 작용했다.

아울러 11월 12일 2차 학생시위의 경우 독서회원을 중심으로 재차 확대되었는데, 이는 조직과 학생운동의 결합이라고 볼 수 있다. 학생들의 배후에는 장재성, 장석천 등의 사회단체 인물이 있었으며, 이들에 의해 광주학생시위의 확산과 서울 지역과의 연대가 모색되었다.

장재성은 장석천 등과 논의해서 "투쟁 방향을 일제로 돌릴 것, 일본학생에 대한 적개심을 독립 투쟁으로 바꿀 것, 광주고보생을 집결시켜 식민지 강압정책 반대 시위운동으로 돌릴 것" 등의 방침을 결정했다.[27]

서울에서도 이러한 활동과의 연대가 모색되었다. 11월 7일 조선학생과학연구회와 중앙청년동맹에서 광주에 내려와 사태를 조사하고, 11월 9일 신간회에서 현지 조사를 하러 온 허헌 등과 장석천이 만나 전국적인 시위운동과 자금지원을 합의했다. 이러한 내용이 11월 12일의 2차 광주학생시위에 반영되었다.

1차 광주학생시위와 달리 2차 광주학생시위는 학생 외에도 시민이 함께 참여했다. 11월 3일의 시위의 진행과정은 1단계와 2단계를 거치면서 학생문제만이 아니라, 일본 제국주의와 식민지 강압정책에 관한 반대로 확대되었다. 따라서 11월 12일 2차 시위 과정에서 운동주체의 지도 방침을 광주지역 학생과 시민을 대상으로 확대하는 것으로 정했다.

---

27 이준식 「광주학생운동과 민족운동세력」, 『광주학생운동연구』, 아세아문화사, 2000, 172쪽.

시위의 주된 성격과 지향점은 격문 혹은 선언서를 통해 살펴질 수 있다. 11월 12일 2차 광주학생시위에서는 4종의 격문이 제작 배포되었다. 3종은 학생을, 1종은 일반인을 대상으로 한 것이다. 학생들에게는 "용감히 싸워라 학생대중이여! 우리들의 슬로건 아래 궐기하라! 우리들의 승리는 오직 우리들의 단결과 희생적 투쟁에 있다!"라는 내용을 담고 있어[28] '단결'과 '희생적 투쟁' 등이 강조되었다.

반면 일반인을 대상으로 한 격문에서는 '검거자의 석방/탈환'의 주장과 함께 "언론 집회 결사 출판의 자유를 획득하자"는[29] 등 식민지배에 대한 저항의 성격이 강하게 표명되었다. 이렇듯 11월 12일의 2차 광주학생시위는 이후 전개될 전국단위의 광주학생운동의 전형적인 패턴이 내포되었던 것이다. 다시 말해 1930년 3월까지의 광주학생운동의 전체 성격과 지향점이 이미 형성되었다고 볼 수 있다. 하지만 일제는 지속적으로 광주학생시위를 단순한 것으로 축소하면서 동시에 확산을 우려하는 입장을 보였다.

> 본건(광주학생시위—인용자)은 사소한 행위가 발단(근본적으로 민족적 의사의 장막이 있었다 하더라도)한 것으로써 만약 양자의 충돌이 일시적이고 또한 단순한 것이라면 구태여 이에 대하여 법률적 적용을 취할 필요가 없다고 해도 그 행동의 원천이 항상 불온을 기도함을 목적으로 해서 기회를 엿보는 불순한 분자의 책동에 기인한 것이라면 이들 반사회적 음모와 이에 다른 불온행동에 대해서는 단호한 처치를 강구하지 않을 수 없음은

28 강재언편, 『광주항일학생사건자료』, 풍매사(風媒社), 1979, 154~156쪽.
29 강재언편, 같은 책, 155쪽.

물론, 설령 학생의 신분을 가졌다 할지라도 이를 그대로 간과할 수 없는 것(후략)[30]

이러한 일제 당국의 입장은 조선총독부의 기관기인 『매일신보』에도 반영되었다. 매일신보를 읽는 독자의 경우 1929년 11월의 광주학생시위를 제대로 파악하기 어려웠다고 판단된다. 매일신보는 광주학생시위에 '침묵'한 반면 부면협의회 선거 보도에 주력했다. 11월 5일자 신문을 통해 광주학생시위가 일어난 지 이틀 후에서야 '광주중학교생도들과 고보교생의 대난투'라는 제목아래 사건을 보도했다.

광주학생시위는 "(광주)역에는 다수한 탑승객으로 평일보다 매우 복잡하였는데 최초 양편 생도들이 서로 기차를 타려다가 충돌이 일어나 고함을 지르며 돌멩이를 던지고 차고 때리고 하여 형세 자못 험악해진" 것이 계기라고 보았다. 그리고 쌍방의 부상자가 다수한 가운데 "광주중학생도 2명과 소학생 1명은 후두부에 중상을 당"했고, 그 원인을 "아직 어린 생도들 사이에 극히 사소한 감정에서 지나지 않는 것으로 지난 1일 동역에서 고등보통학교 생도와 광주생 사이에 약간 싸움을 한 것이 이날의 큰 싸움을 일으키게 한 주요 원인이 되었다고 한다"라고 소개했다.[31] 즉 '나주역사건'처럼 식민권력은 광주학생시위를 조선인과 일본인 사이의 사소한 시비가 발단이 된 충돌이었다고 보았다.

심지어 매일신보는 11월 12일에 있었던 2차 광주학생시위에 관해서는 전혀 보도하지 않았다. 그 뒤 11월 20일에 이르러 '광주학생사건'으로

---

30 광주학생독립운동기념사업회, 앞의 책, 51~52쪽.

31 『매일신보』, 1929.11.5.

전라남도 내무 경찰 부장이 선후책 협의를 위해 경성에 올라왔다는 내용만을 소개했다. 이렇듯 지속적으로 광주학생시위가 진행되고 있었음에도 불구하고 당시 매일신보의 입장에서 보면 1929년 11월은 '공백'처럼 간주된 기간이었다.[32]

매일신보가 광주학생시위에 관해 '침묵'으로 일관했다면 일본인이 많이 구독하던 『경성일보』는 상대적으로 이를 보다 적극적이며 때로는 과장해서 보도했다. 예를 들면 일본인 소학교 학생 70~80명이 조선인 학생들에 의해 부상당했다는 경성일보의 기사가 그러했다.[33] '소학생(少學生)'이란 '약자' 이미지를 동원한 식민 권력의 정서는 체제 유지를 위한 '위기감'의 반영이라고 볼 수 있다.

실제로 일본인의 입장에서 11월의 광주학생시위는 일시적으로 광주 시내가 조선인 학생들에게 장악된 것처럼 식민 질서의 동요를 목도했던 사건이었다. 따라서 지역 거주 일본인들은 "극도의 불안을 느끼고 또한 조선인에 대한 우월감이 극단적으로 유린당했다"라고 생각했다. 심지어 이들은 경찰서, 전남도지사, 학무국 등에 주동학생들의 처벌과 광주고보의 폐교 및 군대 파견을 강력하게 요청하기도 했다.[34]

피식민자를 군대를 동원해서라도 막아야 할 '적'으로 생각하는 것은 두려움이란 감성의 반증이라고 볼 수 있다. 이러한 위기감은 내부에서

32 『매일신보』의 경우 지속적으로 광주학생운동의 전국적 확산 및 영향을 차단하고자 했다. 1930년 1월의 사설에서 광주학생운동을 학생들의 '경거망동'에서 비롯한 '학생계 동요사건'으로 규정하고, 학부형과 교육자가 이들 '계도(啓導)'해야 한다고 주장했다(「학부형의 자성(自省)을 촉(促)한다」, 『매일신보』, 1930.1.17).

33 『경성일보』, 1929.11.5.

34 광주학생독립운동기념사업회, 앞의 책, 187쪽; 김성민, 앞의 논문, 147쪽.

"소학아동에 대한 조선인 학생의 악희적 행위"와 같은 다양한 유언비어를 낳았으며, 조선인에게 대해서는 강제 탄압과 언론통제의 방식으로 나타났다.

언론이 통제된 상황에서 광주 학생운동에 동조하는 시위는 1929년 11월 19일 처음으로 일어났다. 이러한 과정에서 학생이란 신분의 연대의식이 중요한 계기로 작용했다. 연대는 봉기의 형식과 정신을 좌우하는 협력행위이며, 이를 통해 식민 지배자의 심한 압박을 견딜 수 있는 방안이었다.[35]

목포상업학교 독서회원은 진상조사를 위해 광주로 왔다. 장재성은 이들에게 "단도를 가지고 공격해온 일본 중학생을 단지 방어한데 불과한 조선인 고등보통학생이 검거되었다. 그런데 검거된 일본인 학생은 겨우 7~8명인데 반해 조선인 학생은 수십 명에 이르렀다. 민족적 차별에 의해 고보생에 편파적이고 가혹한 조치에 우리는 죽음을 각오하고 당국자와 싸워야 하니 협력하라"[36]고 부탁했다.

이러한 논의를 거쳐 목포공립상업학교는 11월 19일 시위를 진행하면서 "우리 2천만 생령(生靈)을 사랑하고 우리 조국을 사랑하는 광주 남녀 학생 수십 명은 거의 죽을 정도의 중상을 입고, 200여 명은 불법검거로 철창에서 신음하고 있다. 그들은 정의를 위해 가두에서 시위를 벌였다."라고 주장했다.[37] 같은 학생 신분과 '희생'에 관한 공분이 공감대를

35 라나지트 구하는 인도의 농민봉기를 설명하면서 이러한 연대의식을 봉기의 중요 방안이라고 보았다(라나지트 구하, 김택현 옮김, 『서발턴과 봉기』, 박종철출판사, 2006, 208~231쪽).

36 「소화5년형공합제11,12호 (이인형 등) 판결문」, 광주지방법원, 1930.3.20: 김성민, 앞의 논문, 160쪽에서 재인용.

이루며 점차 광주학생시위는 전국 단위의 광주학생운동으로 확대되어 갔다.

4. 광주학생운동과 민족적 연대 확산

일제의 광주지역 학생 탄압의 강도가 높아지면서 공분은 확산되었다. 일제는 1929년 10월 30일부터 11월 1일 사이의 역구내 충돌사건 관계자를 훈계 방면 또는 기소유예처분을 하고 양 학교를 임시 휴교 하는 데 그쳤지만, 이후 11월 3일 검거자 72명 가운데 조선인 학생 40명을 폭력행위 등 처벌에 관한 건, 보안법 위반 등의 명목으로 기소했다.[38] 이러한 일제의 강경책은 이후 신간회 등의 실태 파악, 시위의 전국적 확산, 기소와 재판과정에서 학교별 '학부형회' 결집의 계기가 되었다.

구체적으로 신간회는 1929년 12월 13일 "광주학생사건을 공개하라. 구금된 학생을 무조건 석방하라. 경찰의 학원 유린을 배격하자. 포악한 경찰정치에 항거하자 등을 결의하면서[39] 운동의 전국적 확산을 도모하고자 했다.

실제로 1929년 12월에 들어가면서 광주학생시위는 연대의식 속에서 광주학생운동으로 확대되었다. 같은 달 서울과 함흥, 공주 등 지방의 주요 도시에서 시위가 일어났으며, 1930년 1월부터 3월까지 전국 각지와

37 광주학생독립운동기념사업회, 앞의 책, 156~157쪽.

38 장신, 「조선총독부의 광주학생운동 인식과 대응」, 『광주학생운동연구』, 아세아문화사, 2000, 253쪽.

39 장석흥, 「광주학생운동의 국내외 확산과 그 성격」, 『광주학생운동연구』, 2000, 아세아문화사, 145쪽.

국외에서 전개되었다.[40] 특히 서울지역에서는 1929년 12월 5일부터 16일까지 모두 30개의 남녀 전문학교와 중등학교를 비롯해서 보통학교 학생까지 1만 2천여 명의 학생이 시위 또는 맹휴를 전개했고, 총 1천 4백 명의 학생이 검거되었다.[41]

시위가 전국의 주요 도시로 확대된 것에 일본 경찰은 '배후 세력'이 존재한다고 믿었으며 배후 세력 색출과 검거를 시작했다. 그리고 시위·운동에 참가한 학생들에게 사회주의 사상의 학습 혹은 사상단체와의 접촉 여부를 묻는 것은 심문과 공판과정에서 일상적으로 이루어졌다. 이러한 과정에서 볼 수 있듯이 일제의 입장에서 차단하고 싶은 것은 식민지 조선인 내부의 연대였을 것이다.

예를 들면 1930년 1월15일 서울 지역의 학생시위를 본 후 다나까(田中) 보안과장은 "이렇게 되면 학생운동으로 볼 수가 없으며 민족운동이나 사회운동으로 볼 수밖에 없소. 검거된 학생은 … 여하튼 단연히 엄중히 처벌할 터입니다. 검사국으로 보내게 되면 소요죄로 보내게 될는지도 모르겠소."라고 해서[42] 학생들의 처벌을 강조했다. 그리고 1929년 12월 13일 일제는 겨울방학을 단행했고, 1930년 1월 서울지역 2차 시위에 무기휴교를 감행함으로써 광주학생운동의 확산을 차단하고자 했다.

배후세력을 강조한 일제의 입장과는 달리 조선인 언론매체에서는 이

---

40 장석흥, 같은 책, 137~138쪽.

41 『조선일보』, 1929.12.28.

42 『매일신보』, 1930.1.16. 같은 지면에서 모리 종로경찰서장은 "단순한 학생의 일이라고 볼 수가 없습니다. 그뿐만 아니라 그들이 지금에 취하는 행동은 소요키 위하여 하는 동요이니까 이제부터는 국가 장래를 위하여 천 명이거나 만 명이거나 절대로 용서 없이 검거하여 엄벌할" 것이라고 밝혔다.

를 부정하는 것으로 광주학생운동을 바라봤다. 동아일보는 광주학생시위와 광주학생운동이 "당국에서 주장하는 것과 같은 일부 공산주의자의 책동이 아니요 축적된 평소의 민족적 불평불만이 기회로 폭발"했다고 해서[43] 사회주의 세력과의 연계성을 부인했다. 하지만 오늘날 우리는 광주학생운동의 진행과정에서 성진회와 같은 사회단체와 사회주의자의 역할을 알고 있다.

1929년 12월 3일 경성제일고보의 격문에서는 신간회와 조선청년총동맹의 민족적 환기를 호소하면서 "검속된 광주조선학생을 즉시 탈환하자. 식민지노예교육에 반대하자. 살인적 폭도 일본 이민 무리들을 추방하자. 신간회·청총에 민족적 환기를 호소하자. 세계피압박대중건투만세" 등을 통해[44] 사회운동단체와의 연계를 제시했다.

동아일보 역시 운동의 진행과정과 검거를 지속적으로 보도했듯이 광주학생운동의 배후에 이러한 움직임이 있음을 알고 있었다. 따라서 이러한 언론매체에서 배후 세력이 없음을 강조한 것은 광주학생운동의 확산을 차단하고자 한 일제 권력에 대한 비판의 일환이었다. 이렇듯 매일신보가 광주학생시위와 광주학생운동에 관해 침묵했던 반면 조선인 언론매체는 이를 적극적으로 보도하고자 했다.

조선인 언론매체의 적극적인 의도와는 달리 일제의 보도통제 때문에 실상을 연속적으로 전달할 수 없었다. 1929년 11월 초에 광주학생시위를 보도한 이후 사건을 지속적으로 보도하지 못하다가 같은 해 12월 28일 호외의 방식으로 광주학생시위와 광주학생운동의 진행과정을 보도

43 「세모(歲暮)」, 『동아일보』, 1929.12.31.

44 장석흥, 앞의 책, 145쪽.

하기 시작했다. 그렇다면 보도통제 때문에 광주학생운동에 관한 보도가 불가능한 상황에서 전개되고 있는 학생운동 관련 내용은 어떻게, 어떠한 방식으로 조선인 독자층인 대중에게 전달되었을까?

이 공백 기간인 1929년 11~12월 사이에 조선일보에서는 「광명?」, 「무언(無言)」, 「평화」, 「추회(秋懷)」 등의 제목을 단 일련의 사설이 게재되었다.[45] 무기명이지만 이글은 안재홍에 의해 집필되었다. 일반적으로 신문 사설은 당대의 정세에 관한 논평의 성격을 지니고 있기에 매우 시의적인 글쓰기라고 할 수 있다. 그런데 위의 사설 제목은 비록 부제가 붙었지만 당시 다른 사설의 제목과는 달리 거의 두 글자에 의문형의 형식으로 구성되었다.

안재홍은 "조선인에게는 사회의 식자층에 대하여서도 집회 토의 및 행동의 근소한 자유(광명?)을 허락하지 않는 당국"이라는 용례로 사용함으로써 조선사회를 '암흑'적이라고 표현하고자 했다.[46] 그리고 '무언'은 조선인 언론의 침묵을 강요하는 즉 "말할 입이 막히고 기별할 붓이 꺾이는 조선 사람"을 대변해주는 것으로 묘사되었다.[47] 안재홍은 '추회'를 언급하면서 조선 사람의 '근심과 실패' 등을 언급했다.[48] 언론보도가 통제된 당시 상황 속에서 광주학생운동은 추상적이고 은유적인 표현을 통해 논설이 지닌 논리성을 넘어선 감성적 방식으로 전달될 수밖에 없었다.

---

45 안재홍선집간행위원회편, 『민세안재홍선집』 1, 지식산업사, 1981, 324~338쪽.

46 (안재홍), 「광명?」, 『조선일보』, 1929.11.29. 이와 유사하게 동아일보는 당대를 '암흑시대'로 표현했다(「광주사건의 의의」, 『동아일보』, 1929.12.29).

47 (안재홍), 「무언」, 『조선일보』, 1929.12.6.

48 (안재홍), 「추회」, 『조선일보』, 1929.12.9.

일제의 보도 통제를 넘어서 광주학생을 전달하는 또 하나의 방식이 대중 사이의 소통(communication)이었다. 즉 통제는 다른 형태의 언론을 형성했는데 '유언비어'가 등장하기 시작했다. 이러한 유언비어와 풍문은 민중들의 가장 가까운 정보원이자 놀라운 전파력을 가진 커뮤니케이션 방식이었다.[49] 앞서 살펴본 은유적 표현과 함께 이것은 감성동원의 중요한 수단 가운데 하나였다. 반면 일제 권력의 경우 이러한 커뮤니케이션의 전파와 영향력 차단에 주력했다.[50]

앞서 나주역 사건에서의 일본인 순사의 조선인 학생에 관한 차별적 처벌이 민족적 공분의 중요 요소가 되었듯이, 일제는 광주학생운동 관련 여러 사실과 정황을 '풍문'과 '풍설(風說)'로 간주하고자 했다. 전라남도 제11회 도평의회 석상에 참가했던 일본인 학무과장은 풍문의 사례로 "(광주—인용자) 중학교의 모 유도선생이 학생을 선동하였으며 또는 일본인 학생을 데리고 다니면서 '너를 때린 자가 누구냐'고 하며 고보생도들이 모여 있는 곳에 들어왔다", "일본인 시민들이 군사령부에 전보로써 군대를 청하였다" 등을 언급하고 이는 사실무근이라고 답했다.[51]

반면 풍문은 광주학생운동의 주체에게 시위의 원동력으로 작용했다.

---

49 미에다 세츠코(宮田節子), 이영랑역, 『조선민중과 '황민화' 정책』, 일조각, 1997, 5쪽.

50 광주학생운동의 추동력을 제공해 준 풍문의 한 사례는 "광주 부호 정모(丁某)라는 사람이 모 단체에 제공한 5천원 중 수천 원을 소지한 강모(姜某)가 상경하여 학생을 선동하였다"는 내용을 들 수 있다. 김성민의 연구에 따르면 이것은 사실이 아니었고, 배후 세력의 선동을 강조하기 위한 것이거나 혹은 신간회 광주지회장인 정태수가 운영자금을 제공한 사실이 시위의 운동자금으로 확대된 것으로 해석했다(김성민, 앞의 논문, 153쪽).

51 『동아일보』, 1930.2.27.

일제가 보도통제를 강화할수록 유언비어와 풍문은 확산되었다. 광주학생운동과 관련해서 서울 지역에서 격문은 공통적으로 광주지역 학생의 '희생'을 강조했으며, 그 가운데 상징적인 것이 조선인 학생의 '학살설'이었다.

① "조선학생 청년 대중이여! 그대들은 그 제국주의 단말마 일본 이민배의 광폭하고 야만적인 폭거를 확실히 들었을 것이다. 이것은 광주 조선 학생동지들의 학살의 음모임과 동시에 조선학생 대중을 압살하는 시위이며, 전세계 약소민족에 대한 강압적 백색테러 행동이다. … 소방대와 청년단을 무장시켜 재향군인 연합군을 소집하여 횡포 무쌍한 만행을 자행한 후 소위 그들의 사법 경찰을 총동원하여 광주 조선학생 동지 4백여 명에게 참혹하게 쇠고랑을 걸고 말았다."(조선학생전위동맹 격문)

② "일본제국주의 야수들이 암암리에 매장 소멸시키려고 했던 재래의 학살방법 보다 한층 조직적이며 더욱 계획적인 광주 조선인 대살육 음모사건을 알고 있는가? … 재향군인단을 비롯하여 일본 제국주의의 번견(番犬) 소방대, 청년단, 전남청년단연합회, 소·중학교 부형회 등 모든 반동집단을 총동원하여 광주 조선인의 최후 1인까지 모두 학살초멸시키려는 음모를 꾸미고 있다."(조선청년동맹의 격문)

이러한 서울 지역의 격문 내용은 광주에서 상경한 장석천과 협의 속에서 나온 것이다. 김성민에 따르면, 광주의 실상을 잘 알고 있음에도 불구하고 장석천이 이러한 논의를 제기한 것은 학생층의 참여를 유도하기 위한 방책이었다.[52] 이러한 '희생'에 대한 소식에 학생들의 반응은 어떠했을까?

1929년 12월 초 중앙고등보통학교의 격문에서는 "재향군인단을 비롯하여 청년단, 소방조, 학부형회 등 반동집단이 일관되게 총출동하여 광주 조선인을 최후의 1인까지 소멸하려는 계획"이 있다고 주장했다.[53] 서울지역 여학교 학생들 사이에서도 광주에서 "일본 소방대가 동원되어 한국인을 학살하였다." 혹은 "한인여학생 2명이 신체의 일부를 절단당하고 한인 남학생 12명이 피살되었다"는 소문이 돌았으며,[54] 이러한 정서를 바탕으로 학내 시위를 조직하고자 했다. 이러한 사례는 전국적으로 시위가 확대되는 과정에서도 드러난다.

같은 해 12월 평양 숭실전문학교에서도 "조선학생이여 분기하라, 용감히 싸워라. 일본 중학생의 총검의 학대를 받아 20여 명 광주고보생 절명"이라는 격문이 살포되기도 했다.[55] 이렇듯 광주지역에서의 '희생'과 관련된 '유언비어'는 학생운동의 '위축' 보다는 저항의지의 강화로 나타났으며, 이는 구체적인 연대의식으로 표명되었다. 즉 유언비어는 감성동원의 중요한 방안 가운데 하나였다.

광주학생시위와 광주학생운동을 비교하면 후자의 경우 시위와 운동의 방식에서 진화된 양상이 나타났다. 1930년 1월의 2차 서울 시위의 격문과 구호는 1차 때와 비교해서 계급적 성향을 더욱 강하게 표출했다.

이화여고보에서는 "무산계급해방만세. 피압박민족혁명만세"를, 중동

52 김성민, 앞의 논문, 185쪽.

53 광주학생독립운동기념사업회, 앞의 책, 159쪽.

54 국사편찬위원회, 『한민족독립운동사자료집』 51, 2002, 157~158쪽.

55 강재언편, 앞의 책, 146~147쪽.

학교에서는 "야만적 제국주의를 파괴하자" 등의 구호와 함께 붉은 깃발을 앞세우고 시위를 전개했다.[56] 이러한 점은 광주학생시위에서 제시된 "경찰의 교내 침입 방지. 수업료와 교우회비 철폐. 교우회의 자치권 획득. 언론 집회 결사 출판의 자유 획득. 조선인 본위 교육제도 확립, 식민지 노예 교육 제도 철폐. 재향군인단 비상소집 반대. 소방대 청년단 즉시 해산" 등의 구호보다 한층 더 제국주의와의 대결의식을 지닌 문제제기라고 볼 수 있다.

일제는 광주학생시위에서 광주학생운동으로의 질적 전환의 계기를 알고 있었기에 광주학생시위 때와 비교해서 시위 학생에 관한 '엄벌' 및 사회주의와의 연계 차단을 강조했다. 그럼에도 불구하고 광주학생운동은 서울 지역과 전국단위의 민족운동으로 확산되었다.

1929년 11월 광주학생시위를 광주지역에 국한된 지역적 사건으로 축소해서는 안 된다. 당시 신문에서 광주학생운동의 '발단', '원인', '동기', '도화선'으로 불렸지만[57] 광주라는 공간의 역할은 출발점에서 끝난 것은 아니었다.

광주학생시위는 광주학생운동을 추동하는 공통분모였다. 광주학생운동이란 전국적인 시위과정에서 항상 "광주 구속학생의 탈환과 석방"의 내용이 빠지지 않았던 것은 연대의식의 발로였다. 아울러 운동의 진원지인 광주에서도 전국적인 학생운동이 전개되자, 1930년 1월 초 개학에 맞춰 재차 시위운동이 일어났고, 1월 중순에는 전남 남부지역으로 운동

---

56 장석흥, 앞의 책, 148쪽.

57 국내 언론매체에서 보이는 광주와 전국적 학생시위와의 관련에 관해서는 한규무, 앞의 논문, 294~295쪽 참조.

이 확산되었다.

그렇다면 광주지역 학생시위와 전국적 단위의 광주학생운동을 어떻게 연동해서 보아야 할 것인가 여부가 물음이 될 수 있다. 앞서 살펴보았듯이 1929년 11월 3일과 11일 2차례의 광주학생시위는 민족적 과제를 운동의 방향으로 설정함으로써 추후 전개될 광주학생운동의 기본적인 모델을 제시했다. 아울러 유언비어 혹은 풍문의 형태였지만 광주와 광주학생의 '희생'은 각 지역의 연대의식의 자극제 역할을 담당했다.

또한 광주는 다른 지역 학생운동의 '거울효과'로 작용했다. 예를 들면 1930년 1월 15일 대구의 각 학교에는 학생 궐기를 촉구하는 편지에서 "대구는 남선(南鮮)지방의 피눈물을 흘리는 청년학생단체의 대표인데도 불구하고 약소한 소읍의 선두에 서지 못하였기 때문에 반드시 외국 측의 조소를 받게 될 것이다. 이것은 광주학생계에 동정하지 않기 때문이다. 우리의 주먹은 썩어 움직이지 않고 있다."[58]라고 밝혔다.

이러한 과정을 통해 광주학생시위와 광주학생운동은 3·1운동과 6·10만세운동의 연장선상에 그 역사적 의미가 부여되었다. 예를 들면 신간회가 이를 "기미(己未) 이후의 대사건"이라고 보았듯이,[59] 당시 민족운동진영에서도 광주학생운동을 3·1운동과 연동해서 보았다. 나아가 기억의 연장 속에서 민족운동가는 민족적 연대의 경험을 재현하고자 기대했다.

58 광주학생독립운동기념사업회, 앞의 책, 233쪽.

59 이준식, 앞의 책, 2000, 196쪽.

5. 감성동원과 민족적 공감대

광주학생운동은 1929년 10월 말 나주역사건에서 시작되어 같은 해 11월 광주지역에서의 2차례의 학생 · 시민 시위를 거쳐 1930년 3월까지 전개된 일제에 저항한 민족운동이었다. 광주에서 시작되었지만 학생들의 요구 사항은 광주만의 현상이 아니었다. '식민지 교육 철폐'라는 정치적 요구가 광주학생운동뿐만 아니라 (여)학생의 희생이 이 운동을 전국적으로 확산시킨 민족적 공감대였다.

구체적으로 여학생에 대한 희롱, 조선인 학생에 대한 일제권력의 대변자인 순사의 폭력성의 강조는 광주지역은 물론 민족적 공분의 중요한 요소였다. 여학생 희롱이 실제 있었는지에 관한 사실보다도 1929년 말 조선인 언론매체에서 이점을 강조함이 주목된다. 이러한 강조는 감성의 요소와 연결되어 대중 참여(연대)의 촉매제 역할을 담당했다.

'나주역사건'과 1929년 11월을 광주학생시위와의 관련성에 관해 일제권력은 '우발성'을 강조해서 그 연속성을 차단하고자 했다. 반면 광주학생시위의 주도자 및 참가자들은 이 두 사건을 계기로 전국적 학생운동 · 민족운동으로 확산시키고자 했다. 한일 학생간의 대립을 조직적 시위로 전환시킨 것은 성진회, 독서회 회원 등의 활동에서 비롯되었다. 하지만 인맥과 조직력을 넘어서 광주학생시위가 서울과 전국의 광주학생운동으로 확산되는 과정에서 '광주의 희생'에 대한 공분 · 공감과 학생신분이라는 연대의식은 집단적 감성 유발의 중요한 요소로 작용했다.

광주학생운동이 진행되는 동안 운동 주체 및 언론매체는 첫째, (여)학생이라는 '약자' 혹은 '희생자'란 이미지를 지속적으로 강조했으며 둘째, 광주 학생의 '희생'과 관련된 풍문과 유언비어가 격문이나 시위과정에서 활용되었으며 셋째, 일제의 언론 통제 때문에 광주학생운동과 관련된 사건 보도 및 해석이 불가능한 상황 속에서도 은유의 방식으로 이를 대중에게 전달하고자 했다.

광주학생운동에 관한 광주지역과 광주학생의 역할에 주목한 이유는 광주학생시위의 역사적 역할이 광주학생운동의 시발점 내지는 도화선이었다는 '지역적인 특수성'으로 이해하는 관점을 재검토하기 위함이었다. 물론 광주학생시위가 전국적 단위의 광주학생운동으로 확산되는 과정에서 운동 논리와 선전 및 실천 활동에서 일정한 변화·발전이 이루어졌다. 하지만 1929년 11월의 광주학생시위에서 이미 이후 전개된 학생운동의 문제제기 및 시위 형태의 일반적 경향성 혹은 '패턴'이 완성되고, '광주의 희생'은 광주학생운동에서 나타난 연대감의 근본적 요소였으며, 나아가 광주학생시위는 다른 지역의 학생운동이 모범으로 삼아야 할 지표로서 작용했다고 판단된다.

태평양전쟁 시기 학병의 감성동원과 분노의 기억

1. 전쟁과 시대의 슬픔

전쟁은 공동체 단위 사이에서 발생하는 갈등해결의 극단적인 방식이다. 특히 '총력전'의 성격을 지닌 근대의 전쟁은 막대한 인적·물적 피해를 발생시켜 공동체 구성원에게 커다란 고통과 슬픔으로 각인되었다. 식민지 조선인은 중일전쟁에서 태평양전쟁으로 이어지는 전시체제기에 전면적인 전쟁 동원 체험과 정체성의 혼란을 경험했다.

식민지 조선인들은 제국주의 일본이 어떻게 우리의 국가인가 그리고 왜 그들의 전쟁에 강제로 동원 되는가, 아울러 왜 전장(戰場)에서 목숨을 요구 받는가 등의 물음에 직면했다.[1] 이러한 정체성의 혼란은 일제시기 말 전쟁에 동원된 엘리트 청년인 학병(學兵)에서 잘 나타난다.[2] 학병에

---

1 전장이라는 상황과 발화 주체의 관계에 관해서는 도미야마 이치로, 임성모 옮김, 『전장의 기억』, 이산, 2002, 94쪽 참조.

관한 검토를 통해 시대의 슬픔에 관해 접근해보고자 한다.

학병에 관한 최근 연구는 문학 영역에서 활발하게 이루어지고 있다. '학병세대'란 규정 아래[3] 가해자 일제와 피해자 학병이란 선악 이분법을 넘어서 해방 후 국가 건설과정에서 학병의 기억이 균열되거나 혹은 정형화되었음이 밝혀졌다.[4]

그동안 학병의 정체성 문제에 관한 논의는 개인의 경험이나 문학작품을 중심으로 주로 검토되었기 때문에 동원된 기억주체인 학병의 집단기억에 관해 전반적인 이해가 어렵다고 판단된다. 이글은 1972년 간행된 학병 수기집인 『청춘만장(青春挽章)』을 중심으로 기억과 망각을 주도하는 발화 주체의 논의를 살펴보고자 한다.

학병을 통해 본 전시체제기의 슬픔과 분노의 실체 규명은[5] 이를 치유

---

2 조선인 학병과 관련된 전반적인 이해는 강덕상, 『조선인학도출진(朝鮮人學徒出陣)』, 암파서점(岩波書店), 1997; 미에다 세츠코(宮田節子), 이영랑 역, 『조선민중과 '황민화' 정책』, 일조각, 1997; 표영수, 『일제강점기 조선인 지원병제도 연구』, 숭실대학교 대학원 사학과 박사논문, 2008; 친일반민족행위진상규명위원회, 「병력동원의 구조와 조선인의 협력」, 『친일반민족행위진상규명 보고서』 Ⅲ-3, 2009 참조.

3 전문대 이상의 고등학력을 소유한 '학병'은 1920년 전후 일제강점기에 출생했는데, 김윤식은 '학병세대'에 관해 엘리트 계층으로 전쟁 체험에 관해 '체험적 글쓰기'에 적극적이었던 존재로 규정했다. 김윤식, 『일제말기 한국인 학병세대의 체험적 글쓰기론』, 서울대학교출판부, 2007, 머리말 7쪽.

4 학병과 관련된 2000년대 이후의 논의는 최지현, 「학병의 기억과 국가」, 『한국문학연구』 22, 2007; 최영욱, 「해방 이후 학병 서사 연구」, 역사대학교 대학원 국문과 석사논문, 2009; 이혜령, 「해방(기); 총 든 청년의 나날들」, 『상허학보』 27, 2009; 류동규, 「학병 기피자의 식민지 기억과 서사」, 『어문학』 109, 2010; 김예림, 「치안, 범법, 탈주」, 『대중서사연구』 24, 2010; 조윤정, 「전장의 기억과 학병의 감수성」, 『우리어문연구』 40, 2011 참조.

할 수 있는 방안이 어떠했어야 하는지를 모색함에 있다. 학병의 전쟁 동원과 전쟁 체험 그리고 귀환 이후의 기억을 살펴보기 위해 우선 학병의 경험을 일제의 공식 언론 매체인 『매일신보』 등과 비교 검토하여, 학병을 동원하기 위해 활용된 다양한 논리 특히 '감성 동원'에 주목하고자 한다. 다음으로 '학병세대'가 한 집단의 정체성을 대변하는 용어라고 한다면 이들 학병 동원에 적극적이었던 조선인은 누구이며, 그들의 논리가 어떠했는지를 일본에 파견된 인물과 활동을 중심으로 살펴보겠다. 마지막으로 해방 후 학병의 집단 기억이 어떻게 구성되었는가를 해방공간의 출판문과 『청춘만장』을 비교해서 1970년대 이루어진 기억 주체의 집단의식에 접근하고자 한다. 이를 통해 태평양전쟁에 동원된 조선인 학병의 정체성과 감성에 접근하고자 한다.

2. 학병 동원의 논리와 감성 동원

태평양전쟁에서 일제가 수세에 몰리면서 식민지 조선인을 징용, 징병, 학병, 정신대의 형태로 동원했다. 조선 청년의 실질적인 전쟁 동원은 중일전쟁 이후인 1938년 실시된 육해군 특별지원병제도부터 시작되었으며, 1943년 10월부터 조선인 전문학교·대학교 학생을 대상으로 한 조선인학도병 특별지원병제가 실시되었다.

5 노다 마사야기는 전쟁은 주체의 감성을 통제해서 타인의 감성에 대해 충분한 상상력과 공감을 가질 수 없게 만든다고 보았다. 노다 마사아키, 서혜영 옮김, 『전쟁과 인간』, 길, 2002, 235쪽. 이글에서는 이러한 논의를 확장해서 해방 이후 학병의 감성의 '통제' 다시 말해 전쟁 동원의 책임에 관한 분노의 침묵이 어떠한 의미를 지니는지를 검토하고자 한다.

같은 달 20일 육군성령(陸軍省令) 제48호 「육군특별지원병 임시채용규칙」이 시행됨에 따라 징집이 유예되었던 전문학교, 대학교에 재학 중이거나 졸업한 조선인의 '전쟁 동원'이 현실화되었다. 이후 10월 25일부터 11월 20일까지 조선인 학생에게 '지원'을 받고, 12월 11일부터 20일까지 징병검사를 실시했으며, 1944년 1월 20일부터 조선인 학병이 입영되었다.

1972년 간행된 『청춘만장』은 이날을 상기하면서 조직된 '1・20 동지회'의 주도로 만들어진 학병 수기집이다. 일제강점기 말 고등 교육을 받았던 학생의 신분으로 전쟁에 참가한 학병은 당대 자신이 체험한 내용을 기록으로 남길 수 있었던 집단이었다.

『청춘만장』은 국내편(5편) 일본편(17편), 중국대륙편(33편), 남방편(4편)으로 총 59명의 학병의 수기가 수록되었고, 특별 부록으로 「민족의 장래를 우려」, 「신혼의 빼앗긴 학병의 아내」, 「한성수 동지의 순국행적」의 3편의 글로 구성되었다.

기고자들을 출신학교별로 살펴보면 8명이 국내(경성제대, 보성전문 등)에서, 49명이 일본에서, 2명이 중국의 대련 고상(高商), 만주건국대에서 학교를 다녔다. 학병 수기집인 『청춘만장』에 주목하는 이유는 첫째, 수기가 공적 언론 매체와 달리 기록 주체의 정서를 잘 나타내고 있으며 둘째, 59명의 사례에 불과하지만 1・20동지회에 소속감을 지닌 기억 주체의 집단 기억을 볼 수 있기 때문이다. 이미 여러 학병 출신의 개인 기록과 이에 관한 소설이 있는 상황 속에서 1・20동지회가 『청춘만장』을 출판했던 이유는 「후기」에 잘 나타난다.

우리들은 우리 나름대로의 기록을 남겨둘 필요가 있다고 본다. … 오늘의 젊은이들에게 우리들의 전철을 밟지 않도록 하기 위해서도 … 입장을 밝혀두는 것이 결코 무의미한 일이라고는 할 수 없을 것이다. 또한 우리들은 … 과거 타의(他意)나마 일제에 협력하는 것처럼 했던 속죄의 뜻에서 … 당시 우리들이 겪어야만 했던 비운과 그 당시의 사회상을 진실과 양심에 비추어 사실대로 기록함으로써 오늘의 젊은이들에게 비판도 받고 아울러 짓밟혔던 그 당시의 민족혼을 상기케 하여(후략).[6]

'1·20 동지회'는 『청춘만장』을 통해 학병과 관련된 '진실'과 '속죄'를 기록한다고 밝혔다. 여기서 '우리'는 조선인 학병 출신으로 『청춘만장』에 기고한 학병 출신을 말한다. 이들의 최종 직위를 살펴보면 회장을 포함한 회사간부(23명), 공무원(6명), 교수(9명), 고등학교 교장을 포함한 교육계(8명), 정치가(5명), 언론계(3명), 군인(3명), 변호사(1명), 민항기 조종사(1명) 등으로 구성되었다.

「후기」에서 언급했듯이 이들은 해방 이후 대한민국에서 "각기 나름대로 국가, 사회에 이바지하였다고 자부"하는 존재였다. 아울러 전시체제기 동안 "타의나마 일제에 협력하는 것처럼 했던" 행위에 대한 반성을 강조했다. 이렇듯 『청춘만장』의 필자에게는 '자부심'과 '속죄의식'이 공존했다. 학병에게 슬픔과 반성이 포함된 '속죄'라는 감정이 무엇인지에 관해, 우선 이들이 "끌려갔다"라고 표현한 학병 동원 과정과 논리를 살펴보고자 한다.

전쟁 참여는 죽음의 문제와 직결되기 때문에 인간에게 극단적인 두려

6 1·20 동지회, 문화부편, 『청춘만장』, 농경출판사, 1972, 780~782쪽.

움, 공포, 불안감의 대상이 된다. 이전 시기 지원병의 경우 보다 태평양 전쟁 시기 학병으로 동원되는 경우 이러한 감정이 더욱 증폭된 형태로 나타났다. 조선인 학병은 당대 최고의 고등교육을 받았으며 가정형편도 중류층 이상이었다. 그러므로 조선인 학생은 '지원'이란 형식과 사실상 징집이란 현실과의 괴리감과 전쟁 동원 후의 귀환불가능 때문에 병력 동원에 반발했고 조선인 학병의 '자원' 입대의 경우는 거의 없었다.[7]

나아가 대다수의 조선인 학병은 동원 반대를 위해 개인적, 민족적 차원에서 방어논리를 만들어 대응하기도 했다. 한 사례로, 일본 중앙대 법과를 다녔던 정찬규가 '동원'에 항의하자 해당 지역 면장(面長)이 "너는 법과 학생이니 이론으로써는 이기지 못하겠다만 역시 가야한다."라고 당위성만 강조했다.[8] 학생의 지원을 종용해야 하는 지역 단위의 면장과 경찰 간부는 학병 대상자를 논리적으로 설복하기 어려운 상황이었다. 따라서 조선총독부와 전쟁에 협력한 조선인들은 학병 동원을 위해 보다 정교한 동원 논리를 만들어야 했다.

일본과 식민지 조선을 일체화하는 과정에서 가장 기본적인 요소는 일본에 대한 '애국심'의 강조였다. 미나미 조선총독은 조선의 청년이 전쟁터에 나가는 것이 "반도의 일본화 즉 내선일체의 구현"이라는 통치목표를 달성하기 위함이라고 주장했다.[9] 또한 좌담회 등을 통해 조선인 학

---

7 1944년 7월부터 계획된 평양 사단 내의 조선인 학병 탈주계획에 참가했던 24명의 판결문에 따르면 '자진 지원'이라고 표현한 6명 외에, 75%인 18명은 부친, 경찰관헌, 면장, 본적지 유력자, 학교장 등의 '권장'이 지원배경이라고 밝혔다. 표영수, 「'평양학병의거사건' 판결문」, 『한일민족문제연구』 1, 2001, 252~254쪽.

8 정찬규, 「탈출 계획과 중어(中語)와 영어(英語)」, 『청춘만장』, 642쪽.

9 조선총독부, 「시정30년사』, 1940, 803쪽.

생의 ‘지원’은 애국주의로 각색되었다.[10]

하지만 애국과 ‘충군(忠君)’의 요구는 이들 학병에게 별다른 효과가 없었다. 초등학교 졸업자 수준에서 선발된 이전의 ‘조선인 육해군 특별지원병’과 달리 학병은 당대 최고의 전문적 지식을 습득한 계층이기 때문이었다.[11] 일제는 학병 동원을 위해 이들에게 ‘엘리트’ 의식을 강조했다.

우선 일제는 조선인 학병은 일본인 학병과 동등한 자격과 기회를 제공한다면서 조선인 학생에게 일본인과 ‘동창생’임을 강조했다. 『매일신보』는 사설을 통해 “같이 남양(南洋)에 가되 일본인 동창은 간부장교로 가고 여러분의 자제는 노동대로 간다면 인정상 이 사이에 약간의 유감이 없다고 할 수 없을 것”이라고 해서 일본인 학생과 “꼭 같은 자격”을 가지며 동일한 의무를 수행해야 한다고 주장했다.[12]

그리고 조선총독부는 학병이 대학생 신분이기 때문에 훈련기간에서 4~6개월을 면제해주거나 시험을 통해 장교로 전환시켜 주겠다는 등의 회유책을 제시하기도 했다. 하지만 태평양전쟁은 일본인의 전쟁이지 조선인의 전쟁은 아니었다. 조선인 학병 대상자는 ‘의무’를 강조하면서 ‘권리’를 제시하지 않는 일제의 논점에 비판적이었다. 일제는 이런 상황을 타개하기 위해 조선인 ‘협력자’를 동원했다. 민족 구성원이 다른 민족 구

10 김예림, 「치안, 범법, 탈주 그리고 이 모든 사태의 전후」, 『대중서사연구』 24, 2010, 56쪽.

11 전시체제기 고등교육을 받은 일본 학생의 교양과 학문에 관해서는 오오누키 에미코, 이향철 옮김, 『죽으라면 죽으리라』, 우물이 있는 집, 2007, 29~79쪽 참조. 일본에 유학했던 조선인 유학생의 경우에도 그들과 유사한 학문적 수련과정을 경험했는데, 이에 관해서는 신상초, 『탈출』, 녹문각, 1968, 58쪽, 10~61쪽 참조.

12 「지원자의 부형에게」, 『매일신보』, 1943.11.5.

성원인 학병을 동원하도록 한 것이다.

『청춘만장』을 비롯한 학병에 관련된 당대 기록에서는 지원을 빙자한 다양한 강요의 사례가 등장한다. 일제에 협력한 조선 지도자층은 학병을 단순한 개인이 아닌 조선 민족을 위한 존재로 규정했다. 이들은 학병을 '2천 5백만 민중의 선봉', "순정에 불타고 이상에 빛나며 그것을 실천에 옮길 만한 꿋꿋한 힘을 가진", "세계사 창조를 이룰 역군", "제국의 보배요, 반도의 보배"와 같은 존재로 규정했다.[13]

다시 말해 학병을 국가와 가정과 사회에서 "인간으로서의 자질과 품격을 갖추기까지는 가지가지 은택을 입"[14]은 존재이기에 '의무'를 다해야 한다고 강변했다. 이를 위해 친지와 '부형(父兄)'이 동원되었다. 그 가운데 일제의 입장에서 제일 선호했던 '협력자'는 학병 대상자를 자식으로 둔 부형이었다.

동민회 이사와 경성부회 의원을 지닌 조병상(曺秉相)은 그의 아들 둘을 입대시키고, "이번 학도특병지원병 제도는 조선에 있어서 상류계급 사람들의 애국심을 저울질 하는 중대한 시금석"이라고 주장했다.[15] 또한 침략 전쟁에 협력했던 조선인을 중심으로 한 단체를 결성해서 학병지원을 독려했다.

서울 종로에서 1943년 11월 4일 '임시특별지원병제도 종로익찬위원

13 각각의 규정은 윤치호, 「총 출진하라」, 『매일신보』, 1943.11.17; 최남선, 「가라! 청년학도여」, 『매일신보』, 1943.11.20; 장덕수, 「출진하는 반도인 학도에게」, 『반도의 빛(半島の光)』 72, 1944.1, 3쪽; 장덕수, 「빛나는 정도(征途)를 축복」, 『매일신보』, 1944.1.17.

14 김성수, 「대의를 위해 죽을 때 황민됨의 책무는 크다」, 『매일신보』, 1943.11.6.

15 조병상, 『매일신보』, 1943.11.4.

회'가 조직되어 '적격자 및 부형 간담회'를 개최했다. 이후 경성익찬위원회가 결성되어 국내와 일본에 거주하는 학병 대상자에게 '지원독려' 전보를 발송했다.[16] 이들은 제국 일본인과 식민지 조선인 사이에 등가(等價)의 권리를 주장하기 위해 등가의 의무를 다해야 한다고 논리를 전개했다.

'의무'를 강조하는 동원 논리는 전선(戰線)과 이로부터 연상되는 죽음이라는 문제에 답을 해야 했다. 일제에 협력한 조선인들은 일본인 학병처럼 조선인 학병들도 죽음을 "홍모(鴻毛)와 같이 여겨야 하며", 죽음은 영원한 생명을 취하는 방안이며, 개인의 목숨이기 전에 국가의 것이기에 역사적 대의를 다해야 한다는 등의[17] 논리를 전개했다.

또한 지원 마감을 하루 남긴 상황에서 국민총력조선연맹 사무국 총장이던 한상룡(韓相龍)은 "학병 중에는 '죽음'의 근거에 대하여 선배의 명확한 지적을 요구하는 자가 적지 않다"면서, "이 싸움에 5천의 반도청년이 진군한다면 조선 2천 5백만 동포 모두가 전열에 참가하는 셈"이며, "모든 소아(小我)를 버리고 모든 편협을 불사르고 의(義)에 서라."고 주장했다.[18] 심지어 천도교 지도자인 이종린은 같은 지면에서 학병의 죽음을 조선 민족의 새로운 탄생이라고 강조했다.

---

16 이상의 단체 결성 및 활동에 관해서는 『친일반민족행위진상규명 보고서』 3-3, 542~544쪽 참조.

17 이상의 논의는 김성수, 「대의에 죽을 때 황민됨의 책무는 크다」, 『매일신보』, 1943.11.6; 장덕수, 「빛나는 정도를 축복」, 『매일신보』, 1944.1.17; 장덕수, 「출진하는 반도인 학도에게」, 『반도의 빛(半島の光)』 72, 1944.1, 3쪽; 현상윤, 「학도여 성전에 나서라」, 『매일신보』, 1943.11.11 참조.

18 한상용, 「아시아 위해서 나서라」, 『매일신보』, 1943.11.19.

제군들은 인생철학을 파악한 제군들이다. 어떠한 권리와 어떠한 영예가 온다 할지라도 자기 양심에 만족을 얻기 이전에는 어떠한 권유나 격려에도 좌우될 제군들이 아니다. 그러나 남보다 감격성과 의분심이 많은 제군, 남보다 정이 많고 눈물이 많은 제군들은 국민의 의무, 향토의 명예 이외에도 일어서지 아니할 수 없는 절박한 사정이 한두 가지가 아닐 것이다 … 제군이 일사(一死)로서 우리들 2천 5백만이 대생(大生)하고, 우리 황민 1억만이 대생하고, 우리 대동아 10억이 일체 대생한다면 그 죽음이야말로 대생의 죽음이 아니냐.[19]

죽음마저 요구한 학병 동원 논리와 함께 감성동원이 유효한 전략으로 활용되었다. 일제는 조선인 학병의 '수치심'을 유발했다.[20] '지원'하지 않는 학생은 '이기주의자', '비겁한 도배(徒輩)', '비(非)국민, 사회낙오자', '스파이' 등으로 규정했다.[21] 또한 학병들에게 동생과 누이와 같은 뒤 세대에 대한 '책임감'을 강조했다.

세브란스의전 교수였던 오긍선은 학생이 '지원'하지 않으면, "장차 다음의 세대를 건설할 제군의 후배를 절망의 구렁 속으로 떨어뜨리게 되

19 이종린, 「부형과 학생들에게 고함」, 『매일신보』, 1943.11.19.

20 조윤성은 이러한 정서를 "파시즘의 매커니즘이 영웅적이고 냉소적인 세계상을 강조하는 동시에 부드러운 감정과 인간적 가치를 배척했던 것"이라고 보았다(조윤성, 전장의 기억과 학병의 감수성」, 『우리어문연구』 40, 우리어문학회, 2011, 508쪽).

21 학병 지원에 적극적이지 않은 조선인 학생에 관한 이러한 규정은 김본광치(金本光治), 「황국대생명」, 『매일신보』, 1943.11.3; 「빨리 지원하자」, 『매일신보』, 1943.11.8; 「응징학도(應徵學徒)의 입소(入所)」, 『매일신보』, 1943.12.7; 허호, 「지원 당시의 고민」, 『학병』 1, 1946.1, 88쪽 참조.

는 것 … 중학 또는 초등학교에 있는 제군의 동생과 누이들은 무언(無言) 중에 제군의 일거일동을 응시하고 있다. … 이 순진한 동생과 누이들의 시선을 피해 가며 비열한 행동을 취할 것인가"[22]라고 강변했다.

이렇듯 학병에게 '애국심'보다 수치심과 동생·누이의 '순진한 시선'을 현실적인 동원 기제로 이용했다. 다시 말해 일제와 조선인 협력자들은 조선인 학생에게 일본 민족과 국가가 아니라 조선 민족을 위해 전쟁에 참가해야 한다는 논리와 다양한 감성동원의 방식을 전개했다.

그렇다면 전쟁 참가에 관한 요구에 대하여 조선인 학생들은 어떻게 대응했을까? 당시 조선인 학생은 첫째, '내선일체'라는 명분을 활용하여 각종 제도적 차별을 철폐하는 계기로 삼으려는 입장 둘째, 기피하고 거부해야 한다는 입장 셋째, 일단 참가하여 군사훈련을 익힌 후 이를 독립에 활용해야 한다는 입장으로 나뉘었다.[23]

입장 차이에도 불구하고 '지원'이 마감된 1943년 12월 현재 조선 내 학생의 96%가, 일본 유학생의 93%가 학병이 되었다.[24] 이렇게 높은 지원이 나올 수 있는 이유는 지원과 기피의 양 갈래의 선택에서 대다수의 학생은 '지원'을 했기 때문이며 일제와 친일 협력자의 적극적인 동원 논리의 전개와 감성 동원의 결과였다.

조선인 지도층의 학병 동원 논리는 조선인 학생에게 목숨을 요구하는 것이기에 '동족(同族) 살해'와 같은 의미를 지녔다. 비록 학병 지원을 지

---

22 오긍선, 「주저 말고 곧 돌진하라」, 『매일신보』, 1943.11.5.

23 변은진, 「조선인 군사동원을 통해 본 일제 식민정책의 성격」, 『아세아연구』 46-2, 고려대학교 아세아문제연구소, 2003, 201쪽, 217~218쪽.

24 『친일반민족행위진상규명 보고서』 Ⅲ-3, 519쪽.

지한 '부형'도 일부 존재했지만 혈육의 입장에서 죽음을 요구하는 데에는 소극적일 수밖에 없었다. 따라서 일제는 학병의 '선배(先輩)'를 적극 활용했다.

3. '선배격려단'과 학병의 전쟁 체험

'선배'는 일반적으로 세대와 연령을 구분할 때 사용되는 상대적인 개념이이다. 하지만 근대적 지식이 소개되면서 이를 전달하는 주체와 수용하는 객체가 구별되기 시작했다. 한말시기부터 소년과 청년에 대비되어 '부형(父兄)'이란 용어가 주로 사용되었다. 반면 전시체제기에 선배란 용어가 광범위하게 사용된 점이 주목된다.

학병에게 선배는 주로 1880~90년 전후에 태어난 세대로 민족 구성원의 계몽에 앞장섰던 인물이었다. 전시체제기 전쟁 동원에 직면한 조선인 학생들은 죽음과 실존이란 물음을 해결하기 위해 선배의 조언을 얻고자 했다.

『청춘만장』에 따르면, 보성전문을 졸업한 손만호는 '갈팡질팡 할 수밖에 없'었던 상황에서 찾아갔던 '저명인사'들이 "누구 한 사람 시원한 말을 해주는 사람 없었고, 오히려 우리들이 찾아오는 것을 꺼리고 두려워하는 눈치"였다고 회고했다.[25] 보성전문 상과를 졸업했던 서재균의 경우에도 '무사안일'한 조선인 선배와의 만남에 관한 '회의와 통탄'을 경험했다.

25 손만호, 「영원히 못 잊을 수난」, 『청춘만장』, 228쪽.

> 나는 학병 해당자 몇몇과 그 당시 우리들의 은사이자 선배되시는 김성수, 장덕수, 안호상 여러 선생을 방문하여 우리들의 갈 길, 우리 민족의 장래 등에 대하여 질문한 바 있었다. 선생들은 우리들의 심정을 이해는 하나 당시에 어찌할 수 없는 상황이라 묵묵부답 이었으며 간신히 한다는 말이 '제군들이 출전하여 피를 흘림으로써 그 피의 대가를 받을 수 있을 것이다. …' 그럼 그 피의 대가는 누가 보장한단 말인가? 우리는 회의와 통탄을 금치 못했다.[26]

학병지원에 소극적이거나 침묵했던 선배와 달리 일제의 전쟁 수행에 적극 협력하라는 선배가 나타났다. 잡지 『학병』에서 이춘영은 "뜨거운 가슴을 두드리며 피눈물 맺힌 진전을 토로하고자" 찾아간 이들 '선배 명사'들이 "나가라 그리고 싸워 일본이 꼭 이겨야 한다"라고 했다고 회고했다.[27]

일제는 '선배'를 학병동원에 적극적으로 활용하고자 했다. 사지(死地)로 연결되는 전장에 자식이나 동생을 보내야 하는 '혈연' 관계는 지원독려에 소극적일 수밖에 없었기 때문이었다. 전쟁 협력에 적극 나선 장덕수는 이를 "부형의 무지한 본능에 젊은 제군의 마음이 동요되기도 쉬울 것이다"라고[28] 표현했다. 따라서 혈연관계인 부모와 형제를 대신해서 일제에 의해 학교와 군대 및 사회의 선배가 학병동원에 적극 활용되었다.

일제에 협력했던 조선인 선배는 자신들을 학병들과 세대를 구분해서,

---

26 서재균, 「장교는 삼할후탄(三割後彈)」, 『청춘만장』, 208쪽.

27 이춘영, 「학병은 돌아왔습니다」, 『학병』 1, 1946.1, 10쪽.

28 장덕수, 「대용단을 내라」, 『매일신보』, 1943.11.18.

자신들은 연령과 성별 때문에 전쟁 동원에 참여하지 못하는 것을 '부끄럽게 여기며', 학병이 전선에 서는 것과 같은 각오로 후방에서 활동하겠다는 각오를 밝혔다.[29] 박마리아의 경우에도 "학도들을 위해서는 선배들이 강연회를 통하여 신문을 통하여 쉴 새 없이 이치를 설명"[30]해주는 역할이 선배라고 규정했다.

『매일신보』는 조선인 선배에 대해 "때로는 아버지와 같은 따뜻한 마음으로 무릎을 맞대고, 때로는 선배로서의 준엄한 태도로써 그들을 앞에 하여 열렬히 외쳐서 그들의 영웅적 행동을 격려"하는 존재로 활동하길 기대했다.[31] 이렇듯 일제의 학병동원에는 공동체 내부 구성원인 선배의 적극적인 '협력'이 존재했다.

이들 조선인 선배가 학병 동원을 격려하기 위해 조선 각지와 일본에 파견되었다. 그들 가운데 1943년 11월 일본에 파견된 '선배격려단'이 주

---

29 중추원 참의이자 시중회 이사였던 김사연(金思)은 학병을 "우리의 빛이요, 반도의 희망의 별"이라고 표현하고, "그들의 선배로서 나는 차라리 내 스스로가 이러한 역사적 창조의 시련을 경험치 못하고 그들에게 이 중대한 과제를 남긴 것을 부끄럽게 여기는 동시에 그들의 꾸준한 자기 수련의 자태를 질타하기 전에 그 앞에 머리를 수그렸던 것이다. … 우리도 제군들에 지지 않을 만큼 제군들이 남기고 간 총후를 사수하고 피를 흘릴 각오이다. 학병제군아! 여러분은 우리 여러분의 선배가 체험치 못한 내면적 정신의 연성을 거쳐 진실로 심혼(心魂)의 혼연한 완성에 도달한 우리들의 결정체이다."라고 주장했다(김사연, 「입영학병에 부탁-실력을 발휘하라」, 『매일신보』, 1944.1.20).

30 박마리아, 「칼 잡고 일어서자」, 『매일신보』, 1943.11.19. 또한 김활란은 "경험으로나 지식으로나 아는 것이 많은 선배는 학도들의 마음에서 안개같이 서려진 회의를 풀어 주리라 믿는다"라고 해서 학병 동원을 자신들의 책임으로 간주했다(천성활란(天城活蘭), 「열혈남아이거든 이때를 놓치지 마라」, 『매일신보』, 1943.11.18).

31 「서로 만나 격려」, 『매일신보』, 1943.11.8.

목된다.[32] 일제는 학병 동원을 위해 일본 유학생 출신 선배를 적극 활용하고자 했다. 전문학교 이상 교육기관이 조선보다 일본이 많았기 때문이다.

실제 학병 대상자는 조선에 1,000여 명인데 비해 일본 유학 중의 조선인 학생은 약 6,000여 명이었다.[33] 또한 조선총독부의 통제력이 직접 미치는 조선보다 일본에서 유학중이던 조선인 학생들이 학병 지원에 적극적이지 않았다.[34] 선배격려단은 1943년 11월 8일 경성을 출발하여 약 보름에 걸쳐 일본 내 각 대학의 궐기대회에 참여해서 격려사와 강연을 했다.[35]

다음의 표에서 볼 수 있듯이 일본 내에서 고등 교육기관을 이수했던 선배는 1943년을 기준으로 해서 적게는 30대 중반에서 많게는 50대 중반의 연령층으로 구성되었다. 출신학교를 보면 이들은 일본에 유학 중인 조선인 학생들에게 학교 선배였다. 선배격려단은 1943년 11월 8일 경성을 출발해서 같은 달 11일 일본에 도착해서 활동을 시작했다.

---

32 이들의 활동을 처음 연구한 강덕상은 '조선장학회파견학도지원병격려대' 혹은 '영광의 사절단'이라고 불렀다(강덕상, 앞의 책, 231쪽). 『매일신보』에는 1943년 11월 내지각대학고등전문학교졸업자선배단이 조직한 것으로 '일본유학생권유단', '선배격려단' 등의 명칭으로 나온다. 이글은 '선배'란 용어에 주목하여 '선배격려단'으로 칭한다.

33 『친일반민족행위진상규명 보고서』 Ⅲ-3, 518쪽. 『청춘만장』에 수록된 수기도 59명 가운데 49명이 일본에서 유학했던 학병의 수기가 중심이다.

34 『매일신보』에 따르면 1943년 11월 1일 현재 도쿄 내 지원자 수는 경우 30명 남짓이었다(『매일신보』, 1943.11.4).

35 『매일신보』, 1943.11.15.

선배격려단 주요 참가자의 인적 사항

이 름	생년	창씨명	출신학교	직위
강병순(姜炳順)	1911	金原光根	주요대학 전문부 법과	관료, 대동동맹 이사
고원훈(高元勳)	1881		메이지대 법과	중추원참의, 도지사
김광근(金光根)	1904		코토제대 법학부	조선총독부 판사
김명학(金明學)	1901		동북제대	의사, 임전보국단 이사
김연수(金季洙)	1896		코토제대 경제학부	중추원참의, 국민총력조선연맹 후생부장
이광수(李光洙)	1892	香山光郎	와세다대 고등예과	소설가, 시인, 평론가
이성근(李聖根)	1887	金川 聖		도지사, 매일신보사 사장
이충영(李忠榮)	1908		도쿄제대 법학과	판사
최남선(崔南善)	1890		와세다대 고등사범부	중추원 참의, 만주 건국대학 교수

* 이상의 표는 친일인명사전편찬위원회, 『친일인명사전』, 민족문제연구소, 2009 참조.
* 〈표〉 가운데 고원훈은 격려단 조직에는 참여했지만 일본에 가지 않았으며, 이성근은 일본 유학경험은 없지만 『매일신보』 사장의 자격으로 참가했다.

같은 달 12일 이들은 오전 총독부 도쿄 사무실을 방문했고, 오후 1시 도쿄 농업대학 재학적격자와 간담회를 가졌다. 13일 오전 9시 제대(帝大) 오후 1시 도요(東洋)대학 오후 7시 스가모고상(巢鴨高商)을 방문했고,[36] 14일 오후 1~5시 사이에 메이지대학에서 '재경반도학생특별지원병지원궐기대회'를 개최했다. 이날 행사에서 참여 학생의 결의가 표명되었고 매일신보 이사장의 축사가 있었다. 이들은 도쿄 외에 교토, 오사카, 히

36 「선배격려대원 작야 출발 각도에서 후배와의 간담」, 『매일신보』, 1943.11.14.

로시마 등에서 유세 활동을 하고 21일 조선으로 돌아왔다.

선배격려단에 참가했던 선배는 "중책을 맡은 대선배일 뿐 아니라 조선의 각 부분에 있어 권위자"였다.[37] 특히 일본에서 행한 강연과 간담회에서는 조선사회 내에서 명망이 높았던 김연수, 이광수, 최남선이 중심이 되었다. 그 이유는 '학병세대'가 민족의식을 형성할 때 이들을 통해 파시즘적인 국가주의나 애국주의 영향을 받았기 때문이었다.

학생들은 이광수의 『흙』을 읽고 농촌현실과 학생 청년으로서 농민을 계몽해야할 존재로 생각했으며 최남선의 『조선역사』에서 과거 조선이 독립국이었음과 문화적으로 우수했음을 확인했다.[38] 『청춘만장』에서도 이들을 '설득력 있는 저명인사'[39]라고 보았듯이 일본에 파견된 선배는 조선인 학생들의 결정에 영향력을 미칠 수 있는 존재였다.

선배격려단의 공식 활동은 조선인 학병의 지원 강조에 중점이 놓여 있었다. 그렇다면 이들 조선인 명망가 선배들은 일제의 강연 요구에 저항할 수 있는 길은 없었는지 여부를 살펴보아야 한다. 이점은 전쟁 협력의 자발성과 강제성을 가름하는 중요한 물음이 된다.

선배격려단 활동에 적극 참여했던 최남선은 해방 후 「자열서(自列書)」에서 "이삿짐을 운반하는 도중에서 붙들려서 소위 학병 권유의 길을 떠나게 되었다"라고 하여[40] 일제에 의해 강제 동원된 것처럼 서술했다. 하

37 「도쿄대담」, 『조선화보』, 조선문화사, 1944; 김윤식, 『일제말기 한국인 학병세대의 체험적 글쓰기론』, 서울대학교출판부, 2007, 404쪽.

38 변은진, 「2차대전기 조선민중의 세대별 전쟁인식 비교」, 『역사와 현실』 51, 한국역사연구회, 2004, 71~74쪽.

39 안동준, 「일본 내에서의 개황」, 1·20동지회중앙본부, 『1·20학병사기』 1, 삼진출판사, 1987, 227쪽.

지만 이들 조선인 선배는 선배격려단 활동 참가를 거부할 수 있었다고 판단된다. 이들과 유사한 일본 유학 경험과 명망성을 지닌 홍명희는 인척이 사는 충북 청원군과 금강산의 암자로 피신하는 방식으로 일제의 협력 요구를 벗어났다.[41] 즉 선배격려단 활동은 대부분 참가자의 자발성에 기반해서 이루어진 것이다.

이러한 사실은 선배격려단 참가자의 일본 활동 전후의 움직임에서도 확인될 수 있다. 선배격려단으로 출발하기 직전인 1943년 11월 5일 최남선은 태평양전쟁에 참가하는 것은 "대운(大運) 중의 대운"이며 조선인 청년들은 이에 '순응과 협동'하여 '역사적 임무'를 담당하라고 주장했다.[42] 이광수도 같은 날 『매일신보』에 "그대들의 나섬은 / 그대들이 충의(忠義), 가문의 영화(榮華) / 삼천만 조선인의 생광(生光)이요, 생로(生路) / 일억 국민의 기쁨과 감사"라는 내용을 담을 시를 기고했다.[43]

1943년 11월 7일 김연수, 최남선, 고원훈 등 일본 유학생 출신은 회합을 갖고 고향의 부형 또는 선배로서 직접 일본으로 건너가 연설회, 간담회 등을 열기로 결정했다.[44] 따라서 선배격려단의 파견은 일제가 강제적으로 진행한 것이 아니며, 이미 학병지원 궐기를 위한 일본 파견이 확정된 상태였다.

---

40 최남선, 「자열서」, 『자유신문』, 1949.3.10.

41 강영주, 『벽초 홍명희 평전』, 사계절, 2004, 223~224쪽.

42 최남선, 「보람있게 죽자」, 『매일신보』, 1943.11.5.

43 이광수, 「조선의 학도여」(詩), 『매일신보』, 1943.11.5.

44 『매일신보』, 1943.11.8. 이들 9명 이외에도 1943년 11월 10일 일본 유학생 출신 사회유력자 50여명이 회합하여 23명을 일본에 파견하고 나머지는 조선 내에 파견하여 학부생과 간담회를 개최하고 동창회 등을 통해 학병의 출진을 선동, 선전하는 격문을 보냈다(『매일신보』, 1943.11.11).

일본에서 진행된 보름 정도의 활동 가운데 가장 주목되는 행사가 1943년 11월 14일 도쿄 메이지대학 강당에서 있었던 강연회였다. 일제는 이날 강연회를 "충분한 준비와 선전" 속에서 학병 지원 부진을 만회하는 계기로 삼고자 할 정도로 중요하게 생각했다.[45] 선배격려단이 파견된 당시 전황을 살펴보면, 태평양전쟁은 1943년 초부터 미국의 반격으로 일본이 수세로 몰렸고 침략했던 영토가 축소되는 전세로 바뀌어 나갔다.

1943년 4월 연합함대 사령관 야마모토 해군대장이 사망하고, 같은 해 5월 알류산열도 전투에서 '옥쇄(玉碎)'라는 용어가 사용되었다. 즉 일제의 패전 가능성은 1943년 말에도 존재했던 상황이었다. 그럼에도 불구하고 최남선은 연설을 통해 조선 학병은 "일본국민으로서의 충성과 조선남아의 의기를 발휘하여 부여된 광영의 이 기회에 분발 용약하여 한 사람도 빠짐없이 출진하기를 바라는 바"라고 밝혀[46] 학병 동원에 적극 나섰다.

이러한 선배의 논리에 관해 학병들이 어떻게 이해했을까를 살펴보아야 한다. 『매일신보』 등의 논조는 선배의 격려와 결의 성명서 발표와 조선인 학병의 적극 호응이라는 패턴으로 이루어졌다. 메이지대학 법과를 졸업한 임택주는 강연회에서 "피 한 방울 흘리지 않고 전후에 무엇으로 우리의 권리를 요구할 수 있는가. 진정 한국의 미래를 생각한다면 '펜'을 '총'으로 바꾸어 싸움터에 나가자! 피를 흘리자! 우리의 주권을 찾자! 지성인인 우리 젊은이가 앞장서자!"라고 했다고 회고했다.[47] 그런데 그가

45 강덕상, 앞의 책, 237쪽.

46 최남선, 「나가자 청년학도야」, 『매일신보』, 1943.11.20.

47 임택주, 「피의 대가를 절규」, 『청춘만장』, 313~314쪽.

강연회에서 발언을 했다는 것은 사실과 다르다.

1943년 11월 17일자 『매일신보』에 따르면, 임택주(창씨명 林建次郎으로 표기)는 다른 조선인 학생들과 함께 결의문을 낭독한 것으로 나온다. 즉 '우리의 권리', '한국의 미래', '우리의 주권' 등의 표현은 뒤에 추가된 기억이라고 볼 수 있다. 즉 선배가 주체를 '일본국민'으로 설정했는데 『청춘만장』에서는 주체를 '우리' 즉 조선민족으로 바꾼 것이다.

선배와 학병 사이에서 이루어진 '우리'란 호명은 사적인 공간에서 더욱 중요한 의미를 지녔다. 이광수의 『나의 고백』에 따르면, 선배격려단이 묵은 숙소에서는 조선인 선배와 조선인 학병 사이에 전쟁과 죽음에 관한 직설적인 대화가 이루어졌다.

> "**우리**가 **나가 죽으면** 분명히 우리 민족에게 이익이 되겠나?"
>
> "**우리**가 **나가서 피를 흘리면** 그대는 우리의 피 값을 받아주겠는가?"
>
> "**우리**들이 **피를 흘려서** 우리 동생들에게 조금이라도 도움이 된다면 조금도 한이 없겠다."[48](강조—인용자)

한 공동체의 정체성을 구성하는 과정은 우리와 '그들'을 구별하고 경계를 만드는 과정에서 이루어진다.[49] 해방 후 『나의 고백』에 따르면, 이광수는 학생들의 죽음에 대한 '대가'에 관한 질문에 "그대들이 피를 흘린

---

48 이광수, 「나의 고백」, 『이광수전집』 7, 삼중당, 1972, 279쪽.

49 유발-데이비스는 "집단체란 세상은 '우리'와 '그들'로 '경계'를 구분하는 경계들 주위에서 구성"된다고 보았다. 니라 유발-데이비스, 박혜란 옮김, 『젠더와 민족』, 그린비, 2012, 47쪽.

뒤에도 일본이 우리 민족에게 좋을 것을 아니 주거든 내가 내 피를 흘려서 싸우마"[50]라고 밝혔다. 학병과 이광수 모두에게 '우리'는 조선민족이었다. 하지만 일제와 친일 지식인은 '동아'와 '대동아'의 논리의 확장에서 조선인, 조선과 일본인, '황인종' 등을 대상으로 '우리'라는 용어를 사용했다.

'선배격려단'을 포함한 학병 동원에 앞장선 선배에 대한 일제의 평가는 적극적이었다. 『매일신보』는 선배격려단의 활동에 관해 조선인 학생들에게 "장행을 격려하고자 반도 선배들은 얼마 전 도쿄를 비롯한 내지 각 중요 도시를 달려가서 맹렬한 활동을 전개하여 놀라운 성과를 거두고 있"다고 보았다.[51] 또한 잡지 『신시대』는 이광수 등의 영향 아래 학병이 "큰 흥분과 감격"으로 지원했으며, 이를 계기로 "보다 완전한 의미의 내선일체가 완성된다고 주장"했다.[52] 선배격려단 참가자 역시 자신들의 활동을 적극적으로 평가했다.

활동 도중 이광수와 최남선은 도쿄에서 잡지 『조선화보』와 대담을 가졌다. 그 자리에서 이들은 직접 만난 조선학생들에 대해 대동아를 향한 기백, 생사 관념에 대한 확신을 가진 존재로 규정했다.[53] 귀국 후에도 최남선은 『매일신보』 기고문을 통해 자신들은 '맹활동'했으며, 지원을 한 조선인 학생들에게 "미영(美英) 격멸의 용사로서 황군이 된 참 성심을 발휘하는 가운데 잘 싸워주기를 바라는 바이다"라고 재차 당부했다.[54]

---

50 이광수, 「나의 고백」, 『이광수전집』 7, 229쪽.

51 『매일신보』, 1943.11.20.

52 임광철, 「입영에 제하여」, 『신시대』 1944.2; 운정종지조(雲井鐘之助), 「춘원선생께」, 『신시대』, 1944.2 참조.

53 「동경대담」, 『조선화보』, 조선문화사, 1944; 김윤식, 앞의 책 405쪽 재인용.

이들은 이후에도 근거 없는 '확신'과 '환상'을 바탕으로 일제의 승리를 지속적으로 강조했다.[55] 하지만 1945년 8월 해방을 맞이하여 전시체제기 일제에 협력했던 선배와 귀환 학병의 전쟁 동원과 체험에 관한 기억은 서로 충돌하면서 새롭게 구성되었다.

4. 귀환 학병의 동원과 전장 기억

1945년 8월은 해방의 기쁨과 함께 향후 전망의 부재로 인한 불안이 공존했다. 김예림에 따르면, 해방 후 분단과 냉전체제의 문맥에서 남한에서 출간된 학병 수기에는 식민지 시기의 수난, 해방의 환희, 귀환의 감격, 국민으로서의 헌신 등이 '공통의 기억'으로 나타났다.[56] 하지만 학병 대상자 가운데 적극적 기피(거부)자, 탈주자, 학병 경험자 사이에 동원, 전쟁 참여, 귀환에 관한 기억에 차이가 있었다.

최지현의 연구에 따르면, 학병 거부자의 경우 "자신의 목숨을 지키기 위해서라든지 집안을 위해서라는 다양한 차원에서의 학병거부의 의도는 망각되고, 민족을 위한 학병 거부라는 기억이 만들어지게 되는 것"이라고 보았다.[57] 기억의 문제와 관련해서, 민족이 투영된 학병의 기억을

---

54 「오직 감격할 뿐 귀환한 선배격려단 최남선씨담(談)」, 『매일신보』, 1943.11.25.

55 일본 본토에 공습이 이루진 직후인 1945년 1월 시점에서도 최남선은 여전히 "대동아의 전쟁은 하늘을 대신하여 불의를 치는 싸움입니다. … 조선동포도 대동아민중으로서 세기의 거룩한 사업에 참가하며 일본 국민으로서 그 추진력의 일부를 만들고 있습니다"라고 보았다(최남선, 「특공대의 정신으로 성은에 보답합시다」, 『방송지우(放送之友)』 3-1, 1945.1, 23~27쪽).

56 김예림, 앞의 논문, 72~73쪽.

57 최지현 「학병의 기억과 국가」, 『한국문학연구』 32, 2007, 476쪽.

『청춘만장』을 중심으로 기억 주체의 경험을 다시금 세분화하고자 한다. 학병들의 다양한 선택에 따라 서로 상이한 전쟁 경험을 했음에 주목하여 집단 기억 속에 있는 학병의 감성에 접근하겠다.

학병의 슬픔은 태평양전쟁 시기 '조선인'에서 일본 제국의 '신체'로 변화시키는 과정에서 발생했다. 하지만 탈주에 성공해서 독립운동에 참여했던 학병과 일제의 전쟁에 동원된 학병은 서로 입장이 달랐다. 전자는 입대 이전부터 국외에 관한 정보를 바탕으로 탈출을 도모했다는 사전 계획을 강조함으로써 학병 거부의 적극성을 강조했다.

학병에서 탈출했던 신상초는 중국 전투지역을 가기 위해 국경을 넘어갈 때 대다수의 학병들이 "한국의 독립운동 단체가 해외에, 특히 중국에 엄연히 존재하고 있다는 사실을 믿으려 들지 않았다"라고 회고했다.[58] 독립운동 단체가 활동하고 있다는 정보의 유무는 학병의 이후 전장 체험과 밀접하게 관련을 맺게 된다. 이러한 정보를 바탕으로 탈주에 성공해서 민족해방운동에 참여한 학병은 자신을 '일반' 조선인 학병과 구별하고자 했다.

반면 『청춘만장』에 수록된 '일반' 학생의 경우, 그들의 정서는 불가피한 전쟁 참여에 대한 속죄와 민족을 염두에 두었다는 '저항'의 경계선에 놓여 있었다. 따라서 "민족을 위해 출전"했다는 논리가 강조되었다.

보성전문을 졸업하고 일본에 유학했던 손만호의 학병 경험이 그러했다. 그는 "살아 돌아온다면 일본이 패망한 그날 문약한 우리 조국을 위하는 중추적 역할을 할 수 있는 인재는 고된 시련을 겪고 살아남은 그들

58 신상초, 『탈출』, 녹문각, 1966, 70쪽.

중에서 나올 것이다. 그렇다면 우리들 4천명의 출정은 대국적인 면에서 볼 때 결코 헛된 희생만으로 그치지 않을 것이 아닌가."라고 감정을 피력했다.[59] 하지만 이런 논리는 일제 말 선배의 논리를 '옹호'할 수 있는 근거로 활용될 여지가 있다.

학병 탈출과 거부 그리고 민족을 위해 '지원'했다는 상황을 넘어서 대다수의 학병 대상자는 선택 가능성의 부재(不在) 상황에 놓여 있었다. 일제말기 청년 관련 담론과 소설에는 '망설임', '번민', '도피'와 같은 단어가 많았던 점에서도 이를 확인할 수 있다.[60] 『청춘만장』에서도 '자포자기', '무력함'과 같은 정서와 감성을 확인할 수 있다.

경성제대 법문학부를 다닌 최형규는 '자포자기, 체념, 착잡한 심경'이라고 밝혔고, 일본 릿쇼(立正)대에 다닌 윤임술은 "달아날 구멍도 못 찾고 어물어물 하다 보니 날짜가 되어 일본군에 입대하게 되고 말았다"라고 속내를 표현했다.[61] 즉 앞에 언급한 세 가지 유형 외에 다수의 학병은 시대의 조류에 휩쓸려 가버렸다고 볼 수 있다. 이렇듯 『청춘만장』에서 확인되는 학병의 입대 경험은 민족으로 구성된 커다란 역사 안에 포함된 개인의 역사인 학병의 인간적, 실존적 모습을 찾을 수 있다.

한편 동원된 학병들은 훈련을 통해 점차 '신(新)'일본인으로 변화되길 요구받았다. 군인이 되는 첫 걸음은 입영과 훈련과정인데 일제와 친일 지식인들은 이 과정을 좌담회, 병영 방문기 등을 통해 적극적으로 '미화'

---

59 손만호, 「영원히 못 잊을 수난」, 『청춘만장』, 231쪽.

60 조윤성, 앞의 논문, 507쪽.

61 최형규, 「살아난 소모품 목숨」, 『청춘만장』, 692쪽; 윤임술, 「특별고사포부대의 정체」, 『청춘만장』, 291쪽.

하고자 했다. 특히 학병이 조선인이면서 고등 교육을 받은 존재인 점이 주목되었다.

병영생활에 관한 학병 가족과 친지와의 좌담회의 경우 조선인 출신 장교가 적극 동원되었다. 이들은 체계적인 식단과 의료 설비를 갖추고 있어 학병이 학생신분일 때보다 몸무게가 늘어나는 등 건강해졌음을 강조했다. 내무반 생활의 경우 "반도학병이 자는 침대 좌우의 자리에는 반드시 대학이나 전문학교를 나온 일본인 고참병을 두어서 우애 있는 형처럼 신변을 보살펴주게"한다는 점을 부각했다.[62]

또한 병영 방문기를 통해 학병은 "깨끗하고 성(聖)스러운 생활"을 하고 있으며 "상관이나 병졸이나 할 것 없이 음식을 똑같이" 먹는다고 해서 '평등'함이 강조되었다.[63] 이러한 과정을 통해 학병은 '조선인'에서 일제의 전쟁 수행에 동원된 신체로 변화되었다.

조선인 학병의 일본 군인으로의 변화과정은 '슬픔'을 동반했다. 일반적으로 조선인 학병의 신병 생활은 고된 훈련과 고참병의 혹독한 기합 등으로 기억되었다. 『청춘만장』에도 이와 유사한 경험을 피력한 글이 많은데 경성제대 법문학부를 다닌 최형규는 '이유없이' 식민지 조선 출신이라고 연대 기합을 받았으며, "한국출신이며 대학출신이라는 쓰라림은 곳곳마다 붙어 다닌다."[64]라고 밝혔다. 이 과정에서 일제와 친일 조선인이 '내선일체'를 강조하면서 제시했던 '평등'이라는 측면이 주

---

62 「내지 부대에 입영한 학병의 소식을 듣는 좌담회」, 『방송지우』 2-3, 1944.3, 32~33쪽

63 일기자, 「병영견학기」, 『방송지우』 2-4, 1944.4, 18~21쪽.

64 최형규, 「살아난 소모품 목숨」, 『청춘만장』, 693쪽.

목된다.

일본 동양대학 철학과를 다닌 김보겸은 고참병의 신발과 소총 소재는 물론 옷 세탁까지 담당한 자신의 병영생활에 관해 "생전 처음 당하는 고역이고 모욕"[65]이라고 회고했다. 신병의 내무반 생활이 고역과 함께 '모욕'이 강조된 것은 학병이라는 존재의식에서 비롯되었다. 이러한 경험을 미루어 볼 때, 일본군대가 강조한 '평등'은 이들 학병에게는 조선인과 엘리트란 존재의식을 함께 없애는 과정이었다.

훈련과정을 거친 조선인 학병은 1944~45년에 실제 전장(戰場)에서 전쟁을 체험했다. 일제가 전쟁을 더 이상 수행하기 어려운 상황이었다. 1944년 7월 사이판의 패전에 관해 『매일신보』는 "맹서(盟誓)하자! 사이판의 복수 -지휘관이하 전원 전사 재류방인(在留邦人)도 운명을 함께"란 제목으로 소개했다.[66] 같은 해 10월부터는 이른바 '가미가제 특공대'가 동원되었다. 이러한 상황에서 학병은 일본의 패전과정을 어떻게 이해했을까?

일반적으로 식민지 조선사회는 일제의 언론통제로 인해 1945년 8월 일본이 항복할 때까지 전쟁의 승패에 관해 정확한 이해가 없었다고 보았다. 하지만 최근 연구에서는 1944년부터 일본의 패전이 전망되면서 조선인 사이에서는 상황이 호전될 기대감이 커졌고,[67] 일제의 패망과

---

65 김보겸, 「특별지원병」, 『청춘만장』, 369쪽.

66 『매일신보』, 1944.7.20.

67 장신은 1945년 8월의 해방이 조선인에게 갑자기 다가온 것이 아니라, "확신의 정도와 조건에 따라 대처하는 방식이 달랐을 뿐"이라고 평가했다. 장신, 「『조선검찰요보』를 통해 본 태평양전쟁 말기(1943~45)의 조선사회」, 『역사문제연구』 6, 역사문제연구소, 2001, 252쪽.

조선의 독립을 전망하면서 다가올 독립과 건국을 준비하는 수많은 소규모 비밀결사가 존재했던 점이 강조되고 있다.[68] 그렇다면 실제 전쟁에 참가했던 학병들이 전장에서 전쟁의 진행과정 다시 말해 일본의 패망과 식민지 조선의 해방을 감지했는가 여부를 확인해야 한다.

동원을 거부하거나 탈출했던 학병과 전쟁에 동원된 학병 사이의 기억이 달랐다. 일반적으로 탈주에 적극적인 학병들은 전쟁의 진행과정에서 일본의 패망을 확신했다고 강조했다. 예를 들면, 일본 주오(中央)대에 다녔던 김문택은 신문 기사에 나온 '옥쇄'와 연합군이 일본 본토를 공격하고 폭격을 하는 것을 토대로 일본의 패망이 가까워졌다고 대중에게 언급했다.[69] 『청춘만장』의 학병들의 경우에도 실제 전투과정에서 연합군이 무기와 군사력에서 월등하게 일본군을 압도한 것을 체험했다.

실제 오키나와 전투에 참가했던 혜화전문 출신 유지석은 미군의 공격은 "질서도 정연한 육해공의 입체작전이다. 과학작전이다. 기계문명과 인간두뇌의 극한점까지 총망라된 입체적 기술작전"이라고 높게 평가하고, 미군과 일본군을 비교해서 "20세기 첨단문명에 도전한 18세기 작전"이었다고 보았다.[70]

하지만 전장에 동원된 대다수의 학병은 전황을 제대로 파악하지 못했다고 판단된다. 『청춘만장』의 학병들은 자신이 침략 전쟁의 '소모품'이자 도구였던 점을 강조했다. 이를 통해 볼 때 대다수의 학병들은 전쟁

---

68 변은진, 「일제말(1937~45) 각종 '불온문서'와 소규모 비밀결사」, 『한국민족문화』 42, 2012, 197쪽.

69 김문택, 『탈출기』, 독립기념관 한국독립운동사연구소, 2005, 18쪽

70 유지석, 「오키나와 전장」, 『청춘만장』, 274~275쪽.

말기까지 연합군의 승리를 확신하기는 어려웠다고 판단된다.

1945년 8월 일본의 패망에 의한 식민지 조선 사회의 해방은 태평양전쟁의 종결을 의미했다. 전시체제기를 살았던 조선인들은 각기 다양한 입장에서 태평양전쟁 시기를 회고했다. 귀환한 학병들은 수기, 회고록 등을 통해 살아남은 기쁨과 함께 귀환하지 못한 동료 학병에 관한 슬픔을 표현했다. 반면 죄의식을 느껴야 할 선배 속에서 일부는 해방 후 자신의 방어 논리를 적극적으로 강변하기도 했다.

학병 동원에 앞장 선 선배 가운데 전시체제기 그들의 전쟁 협력 활동이 비자발적이었으며, 심지어 자신들의 행동을 일제가 아닌 조선 민족을 위한 행위였다고 '변명'했다. 따라서 전쟁 협력에 적극적이었던 선배 그룹 즉 "우리들을 빨리 전장에 가서 죽어달라고 애걸하며 권유하던 소위 명사들"[71]에 대한 비판은 정당한 분노라고 볼 수 있다. 해방 직후인 1946년 잡지 『학병』, 『신천지』에는 선배의 활동에 관해 서로 다른 입장을 보였다.

① 최남선이가 동경에 와서 강연을 했는데 이 강연이 끝난 뒤에 학생들이 방문하고 물어보았습니다. 그랬더니 최남선은 자기도 본의로 여기에 온 것은 아니나 민권(民權) 주장의 원동력이 되리라는 이야기를 하면서 참정권 문제도 있으니 조선을 위하여 나가라고 하더군요.[72]

② 소위 조선의 명사란 명사는 이구동성으로 '한 사람의 낙오자도 있어서는 못쓴다. 대의(大義)에 살려는 학도의 갈 길은 이것밖에 없다. 무

71 김병환, 「북지회고」, 『학병』 1, 1946. 1, 68쪽.

72 좌담회, 「귀환학병의 진상보고」, 『신천지』 1, 1946.1, 74쪽.

슨 주저가 있으며, 무슨 준순(浚巡)이 있으랴? … 그래도 이 사람만큼은, 이 선생만큼은 양심적 행동을 취하리라. '참'없는 의(義)를 논하지 않으리라고 믿었던 선생들까지 그렇게 부르짖었을 때 '참말로 우리가 생각하는 정의와 진리는 그릇된 것이 아닌가.'라고 재삼 고개를 갸웃거려도 보았다."[73]

자료 ①은 잡지 『신천지』에서 열린 좌담회에서 학병에서 귀환한 윤상칠의 증언인데 최남선에 관해 서술하면서 직함을 붙이지 않음으로써 선배의 권위는 인정하지 않고 있다. 그러면서도 그에 관해 "본의로 여기에 온 것은 아니"라는 비자발성을 언급하며, 이들의 활동이 조선 민족의 장래를 위한 행동이라고 서술하고 있다. 반면 자료 ②는 선배들의 논의에 관해 "고개를 갸웃거리는" 기억 주체의 망설임이 서술되어 있다. 특히 자료 ②는 학병 동원에 비판적인 입장을 내세운 잡지 『학병』에 함께 게재되었다.

이러한 혼돈성은 어디에서 기인한 것일까? 학병 동원에 협력했던 선배에 대해 시대적 상황에서 어쩔 수 없었다는 방식의 이해는 이후에도 지속된다. 학병 윤임술은 선배격려단의 일원인 최남선에 관해 "한복 두루마기 차림의 건장한 50객(客)이 한국말로 설교 겸 연설조로 간곡히 타일렀다. … 아무리 합리화하려해도 합리화할 수 없는 논법이지만 이렇게라도 말을 안 하면 안 될 딱한 처지에 서있는 그 얼굴에는 고충이 서려 있다."라고 평가했다.[74] 그들 논리의 부당함을 인정하면서도 이들의

73 허호(許壕), 「귀환보고 - 지원당시의 고민」, 『학병』 1, 1946.1, 86~87쪽.

74 윤임술, 「특별도사포부대의 정체」, 『청춘만장』, 1972, 289~290쪽.

‘딱한 처지’, ‘고충’ 등을 전달하고자 했다.

반면 동원되었다가 탈출했던 학병의 경우 선배들에 대해 적극적인 비판적 입장을 보였다. 일본군대에서 탈출해서 임시정부 한국광복군에 참여했던 도쿄제대 법과 출신인 신상초의 ‘분노’가 한 사례이다.

> 대표적인 친일 분자들로 구성된 연사들은 한결같이 ‘성전필승’, ‘타도미영’을 역설하고, 진정한 ‘내선일체’를 이룩하기 위해서는 ‘특별지원’의 은전(恩典)에 감사하고 솔선해서 군문(軍門)에 들어가야 한다고 열변 … 연사들을 찾아가 일군(日軍)에 들어가는 것이 그렇게 훌륭하고 좋거든 당신들이나 당신들의 자식부터 내보낼 노릇이지, 우리들 보고 권유는 왜 하느냐고 따졌다. 이 물음에 대해서는 그들 중 누구 하나도 감히 대답하지 못했다. **화난 생각을 하면 주먹으로 때려주고 싶은 충격마저 느꼈으나, 동족(同族)의 선배들이라 그렇게 대접할 수도 없었다.**[75] (강조는—인용자)

동원을 거부하거나 일본 군대에서 탈출했던 학병들의 적극적이고 비판적인 입장과 달리 귀환 학병의 선배에 대한 시각은 비판과 이해의 양면적인 입장이 나타난다. 특히 학병의 집단 기억을 담고 있는 『청춘만장』의 경우 비판의 대상을 선배가 아닌 일제로 치환했다.

일본 주요대학 법학부를 졸업한 유억근은 “우리나라의 저명인사를 우리 앞에 내세워 우리 학생의 입영을 정당화시키고자 노력도 했다.”[76]라고 밝혔다. 저명인사를 ‘내세운’ 주체가 일본 제국주의라고 본 것이다.

---

75 신상초, 앞의 책, 58쪽.

76 유억근, 「수난의 계절」, 『청춘만장』, 538쪽.

학병의 집단 기억은 1980~90년대 『1 · 20학병사기』로 재차 재정리되는데, '선배격려단'의 활동에 관해 "설득력있는 저명인사를 조선총독부에서 교섭하여 우리들 학도병 해당자에게 지원을 권유 차 파송해왔었다."[77]라고 보았다. 즉 선배의 자발성은 사라지고 '조선총독부에서 교섭'해서 이루어진 것으로, 나아가 지원의 강요는 '권유'로 대체되었다.

심지어 최남선의 활동에 관해 그가 조선인 학생들을 향해 "여러분은 힘을 기르셔야 합니다. 그리고 구국운동을 해야 합니다. 구국운동의 시동(始動)은 현실에 직면하고 있는 지원뿐입니다."[78]라고 기록했다. 선배의 활동이 해방을 전망하며 구국운동의 일환으로 학병 지원을 '격려'했다고 기억했다. 이러한 기억 주체의 수기는 비판적 입장은 망각되고 학병 동원에 적극 나선 선배에게 면죄부를 주었다.

일반적으로 기억은 권력관계에 의해 정리되거나 부정 혹은 망각된다. 또한 기억 주체의 과잉 기억에 의해 새롭게 재생산되기도 한다. 학병 동원의 경우 전쟁 참여와 죽음에 대한 요구였기 때문에 이에 적극 나선 선배는 비판과 단죄의 대상이 되어야 했다.

하지만 선배들에 관한 학병의 기억은 비판적 입장도 존재했지만 비극의 원인을 일본제국주의에 있다고 강조함으로써 그 안에 숨어 있는 선배의 행적이 감춰졌다.[79] 이러한 학병의 기억은 민족공동체의 슬픔을

77 안동준, 「일본 내에서의 개황」, 1 · 20동지회중앙본부, 『1 · 20학병사기』 1, 삼진출판사, 1987, 227쪽.

78 윤종현, 「동경 창편관에서의 최남선씨와 이광수씨와의 토론」, 1 · 20동지회중앙본부, 앞의 책, 240~241쪽.

79 최지현은 학병기피자의 경우 학병지원을 "일본을 위한" 행위로 일괄해버리고 고생을 이야기하는 반면 귀환 학병의 경우 전쟁 참여의 주체가 일본에서 조선

내면(內面)에서 직시하지 않음으로써 정당한 분노 표출과 이에 따른 치유 과정을 소홀하게 만들었다.

5. 슬픔과 분노 그리고 기억

전쟁이란 격변의 시기는 전쟁에 동원돼서 귀환불가능성(혹은 죽음)에 직면해야 한다는 시대의 슬픔을 증폭시켰다. 태평양전쟁 시기 조선인 학병은 조선인에서 일본 제국의 '신체'로 변화되는 과정과 해방 후 귀환하는 과정에서 조선인에서 일본인 그리고 다시 한국인이 되었다는 정체성의 혼란을 경험했다. 이 과정에서 발생한 슬픔은 그 원인에 대한 적극적인 대응의 과정에서 해소될 수 있다. 또한 트라우마에 관한 정확한 인식을 위해 공통 감정이나 집단기억을 추출해야 하는 작업이 선행되어야 한다.

이글에서는 이를 위해 우선 기억 주체의 경험을 세분화해서 살펴보았다. 탈출해서 민족운동에 참여했던 학병의 기억이 일본 군인으로 참전했다가 귀환한 학병의 기억과 달랐다. 또한 일제의 침략전쟁에 협력했던 조선인 선배의 기억과 '지원'의 형식이지만 강제 동원이 된 학병의 기억에 차이가 있었다. 아울러 기억 주체인 학병의 기억은 해방 공간과 1970~80년대를 통해 굴절되기도 하고 정형화된 패턴의 형식으로 재정리되기도 했다.

학병의 수기는 일제 강점기 특히 '생존'의 물음을 제기하는 전쟁을 직

으로 바뀌었고, 귀환 학병의 '진상보고'에는 태평양전쟁에 참전한 조선인으로서의 고뇌와 '조선 민족'의 안녕에 대한 고민이 배제되었으며, 이들은 '민족투사'로 위치했다고 보았다(최지현, 앞의 논문, 470~472쪽).

접 경험했던 존재들의 감성이 드러나는 기록이다. 이들이 자신들의 슬픔과 분노를 기억하는 방식은 학병의 심리구조를 검토하는 과정이었다. 이러한 기억은 존재 의식에 의해 공고화되어지는 것과 망각과 삭제에 의해 침묵되어지는 것이 함께 공존했다.

한편 '선배'는 죄의식을 참회하기 보다는 변명으로 일관했는데, 『청춘만장』에서 볼 수 있듯이 귀환한 학병들은 1970년대 손쉬운 비판 대상으로 일제를 설정함으로써 이들에게 면죄부를 주었다. 이러한 과잉된 기억은 자신의 세대에게는 물론 뒤 세대에게도 '분노'의 토대를 빼앗은 것이다. 따라서 문제 해결의 한 방안인 분노의 정확한 지점을 찾기 위해 기억을 거슬러 살피는 것은 현재에도 여전히 유효한 과제라고 할 수 있다.

1940~60년대 시대의 불안과 조지훈의 대응

1. 격변기와 지식인의 불안

삶의 분열은 이상과 현실이 균열될 때 생겨난다. 또한 분열은 갈등·대립·배제의 현상을 동반하며 심해지면 분리(현상)에까지 다다른다. 베이트슨(G. Bateson)은 분열증의 중대한 원인으로 '이중 구속(double bind)'의 심리 상태를 제시했는데,[1] 이중구속은 두 개의 다른 또는 상호 모순되는 형식의 메시지가 우리에게 주어질 때, 더구나 우리가 어떤 형식의 메시지에 대답할 것인지에 관해 판단할 수 없는 경우 처하게 되는 것을 의미한다.

그렇다면 분열은 주어진 상황 속에서 어떠한 답을 할 수 없다는 '불안' 상태를 염두에 두어야 보다 구체적인 설명을 할 수 있다고 판단된다. 이러한 불안은 개인뿐만 아니라 사회 혹은 공동체에도 적용할 수 있다. 이

---

1 G. 베이트슨, 박대식 역, 『마음의 생태학』, 책세상, 2006, 338~345쪽.

글은 한국 근현대사에서 상호 모순되는 전망이 충돌했던 1940~60년대를 살아갔던 지식인의 시대에 관한 불안과 이에 관한 대응을 주목하고자 한다.

시대적 상황에 관한 불안은 기본적으로 향후 전개될 상황에 관한 '불투명성'에서 기인하지만 역설적으로 너무 많은 정보를 가지고 있는 상황에서도 비롯된다. 지식인의 시대에 관한 불안은 대부분 후자로부터 기인한다. 이들은 대중보다 먼저 시대를 앞서 전망했고, 그 전망이 많은 변수를 동반할 수 있음을 알았으며, 나아가 그들의 예단이 그릇된 방향으로 나갈 수 있기 때문에 시대에 관해 불안감을 피력했다.

한국 근현대사는 근대 국민국가 수립 과정의 좌절과 식민지의 경험, '탈식민'의 상황과 남북한의 분단, 전쟁과 분단체제의 성립, 독재와 민주주의 그리고 산업화의 진행과정 등 앞날의 전망이 불투명했던 시대를 경험했다. 따라서 당시 한국인은 체제 내부의 갈등, 남북의 대립, 새로운 국제 질서의 포섭과 배제 등의 상황 속에서 자신이 살았던 시기를 격변기 혹은 전환기였다고 생각했다. 하지만 시대의 불안을 치유할 수 있는 대안을 제시한 경우는 많지 않았다. 이를 수행했던 지식인 가운데 한 사람인 조지훈(趙芝薰: 1920~1968)을 통해 시대의 불안을 살펴보겠다.

조지훈은 그가 살고 경험한 시대를 예리하게 진단하고 이에 관한 대응을 모색한 인물이었다.[2] 그는 경북 영양에서 출생해서 한문수학을 하

2 시인이자 국문학자이며 한국학 연구자였던 조지훈에 관해 많은 연구 성과가 축적되었다. 단행본으로 김종길 외, 『조지훈연구』, 고려대출판부, 1978이 있으며, 한국사 연구에 관해서 김정배, 「조지훈의 역사관 연구」, 『민족문화연구』 22, 1989; 김기승, 「조지훈의 민족운동사 인식과 동학관」, 『동학학보』 6, 2003 등이 있다.

다가 16세에 독학으로 중학과정을 마치고 혜화전문학교 문과에 입학했다. 이후 그는 1939년 19세에 동인지 『백지』에 습작시를 발표했고, 같은 해에 잡지 『문장』에 추천을 받아 「고풍의상」, 「승무」 등을 발표하면서 시인으로 등단했다.[3]

해방 후 그는 21년간 고려대학교 국문과 교수로 재직하면서 현대 문학과 한국학과 관련된 학술논문 43편과 다양한 시론(時論) 활동을 전개했다.[4] 이렇듯 그는 한국 근현대사에서 ① 식민지 경험과 해방 ② 분단과 6·25 전쟁 ③ 1960년대 4·19와 5·16 등의 '격변기'를 경험했다고 볼 수 있다.

시대적 과제를 해결하기 위한 다양한 답이 제시되었지만 정답을 찾기 어려운 상황 속에서 조지훈은 글쓰기와 실천 활동을 통해 시대의 불안에 대처하고자 했다. 물론 그의 선택이 당대에서 지식인이 선택한 최선(最善)은 아니었다. 하지만 그를 통해 한국 근현대사의 불안을 읽을 수 있으며, 나아가 한국 사회가 직면한 현재와 미래의 불투명성을 대처할 수 있는 시사점을 찾을 수 있을 것이다.

2. 전시체제기와 해방공간: 민족정체성에 관한 불안

1930년대 이후 일제 강점기는 흔히 '암흑기'로 불린다. 1929년의 세계 대공황은 자본주의 시스템의 연쇄적 붕괴를 일으켰다. 세계 각국은 공황 타개를 위해 다양한 방식을 모색했는데 후발 자본주의국가인 독일, 이탈리아, 일본은 파시즘을 택했다. 특히 일본의 군부파시즘은 국내 체

---

3 신용협, 「조지훈 연구」, 『문예시학』 11, 문예시학회, 2000, 113쪽.

4 인권환, 「지훈의 학문과 그 업적」, 『조지훈연구』, 고려대학교 출판부, 1978, 306쪽.

제의 공고화를 진행하지 않은 상태에서 대외침략으로 문제를 해결하고자 했다.[5] 1937년 중일전쟁을 도발한 일제는 중국과 만주 그리고 일본을 연결하는 '동아블록'을 건설해서 전시파시즘체제를 수립하고, 1941년 태평양전쟁을 통해 '대동아공영권'을 건설하고자 했다.

하지만 1943년경부터 미국의 반격으로 전세는 역전되었고 일제는 침략했던 영토가 축소되고 수세에 몰렸다. 전쟁 수행을 위한 인적·물적 자원이 부족해지자 일제는 식민지 조선인을 징용, 징병, 학병, 정신대의 형태로 동원했다. 당시 20대 초반인 조지훈은 지병으로 침략전쟁에 동원되지 않았다. 그는 일제 말 전시체제기 동안 시대 상황에 절망한 지식인이었으며, 그의 주된 감성은 시대에 관한 슬픔이었다.

① 1941년 봄에 나는 학창을 떠났다. 그때는 이미 나의 앞에는 한 발자국 내어디딜 땅조차 없었다. 그 때문에 사회로 나선 나의 첫 발길은 오대산 속으로 더 깊이 들어간다는 결과를 낳고 말았다. … 그 전해에 『동아』, 『조선』 두 신문의 폐간을 보았고, 『문장』 폐간호를 이 절간에서 받았다. 일본의 진주만 폭격도, 싱가포르 함락의 소식도 나는 이 절간에서 들었다. 나 자신의 낙백한 슬픔보다는 꺼져 가는 민족의 비운이 나로 하여금 나물만 먹는 창자에 독주를 쏟아 넣게 하여 형해(形骸)만 남은 이름만의 청년이 되고 말았다.[6]

② 넓적다리에까지 눈이 쌓인 밤, 초롱불을 들고 신선골 노파의 집에서

5 이준식, 「파시즘기 국제 정세의 변화와 전쟁 인식」, 『일제하 지식인의 파시즘체제 인식과 대응』, 혜안, 2005, 100쪽.

6 조지훈, 「화동시절의 추억」, 『고대신문』, 1955.10.31; 조지훈, 『조지훈전집(이하 『전집』)』 4, 나남출판, 2005, 46쪽.

술이 취해 자빠지며 일어나며 돌아오던 밤에는 『동아일보』, 『조선일보』 종간호가 나붙은 사옥 앞에서 울며 작별하던 노(老)인쇄공들의 모습이 어른거려 산골에서 혼자 목 놓아 울기도 했다.[7]

전시체제기 지식인의 불안은 일제라는 국가체제 안에 포함된 조선인(조선민족)의 자기 정체성의 혼란에서 비롯되었다. 일제의 지배체제를 인정한 지식인의 경우 일제의 침략전쟁에 협력하는 '친일파'가 되었다. 이렇게 행동하지 않을 경우 택할 수 있는 방안은 일제에 적극 저항하거나, 전쟁협력 강요를 피해 지방으로 피신 혹은 침묵하는 방식으로 대응할 수밖에 없었다. 전시체제기 조지훈은 10대 후반의 나이에 추천받은 시인이며 '조숙한' 지식인이었다.

조지훈은 1939년 「된 소리에 대한 일고찰」, 「어원소고(語源小考)」 등을 통해 우리말에 관한 연구로부터 학문적 활동을 시작했다. 하지만 그의 글쓰기는 조선인 독자에게 쉽게 전달될 수 없었다.

당시 그는 "혼자 써 놓은 시를 발표는 커녕 같이 읽어 줄 벗조차 없어서 사람 없는 창경원을 찾아 말 모르는 이국의 동물들 앞에서 혼자 시를 읽던 슬픈 기억을 지니고 있다. 그 때 나는 문득 철책 속에 갇힌 것은 나 자신이요, 주위의 철책 밖에서 동물들이 나를 들여다보고 있는 것 같은 착각을 느끼기도" 했던 시기를 보냈다.[8] 존재의 분열과 시대에 관한 슬픔[9] 앞에서 그를 지탱했던 것은 조선 문화에 관한 연구였다.

---

7 조지훈, 「속 방우산산장기」, 『신천지』, 1953; 『전집』 4, 43쪽.

8 조지훈, 「당신들 세대만이 더 불행한 것은 아니다」, 『사상계』 115, 1962.12; 『전집』 5, 31쪽.

일제의 침략전쟁이 확대되면서 제국 일본 안에서 조선 문화를 어떻게 규정, 배치할 것인가에 관한 물음이 중요하게 제기되었다. 체제에 순응한 지식인의 '내선일체관'에는 조선의 문화와 전통을 견지해야 한다는 '민족협동론'과 그 일체를 완전히 일본화해야 한다는 '민족동화론' 두 입장이 존재했다.[10] 반면 이러한 '내선일체'의 공세에 대항해서 미약하지만 조선 역사와 문화를 지키고자 한 일련의 문화운동이 명맥을 이어갔다.

조지훈은 조선어학회 활동에 참여하고, 조선 문화에 관한 재발견을 통해 시대의 불안을 극복하고자 했다. 조선어학회는 그에게 "어두운 시야를 비춰주는 작은 호롱불"이었다.[11] "시를, 민족을, 죽음을 화제" 삼았던 그는 조선어학회 사전 편찬에 참여함으로써 "뿌리 뽑히려는 민족문화를 붙들고 늘어진 선배들을 모시고 있을 때라 슬프고 외로울 뿐 아니라 그저 가슴속에서 불길이 치솟고" 있음을 느꼈다고 피력했다. 그리고 한국 문화를 대표하는 경주와 석굴암을 방문하고 '찬탄과 황홀이 아니

9 조지훈은 전시체제기의 '슬픔'을 "민족과 자연, 모어(母語)에 대한 애정과 기다림의 정서라고나 할까. 향토에 대한 애착과 슬픔의 목가, 자연에 대한 관조와 사라져 가는 것에 대한 아쉬움의 정한, 자연 속에 마음의 빛을 찾는 생리와 신념의 기도, 이것들은 모두 다 그 공통된 에스프리의 다른 표현이었던 것이다. 우리는 민족적 현실의 초극을 위한 저항을 노래하지 못하였으나 붓을 꺾고 숨어서 시를 씀으로써 치욕의 페이지에 이름을 얹지도 않았고, 쫓긴 이의 슬픔 속에 잠겨서 시를 썼으나 퇴폐에 몸을 맡기지 않고 희구하는 슬픔으로 빛을 삼았던 것만은 확언할 수 있다."라고 설명했다(조지훈, 「나의 시의 고향」, 『세대』 창간호, 1963.6; 『전집』 3, 208쪽).

10 방기중, 「조선 지식인의 경제통제론과 '신체제' 인식」, 『일제하 지식인의 파시즘 체제 인식과 대응』, 혜안, 2005, 43쪽.

11 조지훈, 「화동시절의 추억」, 『고대신문』, 1955.10.31: 『전집』 4, 46쪽.

라 감읍'을 경험했다.[12] 이러한 체험이 전시체제기를 견뎌낼 수 있게 한 원동력이 되었다.

요컨대 일제 말에는 체제 순응과 저항이라는 선택 속에서, 그는 전쟁 동원을 피해 벽지로 피신함으로써 일제의 '전쟁 협력'이란 강요에서 벗어났다. 아울러 그는 시대적 상황에 단순히 비관한 것이 아니라 문화 활동을 통해 향후의 전망을 찾고자 했다. 전시체제기 한국문화를 재발견했던 조지훈에게 1945년 8월 해방은 민족 공동체의 미래를 구상하도록 했다.

해방 공간은 일제의 식민지배에서 벗어났다는 기쁨과 함께 새로운 국민국가의 미래에 관한 불안이 동반했던 시기였다. 조지훈은 20대 중반에 해방을 맞이했다. 그의 기쁨은 발표 못했던 글을 공간(公刊)할 기회를 찾음에서 비롯되었으며 새로운 국가에서 자신의 역할을 설정한 점에서 나타났다.

1946년 『청록집』을 출판한 것을 회고하면서 "발표할 수 없던 시를 발표하게 된 해방의 감격, 혼란한 정치조류 속에서 시의 바른 길을 제시하려는 의욕, 우리 시의 새로운 전개를 위한 교량으로서의 전통의 집성, 이런 것이 어울려서 『청록집』을 엮게 한 객관적인 기연이 되었"다고 밝혔다.[13] 나아가 시인과 문학가를 넘어서 문화와 문명을 조망하고자 했다.

또한 "훌륭한 작가는 문명 비평가의 일면을 지니지 않고선 민족문학을 통한 세계문학에의 기여라는 말은 공염불을 벗어날 수 없는 것"이라

---

12 조지훈, 「돌의 미학」, 『사상계』 128, 1963.12; 『전집』 4, 25~29쪽.

13 조지훈, 「나의 시의 고향」, 『세대』 창간호; 『전집』 3, 207쪽.

고 해서 '문명 비평가'로서의 역할을 자임했다.[14] 하지만 1945년 12월 찬반탁 논쟁에서 비롯된 해방공간의 정치적 격변은 이러한 과제를 수행하기 어려웠다. 좌익과 우익 사이의 정치적 선택과 함께 친일파 청산문제도 그 가운데 하나였다.

탈식민 상황은 식민지배의 실체를 규명함으로써 식민지의 물적 · 인적 유산을 없애야 했고 새로운 국민국가 수립을 위한 과제를 수행해야 했다. 인적 청산의 대표적인 사례는 친일파 문제였다. 이 문제는 당위의 차원에서 제기되었지만 어떠한 범위에서 어떻게 문제 해결의 방향을 제시할 것인가에 관해 해방 공간의 정치적 상황에서 여러 정파에 따라 다양한 형태로 논의되었다.[15]

그러나 1945년 말의 '신탁통치' 찬반 논쟁이 시작되면서 좌익과 우익의 대립은 이러한 기획을 좌절시키고 말았다. 사법적 판단뿐만 아니라 역사적 평가도 불가능해졌다. 심지어 친일협력행위자의 신분이 복권되는 상황에서 인간 행위에 관한 선악의 규정이 불투명해졌다.

당대 조지훈은 '순수문학'을 강조하면서 좌파의 조선문학가동맹에 맞서 전국문필가협회에 참여했고, 젊은 문인이 참여한 청년문학가협회의 일원으로 활동하는 등 우파로서 활동을 시작했다. 이러한 시대적 상황 속에서 조지훈은 정치적으로 우파지만 '친일파 청산' 문제에 관해서는 적극적인 입장을 표명했다. 그는 '절개와 변절'을 가치 판단의 기준으로 삼았다.

---

14 조지훈, 「현대문학의 고전적 의의」, 『문예』, 1949.12; 『전집』 3, 61~62쪽.

15 해방 후 친일파 청산 문제에 관해서는 이강수, 『반민특위연구』, 나남출판사, 2003; 허종, 『반민특위의 조직과 활동』, 선인, 2003 참조.

> 지조란 것은 순일한 정신을 지키기 위한 불타는 신념이요 … 고귀한 투쟁이기까지 하다. … 변절이란 무엇인가. 절개를 바꾸는 것, 곧 자기가 심신으로 이미 신념하고 표방했던 자리에서 방향을 바꾸는 것이다. … 감당도 못할 일을, 제 자신도 율(律)하지 못하는 주제에 무슨 민족이니 사회니 하고 나섰더라는 말인가. 지성인의 변절은 그것이 개과천선이든 무엇이든 인간적으로 일단 모욕을 스스로 취하는 것임을 알 것이다.[16]

이글은 1962년 간행된 『지조론』에 수록되었다. 이 책은 1940~60년대 발표된 글을 수록한 것으로 민족 문화 전반에 관한 조지훈의 사상을 확인할 수 있다.[17] 그 자신은 이 책의 제목을 원래 『역사와 문화』를 염두에 두었지만 "변하는 역사 속에 변하지 않는 것은 나의 신념"이기에 책 이름을 『지조론』이라고 한다고 밝혔다.[18] 책의 제목이자 「지조론」이 포함된 1장의 '선비의 도(道)'란 제목처럼 조지훈의 일관된 삶의 신념은 지식인의 '올곧음'에 관한 것이다. 이러한 기준은 '친일파' 청산의 물음에도 적용되었다.

해방 공간에서 일제 말 전쟁 협력자에 관한 '심판'이 전망되었지만 복잡한 정치적 상황 속에서 이러한 과제는 제대로 수행되지 못했다. 심지어 '반공'이라는 면죄부 속에서 부정되어야 할 것이 당당해지는 관계의 역전마저 생겨나게 되었다.

---

16 조지훈, 『지조론』, 삼중당, 1962, 18~24쪽.

17 『동아일보』는 『지조론』을 "민족문화 전면에 걸치고 사상과 지성 면에서 한국의 성격-양상을 가리어 내고자 한 저자의 심정"이 담긴 책으로 평가했다(『동아일보』, 1962.11.19).

18 조지훈, 『지조론』, 삼중당, 1962, 4쪽.

우파이면서 반공의 입장에 서있던 조지훈은 이 물음에 어떻게 답했을까? 그는 다른 글에서도 '변절'에 관해 "우리가 허물하는 것은 만인의 신뢰를 받는 지사나 선비가 말과 글로써 이때까지의 얘기와는 정반대의 글을 써내는" 행위라고 규정했다.[19] 이러한 점은 후술할 『한국민족운동사』에서 언급한 인물들의 활동과 평가에도 적용되었다. 즉 그는 지조를 기준으로 일제 말과 해방 공간의 인물에 관한 평가의 방향을 설정했다.

3. 분단체제의 성립: 민족공동체의 분열에 관한 불안

1940년대 후반부는 민족공동체의 희망과 불안이 교차했던 시기였다. 해방의 기쁨은 5년이 되지 않아 민족공동체의 과제를 전쟁으로 해결하고자 했던 6·25 전쟁의 참담함으로 전환되었다.

1948년 남북한에 각각 정권이 수립된 이후, 무력적 방법을 동원해서 분단 상황을 타개하려 했던 6·25 전쟁은 도리어 분단 상황을 더욱 공고하게 만들었다. 1945년 말 신탁통치 문제를 둘러싼 좌우의 대립으로 인해 건설보다는 파멸의 위기감이 존재했다면, 1950년의 6·25 전쟁은 민족공동체의 미래마저도 비관할 수밖에 없는 상황이었다.

조지훈은 전쟁이란 방식으로 진행된 민족의 '분열' 앞에서 무기력함을 피력했다. 해방정국에서 6·25 전쟁에 이르는 시기에 관해 "나는 해방 10년을 언제 꽃이 피고 잎이 되는 것도 모르고 살아왔다. 내가 10년을 느낀 외로운 감정이란 옛날처럼 즐거운 고독이 아니고 무위의 병든 고독이었다. … 10년 풍상에 이제 겨우 정신을 가누고 나니 책도 좀 읽어

---

19 조지훈, 「큰일 위해 죽음을 공부하라」, 『고대신문』, 1962.4.18.

질 것 같고 외로움도 알맹이가 여물 것만 같다."라고 표현했다.[20] 하지만 전쟁이 진행 중이던 1952년의 글을 보면, 그는 '무위의 병든 고독'이라는 불안의식을 극복하기 위해 현실을 직접 대면하고자 했다.

> 불안이란 단순히 무슨 대상의 결핍에 관계되는 것이 아니고 인간의 근원적 주체적인 상태를 나타내는 것이라면 우리는 도리어 불안을 양식으로 삼을 수 있다는 것이다. 다시 말하면 심리상의 불안을 철학상의 불안으로 전환시키는 중간과정에서 문화 창조의 불안이 극복될 것이란 말이다. … 불안의 절정 위에 서 있는 것은 우리만이 아니다. 그러나 그 고민이 절실한 자는 우리뿐이다. 우리는 역경에서 도리어 강인한 민족, 쓰러지지 않고 조금만 더 참자 – 이것이 1952년 전란에 싸인 한국문화의 동기(動議)가 될 수밖에 없다."[21]

조지훈은 일제 말의 슬픔을 민족문화에 관한 열정으로 극복했듯이 전쟁이라는 상황을 긍정적인 가치관으로 극복하고자 했다. 6·25 전쟁에 관해 "오늘의 전쟁도 문화의 의미로 볼 때, 우리는 비로소 새로운 현대를 위하여 무엇을 이상해야 하는가 하는 구체적 양상을 자각할 수 있을 것"이라고 보았다.[22]

6·25 전쟁 당시 지식인들은 각기 자신의 정치적 입장에 따라 체제와 이념을 선택했는데, 조지훈은 북한군을 피해 남하하여 문총구국대를 조직하고 종군문인단에 참가하여 부단장을 지냈다.[23]

---

20 조지훈, 「가배절」, 『조선일보』, 1954.9.13.

21 조지훈, 「불안의 절정에서」, 『영남일보』, 1952.1.1; 『전집』 3, 127쪽.

22 조지훈, 「전통에의 회귀」, 『대구일보』, 1953.9.5; 『전집』 3, 129쪽.

6·25 전쟁은 남진과 북진의 과정이 교차하면서 결국 휴전선이란 형태로 귀결되었다. 분단 상황은 재차 고착화되고 상호간의 불신의 긴장과 대립은 더욱 높아졌다. 이념보다 민족을 앞세운 평화통일 논의마저 국시(國是)에 위반되는 행위로 간주되었다.

당대 조지훈은 이에 관해 별다른 논의를 전개할 수 없었지만 1960년대 초반 그는 남한과 북한이 민족공동체로 '통합'될 미래를 전망했다. 이러한 관점이 그의 『한국민족운동사』(1964)에 반영되었다.

일제강점기를 대상으로 일정한 관점과 좌우익 활동에 균형감을 지닌 민족운동사 서술은 어려운 작업이었으며, 분단체제의 성립과 이승만 정권 아래에서는 독립운동사 연구가 활발하게 전개될 수 없었다.[24] 그럼에도 불구하고 조지훈의 『한국민족운동사』는 이러한 제한점을 넘어서 1884년 갑신정변부터 1945년 8·15 해방까지 60년 동안 근대 민족운동이 어떻게 발전했는가를 보여주고 있다.

이 책은 『한국문화사대계』의 첫째 권인 『민족·국가사』에 수록되어 1964년 출판되었으며,[25] 독립운동사에 관한 최초의 본격적인 저술로 평

---

23 조광렬, 「나의 아버지 조지훈」, 『문예운동』 85, 문예운동사, 2005, 53쪽.

24 박찬승, 「분단시대 남한의 한국사학」, 『한국의 역사가와 역사학』 하, 창작과비평사, 1994, 327쪽.

25 『한국민족운동사』는 서편과 결편을 제외하고 총 25항으로 근대 민족운동사를 정리한 책이다. 이 책의 1편은 '민족자위항쟁사'로서 갑신정변과 한말 계몽운동부터 '병합'까지의 인민의 항쟁을 다루고, 2편 '민족해방투쟁사'는 국외 망명 민족운동가의 활동부터 독립군의 독립전쟁에 이르는 국내외 민족운동을 서술했고, 3편 민족사회운동사에서는 1960년대 거의 다루어지지 않았던 문화운동, 사회주의운동이 균형 있게 서술되었다. 출판 당시 "일제 침략 하에서 저항을 통해 살아온 민족사(정신)의 생동을 강조, 증언했"거나(「고고한 자세의 시인 조지훈」, 『조선일보』, 1968.5.19), "60년간의 민족운동사를 발굴, 정리, 체계화하고 왜곡

가되었다.[26] 실제로 1960년대 출판된 다른 독립운동사가 3·1운동까지만 언급하거나 자료집의 성격을 지닌 것에 비해,[27] 조지훈 스스로 밝혔듯이 이 책은 "종래의 다른 책들이 나열한 산만한 자료를 체계화하여 편년사적 전개와 사상사적 흐름을 절충 종합 … 개인의 견문 기억과 기록에만 의거한 자료가 범한 시대의 착오, 사실과의 상위, 또는 특정인 중심의 왜곡을 엄정히 비교 비판함으로써 그 진상을 찾기에 주력"[28]한 점에 특징이 있다.

또한 민족주의운동과 사회주의운동을 균형있게 서술했으며 사회주의 노선과 운동에 적극적인 의미를 부여함이 주목된다.[29] 이는 당시 사회주의 운동을 '민족적 사회주의·사회주의적 민족주의'라고 평가한 점에서 찾아 볼 수 있다.

> 일제의 식민지에서의 해방이라는 근본명제는 8·15 해방까지 사회주

된 것을 엄정히 비판하여 그 진상을 찾는 데 주력"했다고 평가되었다(박성의, 「조지훈의 학문과 사상」, 『조선일보』, 1970.5.20).

26 강만길, 「지훈과 『한국민족운동사』」, 김종길 외, 『조지훈연구』, 1978, 343~351쪽.

27 김기승, 「조지훈의 민족운동사 인식과 동학관」, 『동학학보』 6, 2003, 369~370쪽.

28 조지훈은 스스로 『한국민족운동사』에 관해 "종래 다른 사료의 국외항쟁중심, 개인활동중심, 자가노선중심의 폐해를 재검토함으로써 국내항쟁중심, 집단운동중심의 관점을 견지"하고자 한다고 밝혔다(조지훈, 『한국민족운동사』; 『전집』 6, 17쪽).

29 강만길은 "종래의 민족운동사류(民族運動史類)가 대체로 우익진영의 활동에 치중되었고 좌익진영의 그것은 공산주의운동사의 대상으로만 취급"되었는데, 조지훈의 『한국민족운동사』는 이러한 경향을 벗어나 "사회주의 계통의 항일운동을 주저함이 없이 민족운동으로 정의(定義)"하였다고 평가했다(강만길, 앞의 글, 347쪽).

의에 기본적인 제약을 주었을 뿐 아니라 우리의 사회주의적 경향을 자극해 왔던 것이다. 그러므로 한국의 민족운동은 민족적 사회주의 · 사회주의적 민족주의의 색조가 진작부터 짙었고, 이러한 상호영향의 요소 때문에 해방 전까지의 공산주의운동은 민족해방운동사에서 제외될 수는 없는 것이다.[30]

이데올로기적으로 공산주의의 반대 개념은 자본주의지만, 민족주의와 공산주의(혹은 사회주의)란 대립항의 설정은 일제강점기에 연원을 두고 있다. 식민지 경험은 운동 주체와 활동을 기준으로 부르주아 민족주의 계열과 사회주의 계열로 나뉘었고, 양 계열 사이에 국가 건설 방향과 과정에 큰 간극이 있는 것으로 설명되었다.

조지훈이 『한국민족운동사』에서 밝힌 '민족적 사회주의 · 사회주의적 민족주의'란 개념 정의는 민족운동에 관한 새로운 접근 방안이었다. 그는 사회주의 사상의 수용에 관해 3 · 1운동이 실패로 돌아간 뒤, "새로운 방법에 대한 모색이 러시아혁명 후의 풍조를 타고 사회주의를 사상적으로 받아들이기 시작"했다고 보았으며, "초기 사회주의는 그때까지의 민족주의가 보수적 민족주의와 통하였음에 반하여 진보적 민족주의 곧 민족혁명노선에의 지향으로 시작"되었다고 밝혔다.[31] 이렇듯 그는 일제강점기 특히 1920년대 초반의 '초기 사회주의'와 사회주의 사상이 '진보적 민족주의'와 연결된다고 본 것이다.

한편 『한국민족운동사』는 좌익과 우익의 공동전선에도 주목했다. 일

---

30 조지훈, 『한국민족운동사』; 『전집』 6, 231쪽.

31 조지훈, 앞의 책, 239쪽.

반적으로 과거의 경험은 미래에 대한 낙관적 전망뿐만 아니라 비관적인 측면도 함께 제시한다. 좌우통일전선에 입각한 신간회의 해소가 그러했다. 우파는 이를 좌파와 결합 불가능한 사례로 활용했다.

반면 조지훈은 일제강점기 사회주의 운동을 계급투쟁보다 민족항쟁이라는 측면에서 강조했으며, "그것은 일본민족과 일본자본을 배척하는 점에서 동일하였고, 따라서 민족혁명을 위한 공동전선이 절로 이루어졌던 것"이라고 보았다.[32] 이러한 역사적 경험으로 신간회의 활동을 강조했다.

조지훈은 여러 곳에서 신간회를 "합법적인 결사운동으로 비타협적 투쟁을 감행하는 민족운동의 대표적 단체"라고 평가하고, 이를 '민족단일당 민족협동전선', '민족공동전선으로 민족사회주의 정당', '좌우 합작의 민족단일당', '좌우 연합전선' 등으로 표현했다.[33] 비록 반공의 입장을 견지하고 있었지만 그가 사회주의운동과 좌우합작운동을 적극적으로 평가할 수 있었던 것은 1960년대 중후반 분단 상황을 염두에 두었기 때문이었다.

분단을 민족공동체 건설에 장애물로 인식했던 점은 일제 전시체제기 상황에서 일제에 협력했던 인물의 활동에 관한 평가에도 적용되었다. 특히 한말 계몽운동에 이어 3·1운동에서 활동했던 인물에 관한 평가가 그러했다. 조지훈은 이후의 '명예 훼손'에도 불구하고, 1919년 대표적인

32 조지훈, 앞의 책, 239쪽.

33 조지훈, 앞의 책, 270, 279, 302, 304쪽. 참고로 1950년대 후반에도 그는 신간회 활동을 '민족단일당 운동'이라고 보았다(조지훈, 「한용운론」, 『사조』 10, 1958; 『전집』 3, 306쪽).

두 개의 선언서를 기초했던 이광수와 최남선의 활동 내용과 역할에 관해 "적어도 3·1운동에서만은 그들의 공이 주도적이었다는 사실(事實)은 움직일 수 없는 사실(史實)"이라고 보았다.[34]

그런데 『한국민족운동사』에서는 『지조론』에서 '변절'했다고 평가되는 인물이 참여했던 한말 출판, 언론 및 교육활동 등에 관해 큰 비중으로 다루지 않았다. 이는 '개인 활동 위주'를 지양한다는 집필원칙과 '민족자위항쟁사'와 '민족해방투쟁사' 등의 서술목적에 맞춰 '계몽운동'의 내용이 언급되지 않은 것으로 볼 수 있다. 그렇지만 『한국민족운동사』에서는 이러한 인물들에 관해 당대의 시대적 상황과 다른 민족운동가의 활동과의 대비 속에서 재평가하고자 했음이 주목된다.

인물에 관한 과도한 평가를 지양하는 방안 가운데 하나는 시대 상황 속에 그의 활동과 역할을 '상대화'시키는 것이다. 이는 역사적 행위에서 그 인물의 비중을 객관화하는 방식이다. 3·1운동 당시 이광수가 천도교의 주요 지도자인 최린을 설득해서 민족운동을 이뤘다는 주장에 관해, 조지훈은 "이광수가 상해 망명 중의 견문과 국제정세의 동향에 대해서 지인에게 알려줬을 법은 하나, 당시의 위치로 봐서 이광수가 최린을 설득했다는 것은 지나친 과장"[35]이라고 평가했다.

또한 상대화는 한 인물의 공적을 다른 민족운동가의 활동과 비교하는 방식으로 이루어졌다. 조지훈은 한용운의 「조선독립의 서(書)」를 최남선의 독립선언서와 대비해서, 이글이 "최남선의 독립선언서에 비하여 손색이 없을 뿐 아니라 오히려 문체가 새롭기까지 하다. 그의 강직한 성격

34 조지훈, 앞의 책, 129쪽.

35 조지훈, 앞의 책, 129쪽.

으로나 문장력으로 보아 (독립선언서의 집필—인용자) 자천(自薦)이 충분히 있었을 것을 짐작할 수 있다."라고 보았다.[36] 한용운을 강직하다고 표현한 것은 최남선에 대한 평가가 내재된 것이다. 이렇듯 전시체제기 이광수와 최남선의 일제협력 활동에 관한 비판적 인식이 『한국민족운동사』 서술에 반영되었다고 판단된다.

조지훈은 1940~50년대 지속적으로 반공과 민족의 전통을 강조했던 '보수주의자'였다.[37] 보수의 스펙트럼 속에서 그는 반공보다는 민족의 통일을, 복고보다는 전통의 재창조의 입장에 서있었다. 그는 "외국 문화사상의 공식(公式) 고수는 추수적인 동시에 보수적이지마는 자기 전통의 발견 수립은 언제나 창조적이요 진보적"이라고 보았다.[38] 이러한 경향이 복고 취미와 보수주의와 연결되기 쉽다고 보기에, 전통의 계승은 "전통에 대한 새로운 해석"에 기반해야 한다고 강조함으로써 학문적 균형감을 견지하고자 했다.[39] 이러한 균형감은 민족운동사를 서술하는데도 반영되었다.

1950~60년대 '반공'을 강조한 상황 속에서 사회주의 운동을 제대로 서술할 수 없었다. 하지만 조지훈은 침묵된 역사적 사실을 복원했을 뿐만 아니라 좌우합작운동이었던 신간회 활동에 관해 적극적으로 의미를

36 조지훈, 앞의 책, 135쪽.

37 김윤태는 조지훈을 '진정한 보수주의자'라고 평가했다. 그리고 그의 순수문학을 "탈정치주의에 그치는 소극적인 것이 아니라 정치주의에 맞서는 적극적인 의미의 문학"이라고 규정했다(김윤태, 「한국의 보수주의자 조지훈」, 『역사비평』 57, 2001, 36쪽).

38 조지훈, 「개화사상의 모티브와 그 본질」; 『전집』 7, 289쪽.

39 조지훈, 「전통의 현재적 의의」; 『전집』 7, 213쪽.

부여했다. 이는 남북한의 통일을 강조했기 때문이었다.

그는 1967년 8월 광복절을 기념하는 글에서도 해방의 기쁨을 기억하기 보다는 "증오와 불신과 살육이 이 민족의 마음속에 휩쓸고 있다"라고 전제하고, "통일에 대한 우리의 염원은 … 다각적인 태세와 방안이 준비되고 시도되어야 한다"라고 주장했다.[40] 즉 그는 당시의 시대적 상황 속에서 반공보다도 민족공동체의 복원을 보다 중요한 과제로 설정했다.

4. 4·19와 5·16: 민주·민족 문화 가능성에 관한 불안

시대의 '불안'은 1960년대도 연속되었다. 조지훈은 4·19 직전의 상황을 "오늘날처럼 나라의 기강이 어지럽고 사회 정의의 지표를 잃은 적은 일찍이 우리의 역사에서는 없었을 것"[41]이라고 보았다. 부정적으로 이해했던 시대 상황이 1960년 4·19를 통해 전환되었는데, 그는 이 사건을 '4월 혁명'이라고 규정하고 적극적인 의미를 부여했다.

하지만 당시에도 이미 4·19의 주체가 누구인가 여부와 이에 관한 규정과 이후의 전망에 관해서는 다양한 형태로 논의가 이뤄졌다. 이러한 시대 상황에서 조지훈은 4·19를 민족이란 주체와 '민주와 자유'란 이념을 기준으로 평가했다.

『한국민족운동사』에서 개인이 아닌 '집단운동중심의 관점'을 강조한다고 밝혔듯이, 4·19의 경험은 그에게 학생보다는 '민중'의 역할에 보다 주목하게 했다. 그는 '4·19 의거'의 주동은 학생이지만 '억센 동반자'

---

40 조지훈, 「마음의 장벽을 헐자」, 『조선일보』, 1967.8.15.

41 조지훈, 「선비의 직언」, 『새벽』, 1960.4; 『지조론』, 32쪽.

는 시민이었고, 의거를 혁명으로 유도한 것은 교수단 등의 역할에서 비롯되었다고 보았다.[42]

아울러 자신이 해방공간과 6 · 25 전쟁 당시 반공을 한 것은 자유와 민주를 지키기 위함이었다고 밝혔다.[43] 즉 4 · 19에서 표방된 민주란 이념과 가치관이 어느 특정 계층에 독점되는 것이 아니라 공동체 구성원 전체에게 공유되어야 할 것으로 본 것이다. 이러한 신념은 장면정권과 5 · 16으로 인해 추후의 전망이 불분명한 불안 상황 때문에 흔들리게 되었다.

향후의 전망은 항상 시대적 상황에 의해 규정된다. 1960년대 초반 4 · 19와 5 · 16의 역사적 경험이 그러했다. 1년 사이에 발생한 일련의 두 사건에 관한 평가는 당대에는 쉽지 않았다. 또한 두 사건을 연속과 단절 어느 방향으로 보는가 여부에서 전혀 다른 전망과 대안이 제시될 수 있다.

조지훈은 5 · 16 직후 이를 4 · 19의 연장선으로 이해했다. 그는 장면정권이 민주적 요구에 부응하기에 역부족이었기에 군인들의 행동으로 사회적 상황이 좋아질 것으로 기대했다.[44] 왜냐하면 4 · 19의 성과가 "독

---

42 조지훈, 「사월혁명에 부치는 글」, 『새벽』 7월호, 1960.7; 『전집』 5, 148~149쪽.

43 조지훈, 『지조론』, 84쪽.

44 1961년 5월 16일 미군 방첩대 요원들을 동원하여 거리에서 쿠데타 군을 지켜보는 시민을 대상으로 여론조사를 했다. 그 결과에 따르면 10명 중 4명은 쿠데타에 우호적이었으며, 2명은 우호적이나 시기상조라 생각했고, 4명은 쿠데타에 반대했다. 또한 1961년 5월 31일 주한미국 대사관이 국무부에 보고한 바에 따르면 서울 대학생들의 쿠데타에 대한 지지도는 50 대 50이었다(홍석률, 「5.16쿠데타는 왜 발생했으며 어떻게 성공하였나?」, 『기억과 전망』 14, 민주화운동기념사업회, 2006, 101쪽).

재와 부패의 아성을 뒤집은 것은 분명하나 혁명 정신이 반혁명세력에게"에게 넘어가고 있다고 보았기 때문이다.[45] 하지만 '군사정부'에 관한 기대감은 1년이 조금 지난 시점에서 회의적인 시선으로 바뀌었다.

조지훈은 양자의 관계에 관해 공통점이 있으면서 동시에 차이가 있다고 보았다. 그는 "인간혁명, 도의혁명, 문화혁명으로 삼으려는 근본 의도이거니와 실상 두 번 혁명에서 정신은 다 말뿐이었고 정책적으로 등한시되고 어느 면에서는 구습 그대로 오도되기까지 하였다"라고 주장함으로[46] 5·16에 관한 관점이 재조정되었다.

당대는 물론 오늘날까지 4·19와 5·16이란 두 사건은 각각의 평가뿐만 아니라 양자의 관계에 관해서도 다양한 입장과 평가가 이루어지고 있다.[47] 왜냐하면 4·19는 의거, 혁명, 운동 등으로, 5·16은 혁명, 쿠데타 등으로 관점과 입장에 따라 각기 다르게 불렸기 때문이었다.

다양한 해석은 미래의 전망에 관한 불안감으로 반영되었다. 즉 다양한 한국 근현대사의 중요 사건이 숫자로 표시되듯이, 4·19와 5·16을

45 조지훈, 「혁명정신은 어디로 갔는가」, 『고대신문』, 1960.8.27; 『전집』 5, 153쪽. 아울러 『동아일보』에서 실시한 "반혁명세력의 재대두는 없었는가" 라는 설문에 "혁명의 뒷처리가 한심해서 새 기풍은 싹트려다 만셈. … 혁명 후에도 문단의 혁명세력은 모든 면에서 줄곧 봉쇄되어 왔"다고 보았다(조지훈, 「구태 그대로다」, 『동아일보』, 1961.4.18).

46 조지훈, 「혁명정부에 직언한다」, 『신사조』, 1962.9; 『전집』 5, 48~50쪽.

47 4·19와 5·16의 관계 설정에 관해서 한국현대사 연구자 사이에도 다양한 논의가 진행되고 있다. 이에 관해 첫째, 4·19에 대한 부정, 반동, 반혁명으로 5·16을 이해하는 방식 둘째, 4·19와 5·16의 지향이 분화, 대립했다고 이해하는 방식 셋째, 4·19와 5·16의 동일한 지향을 강조하는 입장 등 세 가지 유형으로 나뉘었다고 볼 수 있다(오제연, 「1960년대 전반 지식인들의 민족주의 모색」, 『역사문제연구』 25, 2011, 35~36쪽).

숫자로 표현한 것은 추후 전망과 평가에 관한 불명확성을 반영하는 것이다.

이러한 시대적 상황에서 지식인의 일반적 대응은 적극적인 참여 보다는 사회 비판이 병행된 '냉소(冷笑)'가 일반적이었다. 전망의 불투명성은 사회 참여를 주저하거나 많은 변수가 그릇된 예단으로 이끌 수 있기 때문에 지식인을 냉소적으로 만들었다.

하지만 1960년대 초반 4·19와 5·16을 40대에 겪었던 조지훈이 즐겨 사용했던 용어는 1960년 4월에 정권에 반대해서 시위에 참여했던 학생들에게 '부끄러움 없는 선배'였다.[48] 그는 불안한 시대의 책임을 사회적, 시대적 상황 때문이라고 돌리기보다는 자신의 책임으로 간주한 것이다. 이러한 입장은 1960년대 초중반 한일회담을 둘러싼 찬반 논의과정에 반영되었다.

탈식민은 식민지 경험에 관한 새로운 기억의 창출과정으로 연결되었다. 한국과 일본 사이의 새로운 국교의 수립도 양국의 관계를 새롭게 정립하는 과정이라고 할 수 있다. 군사정부시절부터 박정희는 한일국교 정상화를 시도했고, 이러한 진행 과정에 대해 정치세력인 야당과 『사상계』에 참여했던 지식인 그룹, 학생 등으로부터 큰 반대에 직면하게 되었다.

1963년 1월 쿠데타로 인해 금지되었던 민간인의 정치활동이 재개되자 야당인 민정당은 3월부터 한일회담반대운동을 시작했다. 『사상계』는 1963년 8월호에서 「치욕의 역사를 되풀이 하지말자!」라는 권두언을

48 조지훈, 「당신들 세대만이 더 불행한 것은 아니다」, 『사상계』, 1962.12; 『전집』 5, 39쪽.

통해 국교정상화는 이론이 없으나 군사정부가 한일 교섭의 과정을 국민들에게 제대로 알리지 않고, 일본에 비굴한 저자세를 보이는 반면에 일본은 오만한 고자세를 취하고 있으며, 일본이 과거의 죄책(罪責)을 반성하지 않아 '민족적 치욕감'을 느낀다고 주장했다.[49]

박정희 정권은 이러한 반대에도 불구하고 1964년 1월 한일회담 일괄타결방침을 정했고, 이에 반발하여 같은 해 3월 24일 대규모 반정부 시위가 발생했다. 한일회담 반대운동은 같은 해 6월 정권 퇴진운동으로 발전했고, 서울 일원에 비상계엄령을 선포되었다('6 · 3사태'). 이러한 한일회담을 둘러싼 일련의 논의를 통해 민족의 자존심이란 존재 가치에 관한 물음이 제기되었고, 이러한 민족문제가 민주주의 문제와 결합하게 되었다. 당시 회담의 조기 성사에 반대했던 지식인처럼 조지훈은 국교정상화는 필요하나 일본의 사죄가 전제되어야 한다는 입장이었다.[50] 일본을 타자로 한 이러한 긴장관계는 한국인의 민족성 논의로 비약되었다.

1960년대 민족성에 관한 긍정적 요소를 강조하기는 쉽지 않았다. 서양은 물론 일본과 대비해서도 그러했다.[51] 하지만 한일 양국 사이에서 '자존심'의 문제를 간과한 박정희 정권에 관해 조지훈은 비판적일 수밖에 없었다.[52]

---

49 권두언, 「치욕의 역사를 되풀이하지 말자!」, 『사상계』, 1963.8.

50 조지훈, 「일본의 사죄가 정상화의 전제」, 『고대신문』, 1965.4.24; 『전집』 5, 58~59쪽.

51 당대 한국인을 대상으로 '엽전'과 같은 표현이 상투적으로 사용되었다. 아울러 서양 혹은 선진국과 대비해서 한국인의 민족성(혹은 의식)에 관해 부정적인 측면을 강조하는 논법은 1980년대 초반에 간행된 이규태의 『한국인의 의식구조』와 같은 책에도 지속적으로 나타난다.

52 박정희정권에 관한 반대 입장은 1965년 5월 보다 분명하게 드러나는데, 조지훈

그런데 이러한 과정에서 박정희 정권은 긴장관계를 역전시켜 민족성 논의를 선점하고자 했다. 구체적으로 박정희는 일본에 대해 자신이 없고 피해의식과 열등감에 사로잡혀있는 것이야말로 '비굴한 생각'이자 '굴욕적인 자세'라고 반박했다. 나아가 국교정상화가 앞으로 한국에 좋은 결과를 가져오느냐, 불행한 결과를 가져오느냐는 우리의 주체의식과 각오에 달려있다고 주장했다.[53] 이러한 논리에 반박하기는 쉽지 않았다.

조지훈도 당시 비슷한 논조의 글을 발표했는데, 그는 필요이상으로 나쁜 점만 파헤치는 것은 '유행적 자학증'이며, "민족과 문화에서 좋은 것을 찾고 그 양질의 창조적 전통을 인습 속에서 정련하기 위하여 민족자기 긍지의 기풍을 진작시켜 주기를 바라는 자이다. 좋은 면에서 본 '이것이 한국이다'가 나와야 한다."라고 강조했다.[54]

민족성에 관한 긍부정의 논의는 그것의 사실 여부를 넘어서 정치적 의도를 지니게 된다. 권력의 민족 주체를 강조한 논의는 '한국적 민주주의'를 표방한 권력욕구로 연결되었다. 따라서 민간 영역의 민족문화와 민족성 논의가 이에 동조하는가 아닌가 여부로 나뉘게 되었다.

민족성과 관련된 긍부정의 논의처럼, 민족문화에 관한 논의는 보편성과 특수성의 간극을 어떻게 고려할 것인가의 여부에서 논의가 파생하게 된다. 민족 문화에 대해서도 시간과 공간 속에서 이루어진 구성물에 관

은 한일회담에 반대한 학생, 언론, 지식인이 국민 여론의 정수라고 주장했다(조지훈, 「그들은 과연 비애국적이며 무책임하고 옹졸한가」, 『조선일보』, 1965.5.5).

53 대통령비서실, 『박정희대통령연설집』 제2집, 1966, 208~212쪽.

54 조지훈, 「유행성 자학증」, 『동아일보』, 1964.10.26; 『전집』 4, 380쪽. 그는 다른 글에서는 '공소(空疎)한 회고적 자존(自尊)'도 함께 비판했다(조지훈, 「특집 한국사를 보는 눈 한국사관은 가능한가?」, 『사상계』 117, 1963.2, 264쪽).

한 지속적이거나 변화되어 형성된 성격을 함께 고려해야 한다. 조지훈은 한국 문화를 세계문화와 차별화하는 일반적인 경향과 달리 한국 문화에서 세계적 의미를 구성하는 방향을 설정했다.

조지훈은 1940년대부터 외래문화에 관한 '사대주의'와 함께 민족문화 연구가 '보수주의', '쇼비니즘'으로 빠질 위험을 경계했다. 1960년대 들어와서도 계속하여 당대 국학 연구는 우리의 관점, 우리의 방향의식, 우리의 창조방법이 아직 서 있지 않고, 민족적 자기의식이 이루어지지 못했기 때문에 주체의식이 혼미하다고 보았다.

이어 "민족문화에 대한 주체적 자각과 긍지가 없이는 새로운 창조는 불가능"하다고 강조했다.[55] 나아가 국학 연구의 구체적이고 조직적인 연구의 필요성을 제기하고, 이를 통해 "과학적 방법으로 우리 문화의 모든 분야를 다루어 파헤치어 재구성하는 길"이 우리 학문의 태도라고 보았다.[56] 이러한 입장은 1960년대 『지조론』, 『한국민족운동사』, 『한국문화사서설』 등 3권의 저서와 고려대학교 부설 민족문화연구소 활동으로 연결되었다.

이상에서 살펴보았듯이 자유와 민주라는 보편적 논의와 민족성 · 민족문화와 같은 특수성이 강조되는 영역이 동일선상에서 논의될 수 없다. 하지만 4 · 19와 5 · 16 그리고 한일회담으로 이어진 일련의 시대적 흐름은 이를 함께 고려해야 하는 상황을 초래했다. 조지훈의 시대적 상황에 관한 진단은 당대 비판적 지식인의 입장과 크게 다르지 않았다. 4 · 19의 의의를 인정하면서 이후 장면 정권에 관한 실망이 교차했고 군

---

55 조지훈, 「민족적 자아 발견의 겨울」, 1963.9; 『전집』 3, 388쪽.

56 조지훈, 「여름방학엔 무엇을 할까」, 『고대신문』; 『전집』 5, 77쪽.

사정부에 관한 우려와 기대감의 공존했다.

한편 민족성과 민족문화의 긍부정의 판단 여부에서도 간극은 크지 않았다. 양자 모두 '전통의 창조적 계승'은 동일한 서사구조를 가지고 있었다. 하지만 이러한 논의과정을 관주도로 진행할 것인가 민간주도로 할 것인가 여부에서 입장의 차이가 나타나기 시작했다.

조지훈은 이러한 선택의 순간에 자유와 민주라는 보편적 가치에 입각해서 1962년 9월 「혁명정부에 직언한다」를 통해 군사정부가 '반(反)사월혁명'의 길을 가고 있다고 지적하고 민족문화에 관한 과학적, 체계적 연구를 통해 국수주의나 보수주의를 벗어나는 길을 모색하고자 했다.

1960년대 지식인 사회에서는 정치적 이념과 실천 활동에 따라 분화가 이루어지게 된다. 1980~90년대처럼 마르크스주의, 민족주의, 민주주의, 자유주의, 보수주의 등의 세분화된 이념적 스펙트럼에 따른 분화는 아닐지라도[57] 정권에 관한 관계설정 속에서 찬반의 입장이 나뉘게 된다. 특히 1964년 '6.3사태'는 이후 반독재 민주주의운동의 기원이 되었고 실천적 지식인과 민중 담론이 형성되기 시작했다. 문화적 측면에서 '한국적 민족주의/민주주의'의 이념적 토대를 구축한 그룹이 존재했으며, 민간주도로 한국 문화와 역사를 연구하는 단체와 조직이 결성되었다.

조지훈은 1960년대 4·19를 지지하고, 민주와 자유의 가치관을 옹호했으며, 한일회담에 반대했던 인물이었다. 하지만 1960년 전반 그는 실천 활동에 참가하지 않고 한국 문화 연구에 주력했다. 그는 전통문화의 요소가 사라지고 있거나 심지어 비화되고 있다고 전제하고 민족문화(혹

57 1980~90년대 지식인의 유형화에 관해서는 윤건차, 정화경 옮김, 『현대 한국의 사상흐름』, 당대, 2000 참조.

은 전통)를 창조적으로 계승하고자 했다.[58]

아울러 한국문화에 관한 거시적 안목 속에서 학문적 체계화란 목표를 이루는 것을 자신의 삶으로 선택했다.[59] 이러한 선택이 당면 과제에 우선순위를 부여한 것인지, 최선이 아닌 '차선(次善)'을 설정한 것인지는 불분명하다. 보다 선명한 평가는 관주도의 민족문화 논의와 민간주도의 민족문화 연구 사이의 간극에서 찾아질 수 있을 것으로 생각된다.

5. 지식인의 시대적, 사회적 역할

일반적으로 시공간에서 전개된 인간의 활동은 항상 역동적이었지만, 이러한 시간적 추이 속에서도 이른바 격변기 혹은 전환기라고 불리는 시기가 존재한다. 한국근현대사란 시간적 변곡점은 주요 변화 국면에서 희망과 함께 불안감을 동반한 형태로 나타났다.

일제강점기 특히 전시체제기 동안 일제는 전쟁 수행을 위해 식민지 조선인의 전쟁 협력을 요구했다. 아울러 '내선일체'란 명목아래 조선 문화를 일본 문화의 하부 단위로 놓고자 했다. 즉 문화적으로 한국인의 정

---

58 이러한 강조는 민족문화연구원의 활동에도 연결되는 데, 조지훈은 "민족 사회가 당면한 오늘의 혼란한 실정을 절감하고 민족문화의 오늘의 적막을 심사하여 이를 타개하는 한 방법으로 … 기념 도서출판 사업을 조성"해서 민족문화의 창조적 계승과 발전에 이바지하겠다는 것으로 연결시켰다(조지훈, 「고려대학교 부설 민족문화연구소 기념도서 출판 취지문」, 1963.10.3; 『전집』4, 503쪽).

59 민족문화연구소에서 발간한 『민족문화연구』 창간사에서는 "분석과 고증에 치우친 학풍은 우리가 목마르게 요청하고 있는 민족문화의 학적 체계화 또는 거시적 사관, 심화적 방법에는 외면"했다고 전제하고, "전통의 현대적 탐구와 민족문화의 학적 체계화"를 위해 노력하겠다고 밝혔다(조지훈, 「『민족문화연구』 창간사」, 1963.10.3; 『전집』 3, 386~387쪽).

체성 상실이 당면한 불안요소였다.

해방 공간(1945~1948)은 해방의 기쁨과 함께 새로운 국가를 건설해야 하는 불안감이 동반한 시기였다. 민족문화의 경우에도 일제에 의해 왜곡된 부분에 관한 새로운 복원이 요구되었다. 독립된 민족국가의 수립 운동은 좌우익의 대립 속에서 6·25 전쟁이라는 무력적 대립의 상황을 초래했다. 민족공동체의 존립 여부조차 전망할 수 없었던 것이 시대적 불안의 주요 요소였다. 아울러 4·19, 5·16 그리고 한일회담으로 이어진 1960년대 전반기의 상황은 민주주의란 보편적 가치의 유지와 한국학의 정립이 시대적 과제로 제시되었다.

일제 말에 한국인의 정체성이 상실되었다면, 해방 공간에서는 새로운 복원이 요청되었다. 이러한 시대적 과제에 관해 조지훈은 정면으로 대응했다. 그는 '문화비평가'의 관점에서 전통문화를 한국에 한정되지 않은 세계적 단위에서 그 정체성을 찾고자 했으며, 나아가 친일파 문제에 관해서는 지조와 변절의 논리로 해결하고자 했다.

분단체제와 6·25 전쟁의 경우 반공의 입장에서 활동했으면서도 그는 분단 상황의 극복을 위한 통일전선적 경험을 부각하는 방향 속에서 민족운동사를 정리했다. 또한 1960년대 전반기 민주주의란 기본적 가치의 흔들림에 관해 또한 민족적 주체의식에 관한 논의 속에서 그는 시민의 권리와 민족 문화의 가능성을 과학적으로 분석하는 방향을 선택했다.

조지훈은 국학 연구의 과제인 민족문화의 긍정적인 요소 발견을 위해 과학적, 체계적, 학문 융합적 연구의 필요성을 제기했다. 외래 사조에 관한 사대주의와 국학 연구의 '쇼비니즘'적 경향 사이에서 균형감각은 당대 민족운동사 서술을 비롯하여 국학 연구의 제한점을 넘어설 수 있게 했다.

물론 시대에 관한 불안감은 지식인의 전유물이 아니라고 할 수 있다. 또한 지식인이 불안감 때문에 저술활동과 실천 활동에 참여하는 것도 아니다. 그럼에도 불구하고 시대의 불안을 해소하는 과정이 지식인에 대한 시대적, 사회적 요구라고 할 수 있다.

참고문헌

기초 자료

■ 신문자료

『대한매일신보』, 『독립신문』, 『동아일보』, 『매일신보』, 『신한민보』, 『조선일보』, 『한성순보』, 『한성일보』

■ 잡지자료

『개벽』, 『공제』, 『대한학회월보』, 『대한흥학보』, 『동광』, 『동명』, 『반도시론』, 『半島の光』, 『방송지우』, 『별건곤』, 『불교』, 『불교진흥회월보』, 『사상계』, 『삼천리』, 『서울』, 『소년』, 『신동아』, 『신세대』, 『신천지』, 『조광』, 『조선불교총보』, 『조선불교월보』, 『청춘』, 『태극학보』, 『학병』

논문 및 단행본

■ 단행본

姜德相, 『朝鮮人學徒出陣』, 岩波書店, 1997.

강만길, 『20세기 우리 역사』, 창작과비평사, 1999.

강상중, 이경덕 · 임성모 옮김, 『오리엔탈리즘을 넘어서』, 이산, 1997.

강영주, 『벽초 홍명희 평전』, 사계절, 2004.

강창일, 『근대 일본의 조선침략과 대아시아주의』, 역사비평사, 2002.

고려대학교박물관 편, 『민세안재홍선집』 6, 지식산업사, 2005.

광주학생독립운동기념사업회, 『광주학생독립운동 자료』, 경운출판사, 1995.

광주학생독립운동동지회, 『광주학생독립운동사』, 전일실업 출판국, 1996.

국사편찬위원회, 『한민족독립운동사자료집』 51, 탐구당, 2002.
권상로, 『조선불교약사』, 신문관, 1917.
규장각 한국학연구원 엮음, 『조선 사람의 세계여행』, 글항아리, 2011.
喜田貞吉, 『韓國の併合と國史』, 三省堂書店, 1910.
김광식, 『근현대불교의 재조명』, 민족사, 2000.
김문택, 『탈출기』, 독립기념관 한국독립운동사연구소, 2005.
김용규 · 황혜령 옮김, 『번역과 정체성』, 동인, 2010.
김윤식, 『일제말기 한국인 학병세대의 체험적 글쓰기론』, 서울대학교출판부, 2007.
김인식, 『안재홍의 신국가 건설운동』, 선인, 2005.
김인식, 『중도의 길을 걸은 신민족주의자 안재홍』, 역사공간, 2007.
노다 마사아키, 서혜영 옮김, 『전쟁과 인간』, 길, 2002.
도미야마 이치로, 임성모 옮김, 『전장의 기억』, 이산, 2002.
데이비드 로웬델, 김종원 · 한명숙 옮김, 『과거는 낯선 나라다』, 개마고원, 2006.
박찬승 외, 『광주학생독립운동과 나주』, 경인문화사, 2001.
베네딕트 앤더슨, 윤형숙 역, 『상상의 공동체』, 나남출판, 2002.
류시현, 『최남선 연구』, 역사비평사, 2009.
모리야마 시게노리, 김세민 옮김, 『근대한일관계사연구』, 현음사, 1994.
미에다 세츠코, 이영랑역, 『조선민중과 '황민화' 정책』, 일조각, 1997.
민세안재홍선생기념사업회, 『안재홍의 항일과 건국사상』, 백산서당, 2010.
박노자, 『나는 폭력의 세기를 고발한다』, 인물과 사상사, 2005.
박인덕, 『세계일주기』, 조선출판사, 1941.
불교통사 역주편찬위원회, 『역주 조선불교통사』 1~6 동국대학교 출판부, 2010.
서정자 엮음, 『정월 라혜석 전집』, 국학자료원, 2001.
송종복, 『新稿 협동조합론』, 박영사, 1975.
塩崎誓月, 『最新 韓半島』, 青木嵩山堂, 1906.
신기욱 · 마이클로빈슨 엮음, 도면회 옮김, 『한국의 식민지 근대성』, 삼인, 2006.

申相楚, 『탈출』, 綠文閣, 1966.
심지연, 『허헌연구』, 역사비평사, 1994.
안재홍선집간행위원회 편, 『민세안재홍선집』 1~5, 지식산업사, 1981~1999.
안확, 『개조론』, 조선청년회연합회, 1921.
안확, 『조선문학사』, 한일서점, 1922.
안확, 『조선문명사』, 회동서점, 1923.
山縣五十雄, 『京城雜筆』, 內外出版協會, 1911.
에드워드 사이드, 박홍규 옮김, 『오리엔탈리즘』, 교보문고, 2009.
McClintock, A., *Imperial leather*, Routledge, 1985.
오오누키 에미코, 이향철 옮김, 『죽으라면 죽으리라』, 우물이 있는 집, 2007.
오쿠마 에이지(小熊英二), 조현설 옮김, 『일본 단일민족의 기원』, 소명출판, 2003.
와카바야시 미키오, 정선태 옮김, 『지도의 상상력』, 산처럼, 2006.
유길준, 『서유견문』, 문순사, 1895.
유길준, 허경진 옮김, 『서유견문』, 서해문집, 2004.
友技英三郎, 『東亞の新勢力』, 朝鮮通信社, 1913.
윤건차, 정화경 옮김, 『현대 한국의 사상흐름』, 당대, 2000.
윤해동 외 엮음, 『근대를 다시 읽는다』 2, 역사비평사, 2006.
이강수, 『반민특위연구』, 나남출판사, 2003.
이능화, 『조선불교통사』, 신문관, 1918.
이순탁, 『최근세계일주기』, 한성도서주식회사, 1934; 『최근 세계 일주기』, 학민사, 1997 재간행.
이재헌, 『이능화와 근대 불교학』, 지식산업사, 2007.
이중환, 이익성 옮김, 『택리지』, 을유문화사, 2002.
이지원, 『한국 근대 문화사상사 연구』, 혜안, 2007.
Yi-Fu Tuan, 1977, *Space and Place*, 1977.
이한수 옮김, 『문일평 1934 - 식민지 시대 한 지식인의 일기』, 살림, 2009.

1 · 20 동지회, 문화부편, 『청춘만장』, 농경출판사, 1972.
1 · 20동지회중앙본부, 『1 · 20학병史記』 1, 삼진출판사, 1987.
임경석, 『한국사회주의의 기원』, 역사비평사, 2003.
전성곤, 『근대 '조선'의 아이덴티티와 최남선』, 제이엔씨, 2009.
전진성, 『역사가 기억을 말하다』, 휴머니스트, 2005.
정숭교 해설 · 윤문, 『자각론 · 개조론』, 한국국학진흥원, 2003.
정해렴 편역, 『호암사론사화선집』, 현실실학사, 1996.
조동걸, 『현대한국사학사』, 나남출판, 1998.
조선일보70년사편찬위원회, 『조선일보 70년사』 1, 조선일보사, 1990.
조지훈, 『지조론』, 삼중당, 1962.
조지훈, 『조지훈전집 1~9, 나남출판, 2005.
G. 베이트슨, 박대식 역, 『마음의 생태학』, 책세상, 2006.
차승기, 『반근대적 상상력의 임계들』, 푸른역사, 2009.
최기영, 『식민지 시기 민족지성과 문화운동』, 한울 아카데미, 2003.
최남선, 『심춘순례』, 백운사, 1926.
친일반민족행위진상규명위원회, 「병력동원의 구조와 조선인의 협력」, 『친일반민족행위진상규명 보고서』 Ⅲ-3, 2009.
피터 버크, 조한욱 옮김, 『문화사란 무엇인가』, 길, 2005.
한정일, 『일제하 광주학생민족운동사』, 전예원, 1981.
한중일3국 공동역사편찬위원회편, 『미래를 여는 역사』, 한겨레신문사, 2005.
허종, 『반민특위의 조직과 활동』 선인, 2003.
호남학연구원 인문한국사업단, 『감성담론의 세 층위』, 경인문화사, 2010.
藤岡謙二郎 外, 『新訂 歷史地理』, 大明堂, 東京, 1990.

■ 연구논문

강만길, 「지훈과 『한국민족운동사』」, 김종길 외, 『조지훈연구』, 고대출판부, 1978.

강석화, 「조선후기의 북방영토의식」, 『한국사연구』 129, 2005.
구인모, 「국토순례와 민족의 자기구성」, 『한국문학연구』 27, 동국대 한국문학연구소, 2004.
구인모, 「한국 근대시와 '조선'이라는 심상지리」, 『한국학연구』 28, 고려대학교 한국학연구소, 2008.
고영섭, 「한국 불교학 연구의 어제와 그 이후」, 『문학/사학/철학』 9, 한국불교사연구소, 2007.
권두연, 『신문관의 '문화운동' 연구』, 연세대학교 박사학위 논문, 2010.
권정화, 「최남선의 초기 저술에서 나타나는 지리적 관심」, 『응용지리』 13, 성신여대 한국지리연구소, 1990.
김기승, 「조지훈의 민족운동사 인식과 동학관」, 『동학학보』 6, 2003.
김광남, 「문일평의 인물론에 대하여」, 『사학연구』 36, 한국사학회, 1983.
김명구, 「1920년대 부르주아 민족주의 좌파 계열의 민족운동론」, 『한국사학보』 12, 고려사학회, 2002.
김상진, 「이종응의 『셔유견문록』에 나타난 서구 체험과 문화적 충격」, 『우리문학연구』 123, 우리문학회, 2008.
김성민, 『광주학생운동연구』, 국민대학교 박사학위논문, 2006.
김성보, 「광주학생운동과 사회주의 청년·학생조직」, 『역사비평』 6, 역사비평사, 1989.
김성은, 「일제시기 박인덕의 세계인식: 『세계일주기』(1941)를 중심으로」, 『여성과 역사』 5, 한국여성사학회, 2011.
김순석, 「한국불교사 기술의 사관과 주체」, 『한국불교사연구』 1, 한국불교사연구소, 2012.
김양선, 「옥시덴탈리즘의 심상지리와 여성(성)의 발명」, 『민족문학사연구』 23, 민족문학사학회, 2003.
김예림, 「치안, 범법, 탈주」, 『대중서사연구』 24, 2010.
김용태, 「근대불교학의 수용과 불교 전통의 재인식」, 『한국사상과 문화』 54, 한국사상문화학회, 2010.

김윤태, 「한국의 보수주의자 조지훈」, 「역사비평」 57, 2001.

김정배, 「조지훈의 역사관 연구」, 『민족문화연구』 22, 1989.

김종인, 「20세기 초 한국 불교인들의 기독교에 대한 인식과 비판」, 『한국사상과 문화』 54, 한국사상문화학회, 2010.

김진량, 「근대 일본 유학생 기행문의 전개 양상과 의미」, 『한국언어문화』 26, 한국언어문화학회, 2004.

김창숙, 「『조선불교통사』 하편의 분석 연구」, 『한국불교학』 43, 한국불교학회, 2005.

김현주, 「근대 초기 기행문의 전개 양상과 문학적 기행문의 '기원」, 『현대문학의 연구』 16, 한국문학연구학회, 2001.

남상준, 「일제의 대한 식민지 교육정책과 지리교육」, 『지리교육논집』 17, 1986.

남상준, 「개화기 근대교육제도와 지리교육」, 『지리교육논집』 19, 1988.

박성용, 「일제시대 한국인의 일본여행에 비친 일본」, 『대구사학』 99, 대구사학회, 2010.

박애경, 「1920년대 내지시찰단 기행문에 나타난 향촌 지식인의 내면의식」, 『현대문학의 연구』 42, 한국문학연구학회, 2010.

박찬승, 「분단시대 남한의 한국사학」, 『한국의 역사가와 역사학』 하, 창작과비평사, 1994.

박찬승, 「전남지방의 3·1운동과 광주학생독립운동」, 『전남사학』 9, 전남사학회, 1995.

백동현, 「한말 민족의식과 영토관」, 『한국사연구』 129, 2005.

류동규, 「학병 기피자의 식민지 기억과 서사」, 『어문학』 109, 2010.

류시현, 「여행과 기행문을 통한 민족·민족사의 재인식: 최남선의 사례를 중심으로」, 『사총』 64, 역사학연구회, 2007.

류준필, 「자산 안확의 국학사상과 문학사관」, 『자산안확국학논저집』 6, 1994.

박걸순, 「1920년대 한국사 통사의 구성과 성격」, 『간강(干江)권태원교수정년기념논총 민족문화의 제문제』. 1994.
박걸순, 「문일평의 고려사 서술과 인식론」, 『충북사학』 11 · 12합집. 충북대학교 사학회, 2000.
박성용, 「일제시대 한국인의 일본여행에 비친 일본」, 『대구사학』 99, 대구사학회, 2010.
박진숙, 「식민지 근대의 심상지리와 『문장』파 기행문학의 조선표상」, 『민족문학사연구』 31, 민족문학사학회, 2006.
박애경, 「1920년대 내지시찰단 기행문에 나타난 향촌 지식인의 내면의식」, 『현대문학의 연구』 42, 한국문학연구학회, 2010.
박양신, 「19세기 말 일본인의 조선 여행기에 나타난 조선상」, 『역사학보』 177, 2003.
박양신. 「일본의 한국 병합을 즈음한 '일본관광단'과 그 성격」, 『동양학』 37, 2005.
박인호, 「남구만과 이세구의 역사지리 연구」, 『역사학보』 138, 1993.
박종린, 『일제하 사회주의사상의 수용에 관한 연구』, 연세대학교 박사학위논문, 2006.
변은진, 「조선인 군사동원을 통해 본 일제 식민정책의 성격」, 『아세아연구』 46-2, 고려대학교 아세아문제연구소, 2003.
변은진, 「2차대전기 조선민중의 세대별 전쟁인식 비교」, 『역사와 현실』 51, 한국역사연구회, 2004.
서영채, 「최남선과 이광수의 금강산 기행문에 대하여」, 『민족문학사연구』 23, 민족문화사학회, 2004.
손유경, 「나혜석의 구미 만유가에 나타난 여성 산책자의 시선과 지리적 상상력」, 『민족문학사연구』 36, 민족문학사연구소, 2008.
신용협, 「조지훈 연구」, 『문예시학』 11, 문예시학회, 2000.
안재섭, 「개화기 지리지식의 사상적 원류와 지리교육」, 『지리교육논집』 37, 1997.

오제연, 「1960년대 전반 지식인들의 민족주의 모색」, 『역사문제연구』 25, 2011.

우미영, 「시각장의 변화와 근대적 심상 공간」, 『어문연구』 32-4, 2004.

우미영, 「서양 체험을 통한 신여성의 자기 구성 방식」, 『여성문학연구』 12, 한국여성문학학회, 2004.

우미영, 「근대 여행의 의미 변이와 식민지/제국의 자기 구성 논리」, 『동방학지』 133, 연세대 국학연구원, 2006.

우미영, 「古都 여행, 과거의 발견과 영토의 소비」, 『동아시아 문화연구』 46, 한양대 동아시아문화연구소, 2009.

유상희, 「근대 일본문인의 한국인식」, 『일본학보』, 45, 한국일본학회, 2000.

유숙현, 「광주항일학생운동 참가자 池龍洙의 이상과 현실」, 『학림』 28, 연세대학교 사학연구회, 2007.

유화송, 「『조선불교통사』에 나타난 이능화의 언문 인식 고찰」, 『불교학보』 40, 동국대학교 불교문화연구원, 2003.

윤영실, 「'경험'적 글쓰기를 통한 '지식'의 균열과 식민지 근대성의 풍경」, 『현대소설연구』 38, 한국현대소설학회, 2008.

윤해동, 「문일평」, 『한국의 역사가와 역사학』 하, 창작과비평사, 1994.

이명화, 「애국가의 형성에 관한 연구」, 『실학사상연구』 10 · 11, 무학실학회, 1999.

이미순, 「안확의 『조선문학사』에 나타난 대종교의 영향」, 『관학어문연구』 16, 1991.

이완재, 「1930년대 민족주의사학의 발전」, 『한국학논집』 21 · 22, 한양대학교 한국학연구소, 1992.

이재헌, 「이능화의 불교학과 근대적 종교 인식」, 『조선종교사연구』 10, 2002.

이지원, 「일제하 안재홍의 현실인식과 민족해방운동론」, 『역사와현실』 6, 한국역사연구회, 1991.

이지원, 「1930년대 '조선학' 논쟁」, 『논쟁으로 본 한국사회 100년』, 역사비평사, 2000.

이태진, 「안확의 생애와 국학세계」, 『역사와 인간의 대응—고병익 선생 회갑기념 사학논총』, 1984.

이태진, 「안확」, 『한국사시민강좌』, 일조각, 1989.

이혜령, 「해방(기); 총 든 청년의 나날들」, 『상허학보』 27, 2009.

이희재, 「한국불교사에서의 『유마경』의 지위」, 『한국학연구』 31, 고려대학교 한국학연구소, 3, 2009.

인권환, 「지훈의 학문과 그 업적」, 김종길 외 『조지훈연구』, 고려대학교 출판부, 1978.

임성모, 「팽창하는 경계와 제국의 시선」, 『일본역사연구』 23, 일본사학회, 2006.

장신, 「『조선검찰요보』를 통해 본 태평양전쟁 말기(1943~45)의 조선사회」, 『역사문제연구』 6, 역사문제연구소, 2001.

정명중, 「파시즘과 감성동원-일제하 '국민문학'에 대한 고찰」, 『호남문화연구』 45, 전남대학교 호남학연구원, 2009.

정윤재, 「일제강점기 민족생존의 정치사상」, 『동양정치사상사』 4-1, 한국동양정치사상사학회, 2004.

정윤재, 「1930년대 안재홍의 문화건설론」, 『정신문화연구』 99, 한국정신문화연구원, 2005.

조광렬, 「나의 아버지 조지훈」, 『문예운동』 85, 문예운동사, 2005.

조남호, 「타카하시 도오루의 조선불교연구」, 『한국사상과 문화』 20, 한국사상문화학회, 2003.

조성택, 「근대 불교사 기술의 문제 : 민족주의적 역사 기술에 관한 비판」, 『민족문화연구』 53, 고려대학교 민족문화연구원, 2010.

조윤정, 「전장의 기억과 학병의 감수성」, 『우리어문연구』 40, 2011.

조태성, 「시조의 감성구조」, 『시조학논총』 32, 한국시조학회, 2010.

진동혁, 「광주학생독립운동의 주역 王在一에 관한 새 발굴 자료 연구」, 『동양학』 17, 단국대 동양학연구소, 1987.

차혜영, 「지역간 문명의 위계와 시각적 대상의 창안」, 『현대문학의 연구』 23,

한국문학연구학회, 2004.

차혜영, 「1920년대 해외 기행문을 통해 본 식민지근대의 내면 형성경로」, 『국어국문학』 137, 2004.

최영성, 「일제시기 반식민사학의 전개」, 『한국사상과 문화』, 한국사상문화학회, 2000.

최영욱, 「해방 이후 학병 서사 연구」, 역사대학교 대학원 국문과 석사논문, 2009.

최원식, 「안자산의 국학」, 『자산안확국학논저집』 6, 1994

최지현, 「학병의 기억과 국가」, 『한국문학연구』 22, 2007.

최혜주, 「한말의 고구려·발해 의식」, 『한국독립운동사연구』 23, 2004.

한규무, 「'광주학생운동' 관련명칭의 용례와 의미」, 『한국독립운동사연구』 34, 독립운동사연구소, 2010.

한기형, 「문화정치기 검열체제와 식민지 미디어」, 『대동문화연구』 51, 성균관대 대동문화연구원, 2005.

한미섭, 「개화기 학술지의 지리 관련 내용에 관한 연구: 1896-1910」, 『지리교육논집』 25, 1991.

한영우, 「한말에 있어서의 신채호의 역사인식」, 『단재 신채호와 민족사관』, 단재신채호선생 기념사업회, 1980.

홍석률, 2006, 「5.16쿠데타는 왜 발생했으며 어떻게 성공하였나?」, 『기억과 전망』 14, 민주화운동기념사업회, 2006.

황종흥·김효철, 「안확의 조선 육해군사」, 『대한조선학회지』 41-4, 2004.

황호덕, 「여행과 근대, 한국 근대 형성기의 세계 견문과 표상권의 근대」, 『인문과학』 46, 성균관대학교 인문과학연구소, 2010.

수록논문 출처

1) 「1910년대 조선불교사 연구와 '조선학'의 토대 형성」, 『한국학연구』 44, 한국학연구소, 2013.3.
2) 「1910~1920년대 전반기 안확의 '개조론'과 조선 문화 연구」, 『역사문제연구』 13, 2009.4.
3) 「1920~30년대 문일평의 민족사와 문화사의 서술」, 『민족문화연구』 52, 민족문화연구원, 2010.6.
4) 「해방 후 안재홍의 일제강점기에 관한 기억과 감성」, 『민족문화연구』 54, 민족문화연구원, 2011.6.
5) 「한말·일제 초 한반도에 관한 지리적 인식 - '반도' 논의를 중심으로」, 『한국사연구』 137, 2007.6.
6) 「여행기를 통해 본 호남의 감성 - 최남선의 『심춘순례』를 중심으로」, 『감성연구』 3, 호남학연구원, 2011.8.
7) 「근대 조선 지식인의 세계여행과 동서양에 관한 경계 의식」, 『아시아문화연구』 29, 아시아문화연구소, 2013.3.
8) 「광주학생운동과 전국적 공감의 감성」, 『호남문화연구』 49, 호남학연구원, 2011.6.
9) 「태평양전쟁 시기 학병의 '감성동원'과 분노의 기억」, 『호남문화연구』 52, 호남학연구원, 2012.12.
10) 「1940~60년대 시대의 '불안'과 조지훈의 대응」, 『한국인물사연구』 17, 한국인물사연구회, 2012.3.

감성총서 12

한국 근현대와 문화 감성

인쇄 | 2014년 5월 12일
발행 | 2014년 5월 19일

저자 | 류시현
기획 | 전남대학교 호남학연구원
펴낸이 | 지병문
펴낸곳 | 전남대학교출판부

등록 | 1981. 5. 21. 제53호
주소 | 500-757 광주광역시 북구 용봉로 77
전화 | (062) 530-0571~2 **마케팅** 530-0573
팩스 | (062) 530-0579
홈페이지 | http://www.cnup.co.kr
이메일 | cnup0571@hanmail.net

값 15,000원

ISBN 978-89-6849-106-1 (93910)

이 도서의 국립중앙도서관 출판시도서목록(CIP)은 서지정보유통지원시스템 홈페이지(http://seoji.nl.go.kr)와 국가자료공동목록시스템(http://www.nl.go.kr/kolisnet)에서 이용하실 수 있습니다.
(CIP제어번호 : CIP2014016158)

이 저서는 2008년 정부(교육과학기술부)의 재원으로 한국연구재단의 지원에 의한 것임(NRF-2008-361-A00006).